Robert Dieterle/Franz Abplanalp Kostenrechnung

Kostenrechnung

Der Zusammenhang zwischen

Buchhaltung – Betriebsabrechnung – Kalkulation – Betriebsanalyse

von
Prof. Dr. Robert Dieterle
und
Dr. Franz Abplanalp

2., überarbeitete Auflage

Verlag Paul Haupt Bern und Stuttgart

CIP-Titelaufnahme der Deutschen Bibliothek

Dieterle, Robert:
Kostenrechnung : der Zusammenhang zwischen Buchhaltung,
Betriebsabrechnung, Kalkulation, Betriebsanalyse /
von Robert Dieterle u. Franz Abplanalp. - Bern ; Stuttgart : Haupt.
NE: Abplanalp, Franz:

[Lehrbuch]. - 2., überarb. Aufl. - 1990
ISBN 3-258-04283-7

Die Vervielfältigung und Übertragung auch einzelner Teile, Texte, Zeichnungen
oder Bilder, wenn sie auch lediglich der eigenen Unterrichtsgestaltung dienen,
sind nach dem gleltendenUrheberrecht nicht gestattet.
Alle Rechte vorbehalten
Copyright © 1990 by Paul Haupt Berne
Printed in Switzerland

Vorwort

Das Lehrmittel behandelt die Zusammenhänge zwischen Buchhaltung, Betriebsabrechnung, Kalkulation und Betriebsanalyse und vermittelt eine *abgerundete Darstellung der Istkostenrechnung.*

Die *Theorie* führt gründlich in die Probleme und Lösungen ein und wird in jedem Kapitel durch Modellbeispiele und Übungsaufgaben ergänzt.

Die *Modellbeispiele 1 und 2* bestehen aus mehreren Teilen, die zahlenmässig zusammenhängen und synchronisiert mit der Theorie entwickelt werden. Sie enthalten einfache runde Zahlen, die vom ersten bis zum letzten Teil variiert werden. In jedem weiteren Teil erscheinen die unverändert übernommenen Zahlen im Normaldruck und die für die neue Problemstellung abgewandelten Zahlen im **Fettdruck**. Die neuen Probleme und Lösungen treten dadurch plastisch hervor.

Beispiel 1 befasst sich mit einer Einzelunternehmung im Warenhandel, Beispiel 2 mit einer Aktiengesellschaft in der Industrie.

Die *Übungsaufgaben* dienen der praktischen Anwendung des Stoffes. Sie bestehen alle aus zwei Fällen, die den gleichen Schwierigkeitsgrad aufweisen.

Zu den Aufgaben ist ein *Schlüssel* mit den ausführlichen Lösungen erhältlich.

Das Lehrmittel ist vor allem für den Unterricht an Wirtschaftsgymnasien und Diplomhandelsschulen, aber auch für das Selbststudium und für die Einführung der Studenten der Wirtschaftswissenschaften bestimmt, die nicht über ausreichende Vorkenntnisse auf dem Gebiet der Kostenrechnung verfügen.

Bern, im Januar 1983   R. Dieterle   F. Abplanalp

Vorwort zur 2. Auflage

Grundidee und Aufbau des Lehrmittels blieben unverändert. Einzelne Abschnitte des theoretischen Teils wurden neu formuliert und die Modellbeispiele, vor allem aber die Übungsaufgaben der wirtschaftlichen Entwicklung angepasst, die seit der 1. Auflage eingetreten ist. Das Kapitel zur Deckungsbeitragskalkulation wurde um zwei Übungsaufgaben erweitert.

Bern, im April 1990   Die Autoren

Inhaltsverzeichnis

1. Teil: Der Zusammenhang zwischen Buchhaltung und Betriebsabrechnung ... 11

1. Kapitel: Die Abgrenzung in der Buchhaltung zwischen dem betrieblichen und dem nichtbetrieblichen Bereich ... 13

1. Die Abgrenzung zwischen dem Betriebs- und dem Nichtbetriebsvermögen ... 13
2. Die Abgrenzung zwischen dem Betriebs- und dem Nichtbetriebserfolg 13
3. Der Ausbau des Kontenplanes ... 14
Beispiel 1 ... 17
Beispiel 2 ... 20
Übungsaufgaben 1–6 ... 23

2. Kapitel: Die Abgrenzung zwischen dem Betriebsaufwand der Buchhaltung und den Kosten der Betriebsabrechnung ... 34

1. Die Abgrenzung zwischen dem betrieblichen Waren- und Materialaufwand und den Waren- und Materialkosten ... 36
2. Die Abgrenzung zwischen dem betrieblichen Abschreibungsaufwand und den Abschreibungskosten ... 36
3. Die Abgrenzung zwischen dem Zinsaufwand und den Zinskosten ... 39
4. Der Kostenartenbogen ... 45
Beispiel 1 ... 46
Beispiel 2 ... 52
Übungsaufgaben 7–16 ... 61

2. Teil: Der Zusammenhang zwischen Betriebsabrechnung und Kalkulation ... 77

1. Kapitel: Der Zusammenhang zwischen Betriebsabrechnung und Divisionskalkulation ... 79

I. Das Prinzip der Divisionskalkulation ... 79
II. Die Arten der Divisionskalkulation ... 79
1. Die Divisionskalkulation ohne Äquivalenzziffern ... 79
Beispiel 2 ... 80
2. Die Divisionskalkulation mit Äquivalenzziffern ... 80
Beispiel 2 ... 82

III. Die Würdigung der Divisionskalkulation 85
Übungsaufgaben 17–20 85

2. Kapitel: Der Zusammenhang zwischen Betriebsabrechnung und Zuschlagskalkulation 90

I. Das Prinzip der Zuschlagskalkulation 90

1. Die Erfassung der Einzel- und Gemeinkosten 90
1.1 Die Erfassung der Einzel- und Gemeinkosten im Warenhandel 90
1.2 Die Erfassung der Einzel- und Gemeinkosten in der Industrie 91
1.2.1 Die Erfassung der Materialeinzel- und Materialgemeinkosten 91
1.2.2 Die Erfassung der Lohneinzel- und Lohngemeinkosten 93
2. Die Zurechnung der Gemeinkosten auf die Kostenträger 94

II. Die Arten der Zuschlagskalkulation 95

1. Die summarische Zuschlagskalkulation 95
1.1 Die summarische Zuschlagskalkulation im Warenhandel 96
1.1.1 Das Kalkulationsschema 96
1.1.2 Die Berechnung des Gemeinkostenzuschlages 96
Beispiel 1 97
1.2 Die summarische Zuschlagskalkulation im Gewerbe und in der Industrie 98
Übungsaufgaben 21–30 100

2. Die differenzierte Zuschlagskalkulation 109
2.1 Die auf einer Betriebsabrechnung mit drei Kostenstellen aufgebaute Zuschlagskalkulation 110
2.1.1 Der Betriebsabrechnungsbogen 111
2.1.1.1 Der Betriebsabrechnungsbogen ohne Bestandesveränderungen der Halb- und Fertigfabrikate 111
Beispiel 2 111
2.1.1.2 Der Betriebsabrechnungsbogen mit Bestandesveränderungen der Halb- und Fertigfabrikate 113
Beispiel 2 115
2.1.2 Die Kalkulation 117

2.1.2.1 Das Kalkulationsschema 117
2.1.2.2 Die Kalkulationszuschläge 117
2.1.2.2.1 Der Zuschlag für die Gemeinkosten des Materiallagers 117
2.1.2.2.2 Der Zuschlag für die Gemeinkosten der Fabrikation 118
2.1.2.2.3 Der Zuschlag für die Gemeinkosten der Verwaltung und des Verkaufs 118
Beispiel 2 118
2.2 Die auf einer Betriebsabrechnung mit mehreren Fabrikationsstellen aufgebaute Zuschlagskalkulation 120
Beispiel 2 121
2.3 Die auf einer Betriebsabrechnung mit allgemeinen, Hilfs- und Hauptstellen aufgebaute Zuschlagskalkulation 125
Beispiel 1 126
Beispiel 2 129

3. Die Betriebsabrechnung und die Zuschlagskalkulation einer gemischten Unternehmung 136
Beispiel 3 136

III. Die Würdigung der Zuschlagskalkulation 144

1. Die Erfassung der Einzelkosten 144
2. Die Zurechnung der Gemeinkosten 144

IV. Die Betriebsabrechnung mit effektiven und kalkulierten Kosten 145

Beispiel 1 146
Beispiel 2 149
Übungsaufgaben 31 – 42 152

3. Kapitel: Der Zusammenhang zwischen Betriebsabrechnung und Deckungsbeitragskalkulation 196

I. Das Prinzip der Deckungsbeitragskalkulation 196

II. Die Arten der Deckungsbeitragskalkulation 197

1. Die Deckungsbeitragskalkulation mit Einzelkosten 197
Beispiel 1 198
Beispiel 2 199

2. Die Deckungsbeitragskalkulation mit Einzel- und Gemeinkosten 201
Beispiel 1 202
Beispiel 2 205

III. Die Würdigung der Deckungsbeitragskalkulation 208
1. Die Deckungsbeitragskalkulation mit Einzelkosten 208
2. Die Deckungsbeitragskalkulation mit Einzel- und Gemeinkosten 209
Übungsaufgaben 43–51 210

3. Teil: Die Betriebsanalyse 227

I. Die Kennzahlen des Lagerbereiches 227
1. Der mittlere Lagerbestand 227
2. Die mittlere Umschlagshäufigkeit 228
3. Die mittlere Lagerdauer 229

II. Die Kennzahlen des Arbeitsbereiches 229
1. Die Arbeitsintensität 229
2. Die Personalkosten 230
3. Die Sozialkosten 230
4. Der Arbeitsgrad 231

III. Die Kennzahlen des Anlagebereiches 231
1. Die Anlageintensität 231
2. Das Anlagevermögen 231
3. Die Anlagekosten 232
4. Der Abschreibungsgrad 232
5. Die Abschreibungssätze 233

IV. Die Kennzahlen des Kapitalbereiches 233
1. Die Kapitalintensität 233
2. Das Betriebskapital 234
3. Return on Investment 234

V. Die Kennzahlen des Verkaufsbereiches 235
1. Der Umsatz 235
2. Der mittlere Gewinnzuschlag und die mittlere Gewinnquote 236
Beispiel 1 237
Beispiel 2 243
Übungsaufgaben 52–55 249

1. Teil
Der Zusammenhang zwischen Buchhaltung und Betriebsabrechnung

Die *moderne Unternehmungsrechnung* ist für die Leitung einer Unternehmung ein wichtiges Führungsinstrument und besteht aus verschiedenen Teilen, die wie die Räder einer Maschine funktional miteinander verzahnt sind und zusammen ein umfassendes Zahlenwerk bilden.

Die grundlegende Aufgabe erfüllt die *Buchhaltung*. Sie erfasst in der Bestandesrechnung das Vermögen und das Kapital und in der Erfolgsrechnung die Aufwände und Erträge und weist beim Abschluss neben dem Vermögen und Kapital den Erfolg für eine bestimmte Rechnungsperiode, zum Beispiel für ein Jahr aus. Damit liefert sie die Zahlen für die Berechnung der Rentabilität, Liquidität und Solidität und vermittelt so ein Bild von der finanziellen Konstellation der Unternehmung.

Die Buchhaltung ist eine *Gesamtrechnung,* denn ihr Rechnungsobjekt ist die ganze Unternehmung.

Nun genügt es aber nicht, dass die Leitung nur über die finanzielle Gesamtsituation der Unternehmung im Bild ist. Sie sollte auch noch die Höhe der Selbstkostenpreise und Deckungsbeiträge ihrer Produkte oder Leistungen kennen, denn die Unternehmung kann auf die Dauer ja nur bestehen, wenn sie die Kosten, die sie in ihren Betrieb investiert, beim Verkauf ihrer Produkte oder Leistungen wieder zurückgewinnt. Und das ist nur möglich, wenn sie diese auf dem Markt mindestens zu den Selbstkosten absetzen kann. Nur unter dieser Bedingung ist der Kostenersatz der Unternehmung gewährleistet und ihre Erhaltung gesichert.

Für die Berechnung der Selbstkostenpreise und der Deckungsbeiträge kommt die Buchhaltung als Gesamtrechnung nicht in Frage. Diese Aufgabe fällt der *Kalkulation* zu, die neben der Buchhaltung einen weiteren Teil des Rechnungswesens bildet.

Die Kalkulation ist eine *Stück- oder Einheitsrechnung,* denn ihr Rechnungsobjekt ist das Produkt oder die Leistung, bei der Massen- und Einzelfertigung zum Beispiel das einzelne Stück und bei der Serienfertigung die einzelne Serie.

Unternehmungsrechnung

Rechnung	Rechnungsobjekt	Rechnungszweck
Buchhaltung	Unternehmung	Ermittlung des Vermögens und Kapitals und des Unternehmungserfolges
Kalkulation	Produkt oder Leistung	Ermittlung der Selbstkostenpreise und der Deckungsbeiträge

Die Kalkulation ist auf bestimmte Zahlen der Buchhaltung angewiesen und kann dabei ihre Aufgabe nur erfüllen, wenn der Kontenplan der Buchhaltung den Bedürfnissen der Kalkulation entsprechend angepasst wird und der Betrieb und die nichtbetrieblichen Bereiche klar voneinander abgegrenzt werden.

1. Kapitel

Die Abgrenzung in der Buchhaltung zwischen dem betrieblichen und dem nichtbetrieblichen Bereich

Bei der Unternehmungsrechnung unterscheidet man heute zwischen der Unternehmung und dem Betrieb. Die Unternehmung bildet dabei nach der herrschenden Lehre den Ober- und der Betrieb den Unterbegriff. Unter einer *Unternehmung* versteht man wirtschaftlich die ganze Firma mit allem, was zu ihr gehört, unter einem *Betrieb* dagegen nur den Bereich, in dem sich die Leistungserstellung abspielt.

Die *Art des Betriebes* hängt von der Branche ab. Bei ihm kann es sich um einen Warenhandels-, Industrie-, Bank-, Versicherungs-, Hotelbetrieb usw. handeln.

Die Unternehmung führt heute in einer Zeit der Diversifikation manchmal nicht nur einen, sondern mehrere verschiedenartige Betriebe.

Die Abgrenzung zwischen dem betrieblichen und dem nichtbetrieblichen Bereich muss in der Buchhaltung sowohl beim Vermögen als auch beim Erfolg vorgenommen werden.

1. Die Abgrenzung zwischen dem Betriebs- und dem Nichtbetriebsvermögen

Das *Betriebsvermögen* entspricht dem Teil des Vermögens, der an der Leistungserstellung beteiligt ist. Dazu gehören zum Beispiel bei einem Warenhandelsbetrieb ohne eigene Immobilien die Einrichtung, die Waren, Debitoren und flüssigen Mittel, diese, soweit sie für die laufende Kassenhaltung nötig sind, und bei einem Industriebetrieb mit eigenen Immobilien das Fabrikareal, die Fabrikgebäude, der Maschinenpark, die übrige Einrichtung, die Rohmaterialien und Fabrikate, die Debitoren und die flüssigen Mittel, diese wiederum, soweit sie für die Aufrechterhaltung der Zahlungsbereitschaft erforderlich sind.

Das *Nichtbetriebsvermögen* besteht demgegenüber aus Teilen des Vermögens, die im Betriebsprozess nicht oder vorderhand noch nicht oder nicht mehr eingesetzt werden. Bei ihnen handelt es sich zum Beispiel um Beteiligungen, die nicht dem Betrieb dienen, um Bauland, das für eine spätere Betriebserweiterung vorgesehen ist oder um eine Maschinengruppe, die bei einem Beschäftigungsrückgang vorübergehend stillgelegt wird.

2. Die Abgrenzung zwischen dem Betriebs- und dem Nichtbetriebserfolg

Der *Betriebserfolg* spielt für die Unternehmung die Hauptrolle. Er resultiert aus den Erträgen, welche die Unternehmung beim Verkauf ihrer Produkte oder Leistungen erzielt, und den Aufwänden, die von ihr im Betriebsprozess investiert werden. Je nach der Art des Betriebes setzen sich die Betriebserträge aus den Erlösen für die verkauften Waren, Fabrikate, Dienstleistungen usw. und die Betriebsaufwände aus dem Waren-, Material-, Gebäude-, Miet-, Personal-, Abschreibungs-, Zinsaufwand, den Debitorenverlusten usw. zusammen. Bedingung ist immer, dass die Erträge und Gewinne und die Aufwände und Verluste mit der Leistungserstellung und damit mit dem Betrieb zusammenhängen.

Die *Nichtbetriebserfolge* spielen in der Regel keine oder keine grosse Rolle. Um einen ausserbetrieblichen Aufwand würde es sich zum Beispiel bei der Grundsteuer für eine Baulandreserve handeln und um einen ausserbetrieblichen Ertrag bei der Dividende aus einer Beteiligung, die nicht im Interesse des Betriebes liegt. Die nichtbetrieblichen Erfolge trifft man vor allem bei Unternehmungen an, die über ein Nichtbetriebsvermögen verfügen.

Es gibt Aufwandarten, in denen sowohl betriebliche als auch nichtbetriebliche Aufwände stecken. Das ist zum Beispiel bei einer unterbeschäftigten Unternehmung der Fall, bei der im Abschreibungsaufwand nicht nur die Abschreibungen für die im Betrieb arbeitenden, sondern auch für die stillgelegten Maschinen enthalten sind.

Bei einer Unternehmung, die neben dem Betrieb auch noch einen oder mehrere ausserbetriebliche Bereiche aufweist, umfasst der *Unternehmungserfolg* verschiedene Teilerfolge: 1. den Betriebserfolg und 2. die Erfolge, die den nichtbetrieblichen Quellen entspringen.

3. Der Ausbau des Kontenplanes

Die Abgrenzung zwischen dem betrieblichen und dem ausserbetrieblichen Bereich ruft in der Buchhaltung nach einem entsprechenden Ausbau des Kontenplanes.

Für eine Unternehmung, die nur einen Betrieb führt und keine nichtbetrieblichen Aufwände und Erträge aufweist, genügt im Prinzip ein Kontenplan mit den folgenden fünf Klassen:

Bestandesrechnung	{ Vermögen	=	Klasse 1
	Kapital	=	Klasse 2
Erfolgsrechnung	{ Aufwand	=	Klasse 3
	Ertrag	=	Klasse 4
Abschlussrechnung		=	Klasse 5

Erst wenn sich der Aktionsradius einer Unternehmung auch noch auf *ausserbetriebliche Gebiete* erstreckt, muss der Kontenplan mit Rücksicht auf die Kalkulation entsprechend erweitert und wie folgt ausgebaut werden:

Bestandesrechnung
- Betriebsvermögen = Klasse 1
- Nichtbetriebsvermögen = Klasse 2
- Kapital = Klasse 3

Erfolgsrechnung
- Betriebsaufwand = Klasse 4
- Betriebsertrag = Klasse 5
- Nichtbetriebsaufwand = Klasse 6
- Nichtbetriebsertrag = Klasse 7

Abschlussrechnung = Klasse 8

Kontenplan für eine Aktiengesellschaft mit einem Fabrikationsbetrieb[1]

Bestandesrechnung			Unternehmungserfolgsrechnung				Abschlussrechnung
			Betriebserfolgsrechnung		Nichtbetriebserfolgsrechnung		
Betriebsvermögen	Nichtbetriebsvermögen	Kapital	Betriebsaufwand	Betriebsertrag	Nichtbetriebsaufwand	Nichtbetriebsertrag	
Klasse 1	Klasse 2	Klasse 3	Klasse 4	Klasse 5	Klasse 6	Klasse 7	Klasse 8
10 Anlagevermögen	20 Anlagevermögen	30 Eigenkapital	40 Materialaufwand	50 Fabrikateertrag	60 Baulandaufwand	70 Beteiligungsertrag	80 Erfolgsrechnung
100 Materielles Anlagevermögen	200 Materielles Anlagevermögen	300 Eingebrachtes Eigenkapital	400 Fertigungsmaterialaufwand	51 Übriger Betriebsertrag	61 Beteiligungsaufwand		800 Betriebserfolgsrechnung
1000 Boden	2000 Baulandreserve	3000 Aktienkapital	401 Hilfsmaterialaufwand				801 Nichtbetriebserfolgsrechnung
1001 Gebäude	201 Immaterielles Anlagevermögen	3001 Agiokapital	402 Betriebsmaterialaufwand				802 Unternehmungserfolgsrechnung
1002 Lagereinrichtung	2010 Beteiligungen[2]	301 Erarbeitetes Eigenkapital	41 Personalaufwand				81 Bilanz
1003 Fabrikeinrichtung	2011 Darlehen[2]	3010 Gesetzliche Reserve	410 Fertigungslohnaufwand				810 Eröffnungsbilanz
1004 Büroeinrichtung	21 Umlaufvermögen	3011 Statut. Reserve	411 Hilfslohnaufwand				811 Abschlussbilanz
1005 Werkzeuge	210 Vorräte	3012 Gewinnvortrag[4]	412 Gehälteraufwand				
1006 Fahrzeuge	2100 Material[3]	31 Fremdkapital	42 Energieaufwand				
101 Immaterielles Anlagevermögen	211 Forderungen	310 Langfristiges Fremdkapital	43 Anlageaufwand				
1010 Patente	2110 Debitoren	3100 Obligationen	430 Abschreibungsaufwand				
1011 Lizenzen	2111 Delkredere	3101 Hypotheken	431 Unterhaltsaufwand				
102 Finanzielles Anlagevermögen		3102 Darlehen	432 Mietaufwand				
1020 Anlagewertschriften		311 Kurzfristiges Fremdkapital	44 Kapitalaufwand				
1021 Darlehen		3110 Kreditoren	440 Zinsaufwand				
11 Umlaufvermögen		3111 Schuldwechsel	441 Übriger Kapitalaufwand				
110 Vorräte		3112 Bank	45 Verkaufsaufwand				
1100 Material		3113 Transitorische Schulden	450 Werbeaufwand				
1101 Halbfabrikate		3114 Dividende	451 Verpackungsaufwand				
1102 Fertigfabrikate		3115 Tantieme	46 Verwaltungsaufwand				
111 Forderungen			47 Übriger Betriebsaufwand				
1110 Debitoren			48 Halb- und Fertigfabrikateaufwand				
1111 Delkredere			480 Halbfabrikateaufwand				
1112 Besitzwechsel			481 Fertigfabrikateaufwand				
1113 Transitorische Forderungen							
112 Zahlungsmittel							
1120 Kassawertschriften							
1121 Bank							
1122 Post							
1123 Kasse							

[1] Die Aufzählung der einzelnen Konten ist nicht vollständig und will nur einen Überblick vermitteln.
[2] Beteiligungen und Darlehen, die mit der Leistungserstellung in keinem Zusammenhang stehen.
[3] Die Unternehmung spekuliert noch mit Materialien, die sie für die Leistungserstellung nicht benötigt.
[4] Nach Gewinnverteilung.

Beispiele[1]

Beispiel 1

Die Einzelfirma X handelt mit Waren sowohl in grösseren als auch in kleineren Posten. Ihr Warensortiment besteht aus den beiden Warengruppen A und B, die sich in der Art wesentlich voneinander unterscheiden.

Teil 1: Abschluss

Aufgabe

Beim Abschluss der Einzelfirma X weisen die Konten des Hauptbuches nach der Korrektur folgende Saldi auf:

Bestandeskonten		Erfolgskonten	
Vermögen		*Aufwand*	
Parkplatz[1]	200 000	Warenaufwand	1 030 000
Lagereinrichtung	40 000	Raumaufwand	50 000
Büroeinrichtung	200 000	Personalaufwand	450 000
Ladeneinrichtung	70 000	Abschreibungsaufwand	80 000
Fahrzeuge	40 000	Zinsaufwand[2]	60 000
		Einkaufsaufwand	20 000
Waren	150 000	Verkaufsaufwand	60 000
Debitoren	51 000	Verwaltungsaufwand	40 000
Delkredere	− 1 000	Übriger Betriebsaufwand	30 000
Bank	250 000		
Post	40 000	*Ertrag*	
Kasse	10 000	Ertrag Waren A	1 200 000
		Ertrag Waren B	800 000
Kapital		Zinsertrag	10 000
Kapital X	800 000	Immobilienertrag	10 000
Privat X	−		
Kreditoren	50 000		

[1] Der Parkplatz wurde im Rechnungsjahr noch an den früheren Eigentümer vermietet und steht der Firma erst im neuen Jahr zur Verfügung.
[2] 7½% auf dem Kapital X

---

[1] Die Beispiele 1 und 2 bestehen aus mehreren Teilen, die zahlenmässig zusammenhängen und synchronisiert mit der Entwicklung der Theorie in Abständen folgen. Ihre Zahlen werden vom ersten bis zum letzten Teil variiert, wobei die abgewandelten Zahlen bei jedem neuen Teil durch Fettdruck hervorgehoben werden.

Lösung

Externe Erfolgsrechnungen

Betriebserfolgsrechnung

Warenaufwand	1 030 000	Ertrag Waren A	1 200 000
Raumaufwand	50 000	Ertrag Waren B	800 000
Personalaufwand	450 000	Zinsertrag	10 000
Abschreibungsaufwand	80 000		
Zinsaufwand	60 000		
Einkaufsaufwand	20 000		
Verkaufsaufwand	60 000		
Verwaltungsaufwand	40 000		
Übriger Betriebsaufwand	30 000		
	1 820 000		2 010 000
Betriebsgewinn	190 000		
	2 010 000		2 010 000

Nichtbetriebserfolgsrechnung

Nichtbetriebsgewinn	10 000	Immobilienertrag	10 000

Unternehmungserfolgsrechnung

Unternehmungsgewinn	200 000	Betriebsgewinn	190 000
		Nichtbetriebsgewinn	10 000
	200 000		200 000

Externe Bilanz

Abschlussbilanz

Vermögen		*Kapital*	
Betriebsvermögen		*Eigenkapital*	
Betriebliches Anlagevermögen		Kapital X	800 000
Lagereinrichtung	40 000	Privat X	200 000
Büroeinrichtung	200 000		1 000 000
Ladeneinrichtung	70 000		
Fahrzeuge	40 000	*Fremdkapital*	
	350 000	Kreditoren	50 000
Betriebliches Umlaufvermögen			
Waren	150 000		
Debitoren	51 000		
Delkredere	– 1 000		
Bank	250 000		
Post	40 000		
Kasse	10 000		
	500 000		
Nichtbetriebsvermögen			
Parkplatz	200 000		
	1 050 000		1 050 000

Beispiel 2

Die Familienaktiengesellschaft Y ist eine Fabrikationsgesellschaft und stellt vier Fabrikategruppen her.

Teil 1: Abschluss

Aufgabe

Beim Abschluss der Familien AG Y weisen die Konten des Hauptbuches nach der Korrektur folgende Saldi auf:

Bestandeskonten		Erfolgskonten	
Vermögen		*Aufwand*	
Bauland[1]	1 000 000	Baulandaufwand	40 000
Lagereinrichtung	100 000	Materialaufwand	425 000
Fabrikationseinrichtung	500 000	Personalaufwand	1 125 000
Büroeinrichtung	140 000	Raumaufwand	200 000
Fahrzeuge	60 000	Abschreibungsaufwand	180 000
		Zinsaufwand	–
Material	160 000	Verkaufsaufwand	80 000
Halbfabrikate	70 000	Verwaltungsaufwand	50 000
Fertigfabrikate	80 000	Übriger Aufwand[4]	70 000
Debitoren	305 000		
Delkredere	– 5 000	Halbfabrikateaufwand[5]	– 20 000
Darlehen Y[2]	500 000	Fertigfabrikateaufwand[6]	40 000
Bank	250 000	*Ertrag*	
Post	30 000		
Kasse	10 000	Ertrag Fabrikategruppe 1	1 000 000
		Ertrag Fabrikategruppe 2	500 000
Kapital		Ertrag Fabrikategruppe 3	800 000
Aktienkapital	2 000 000	Ertrag Fabrikategruppe 4	200 000
Gesetzliche Reserve	500 000	Zinsertrag	10 000
Hypotheken[3]	250 000	Darlehensertrag	30 000
Kreditoren	100 000		

[1] Die AG Y hat Bauland gekauft, weil sie die Erstellung eines eigenen Fabrikgebäudes plant.
[2] Bei diesem Posten handelt es sich um ein mittelfristiges Darlehen, das die AG Y dem Hauptaktionär Y gewährt hat.
[3] Die Hypothek wurde auf dem Bauland errichtet.
[4] Der übrige Aufwand erfolgt ausschliesslich für die Leistungserstellung.
[5] Das Lager der Halbfabrikate hat im Laufe der Rechnungsperiode um 20 000 zugenommen.
[6] Das Lager der Fertigfabrikate hat im Laufe der Rechnungsperiode um 40 000 abgenommen.

Gewinnverteilung

Vom Jahresgewinn sollen 200 000 in die Gesetzliche Reserve überführt, 5% als Dividende ausbezahlt und der Rest auf neue Rechnung vorgetragen werden.

Lösung

Externe Erfolgsrechnungen

Betriebserfolgsrechnung

Materialaufwand	425 000	Fabrikateertrag	2 500 000
Personalaufwand	1 125 000	Zinsertrag	10 000
Raumaufwand	200 000		
Abschreibungsaufwand	180 000		
Verkaufsaufwand	80 000		
Verwaltungsaufwand	50 000		
Übriger Betriebsaufwand	70 000		
	2 130 000		
Halbfabrikateaufwand	− 20 000		
Fertigfabrikateaufwand	40 000		
	2 150 000		2 510 000
Betriebsgewinn	360 000		
	2 510 000		2 510 000

Nichtbetriebserfolgsrechnung

Baulandaufwand	40 000	Darlehensertrag	30 000
		Nichtbetriebsverlust	10 000
	40 000		40 000

Unternehmungserfolgsrechnung

Nichtbetriebsverlust	10 000	Betriebsgewinn	360 000
Unternehmungsgewinn	350 000		
	360 000		360 000

Externe Abschlussbilanzen

Abschlussbilanz vor der Gewinnverteilung

Vermögen		*Kapital*		
Betriebsvermögen		*Eigenkapital*		
Betriebliches Anlagevermögen		Aktienkapital		2 000 000
Lagereinrichtung	100 000	Gesetzliche Reserve		500 000
Fabrikationseinrichtung	500 000	Gewinnvortrag		
Büroeinrichtung	140 000	Vortrag vom Vorjahr		
Fahrzeuge	60 000	Jahresgewinn		350 000
	800 000			2 850 000
Betriebliches Umlaufvermögen		*Fremdkapital*		
Material	160 000	Hypotheken		250 000
Halbfabrikate	70 000	Kreditoren		100 000
Fertigfabrikate	80 000			350 000
Debitoren	305 000			
Delkredere	− 5 000			
Bank	250 000			
Post	30 000			
Kasse	10 000			
	900 000			
Nichtbetriebsvermögen				
Bauland	1 000 000			
Darlehen Y	500 000			
	1 500 000			
	3 200 000			3 200 000

Abschlussbilanz nach der Gewinnverteilung

Vermögen		*Kapital*	
Betriebsvermögen		*Eigenkapital*	
Betriebliches Anlagevermögen		Aktienkapital	2 000 000
Lagereinrichtung	100 000	Gesetzliche Reserve	700 000
Fabrikationseinrichtung	500 000	Gewinnvortrag	50 000
Büroeinrichtung	140 000		
Fahrzeuge	60 000		2 750 000
	800 000	*Fremdkapital*	
Betriebliches Umlaufvermögen		Hypotheken	250 000
Material	160 000	Kreditoren	100 000
Halbfabrikate	70 000	Dividende	100 000
Fertigfabrikate	80 000		
Debitoren	305 000		450 000
Delkredere	− 5 000		
Bank	250 000		
Post	30 000		
Kasse	10 000		
	900 000		
Nichtbetriebsvermögen			
Bauland	1 000 000		
Darlehen Y	500 000		
	1 500 000		
	3 200 000		3 200 000

Übungsaufgabe 1
Betriebliche und nichtbetriebliche Erfolge

Die Familienaktiengesellschaft I stellt Sport- und Reisetaschen her. Fabrik- und Bürogebäude befinden sich im Eigentum der I AG.

Fall 1/1

Einzelne Geschäftsfälle des Jahres:
1. Die I AG kauft Büromaterial gegen Barzahlung von 250.
2. Die I AG kauft für das Büro eine neue Schreibmaschine gegen einen Bankcheck von 1000.
3. Die I AG lässt am Fabrikgebäude eine neue Dachrinne anbringen und bezahlt dem Spengler nach Abschluss der Arbeit 1200 bar.

4. Die I AG ermöglicht dem Aktionär H mit einem Darlehen von 40 000 die Eröffnung eines Kinos. Die Auszahlung erfolgt durch die Bank.
5. Die I AG zahlt auf das Postkonto der Glückskette zugunsten von Erdbebengeschädigten den Betrag von 500 ein.
6. Aktionär I besucht verschiedene Kunden; das Geschäft zahlt ihm nach seiner Rückkehr die Reisespesen von 750 aus.
7. Die I AG bezieht bei der Firma K auf Kredit Stoffe und Leder im Wert von 12 700.
8. Die I AG lässt im Fabrikgebäude einen zusätzlichen Warenlift einbauen. Firma L AG stellt Rechnung für 18 500 abzüglich 5000 bereits geleistete Vorauszahlung.
9. Die I AG hat den Boden mit insgesamt 1 000 000 bilanziert. Sie verkauft ¹/₁₀ des Grundstücks dem Nachbarn M zu 150 000. Die I AG gewährt M für 60% des Kaufpreises eine Hypothek, für den Rest stellt M einen Bankcheck aus.
10. H zahlt für das Darlehen durch Postgiro den Semesterzins von 5% (siehe Nr. 4).

Fall 1/2

Einzelne Geschäftsfälle des Jahres:
1. Die I AG kauft für das Büro ein Diktiergerät gegen Barzahlung von 1000.
2. Die I AG kauft Briefmarken gegen Barzahlung von 50.
3. Die I AG ermöglicht dem Aktionär G mit einem Darlehen von 50 000 die Übernahme eines Restaurationsbetriebes. Die Auszahlung erfolgt durch Bankgiro.
4. Die I AG zahlt auf das Postkonto der Glückskette zugunsten von Hochwassergeschädigten den Betrag von 500 ein.
5. Aktionär I hat mit dem Geschäftswagen verschiedene Privatfahrten unternommen, wofür er 200 in die Geschäftskasse zahlt.
6. Die I AG stellt der Firma N Rechnung für die letzte Lieferung im Wert von 8600.
7. Die I AG lässt am Fabrikgebäude einen Garderoberaum für die Belegschaft anbauen. Firma O AG stellt Rechnung für 60 000 abzüglich 10 000 bereits geleistete Vorauszahlung.
8. Die I AG verkauft an Firma P eine auf 500 abgeschriebene Lagereinrichtung zu 2000 gegen Bankcheck.
9. G zahlt für das Darlehen durch Postgiro den Quartalszins von 5% (siehe Nr. 3).
10. Die I AG lässt am Fabrikgebäude die Kellerfenster abdichten und bezahlt dem Schreiner nach Abschluss der Arbeit 300 bar.

Aufgabe zu 1/1 und 1/2

Für die aufgeführten Geschäftsfälle sind die Buchungssätze zu formulieren. Bei jeder Buchung ist mit Hilfe des entsprechenden Buchstabens anzugeben, um welchen der drei Fälle es sich handelt:
a = erfolgsunwirksamer Geschäftsfall
b = erfolgswirksamer Geschäftsfall im betrieblichen Bereich
c = erfolgswirksamer Geschäftsfall im nichtbetrieblichen Bereich

Übungsaufgabe 2
Betrieblicher und nichtbetrieblicher Liegenschaftserfolg

Fall 2/1

Die Kollektivgesellschaft V & Co. führt einen Fabrikationsbetrieb. Sie besitzt eine Fabrikationsliegenschaft an der Landstrasse 101–105, bestehend aus einem Fabrik- und einem Bürogebäude, und eine Wohnliegenschaft an der Stadtstrasse 28, in der sie später ein Verkaufsgeschäft einrichten will.
Die Buchwerte enthalten den Wert des Bodens und der Gebäude und betragen zu Beginn des Geschäftsjahres:

Liegenschaft	Buchwert
Fabrikliegenschaft	8 475 000
Büroliegenschaft	1 250 000
Wohnliegenschaft	5 400 000

Die einzelnen Liegenschaften sind zu Beginn des Geschäftsjahres hypothekarisch wie folgt belastet:

Liegenschaft	Hypothek	Zinsfuss	Zinstermine
Fabrikliegenschaft	4 000 000	6%	28.2./31.8.
Büroliegenschaft	500 000	6%	30.4./31.10.
Wohnliegenschaft	2 500 000	5%	31.12.

1. Die aufgelaufenen Hypothekarzinsen sind beim Abschluss des Vorjahres transitorisch erfasst worden.
   Einzelne Geschäftsfälle des Jahres:
2. Beim Lieferanten C wird Material im Wert von 32 000 bestellt.
3. Vom Bankkonto werden 10 000 bar bezogen.
4. Im Fabrikgebäude wird zu Beginn des Jahres ein Alarmsystem im Wert von 25 000 installiert, das nach Abschluss der Arbeiten mit Bankcheck bezahlt wird.
5. Für Gartenunterhaltsarbeiten an der Stadtstrasse werden im Verlaufe des Jahres 3500 durch die Post überwiesen.
6. Folgende Heizöllieferungen werden durch Bankgiro bezahlt:

   – für die Liegenschaften Landstrasse 56 000
   – für die Liegenschaft Stadtstrasse 34 000

7. Dachdecker D kontrolliert die Dächer sämtlicher unternehmungseigener Gebäude und behebt kleinere Schäden. Er stellt Rechnung für 2150, wovon 850 die Liegenschaft Stadtstrasse betreffen.
8. Die Lieferung von C trifft ein. Die Rechnung liegt bei (siehe Nr. 2).
9. Für eine Fassadenrenovation am Bürogebäude stellt Maler E Rechnung im Betrag von 23 500.
10. Die Rechnungen von Nr. 7, 8 und 9 werden durch Postgiro beglichen.
11. Die Hypothekarzinsen werden jeweils von der Bank bei Fälligkeit im Konto belastet, ebenso die folgenden vertragsmässigen Amortisationen:

- auf Hypothek Fabrikliegenschaft per 31.8. 50 000
- auf Hypothek Büroliegenschaft per 31.10. 20 000
- auf Hypothek Wohnliegenschaft per 31.12. 15 000

12. Für Treppenhaus- und Zimmerrenovationen in der Liegenschaft Stadtstrasse werden Maler E 13 250 durch die Bank überwiesen.
13. Die durch Postgiro bezahlten Betriebskosten der Heizung (Strom, Kaminfeger, Service) betragen für die Wohnliegenschaft 5500 und für die Betriebsliegenschaften 9000.
14. Die Auslagen für den weiteren Unterhalt der Liegenschaften betragen

    - an der Stadtstrasse 11 900
    - an der Landstrasse 31 000

    Diese Beträge werden durch die Post überwiesen.
15. Die Mieterträge der Wohnliegenschaft betragen 488 000. 18 000 davon betreffen den Gesellschafter B, der an der Stadtstrasse 28 wohnt und dessen Mietzins mit seinen Guthaben als Gesellschafter verrechnet wird. Die übrigen Mieter zahlen jeweils auf das Postkonto ein. Die Heizkosten sind in den Mietzinsen inbegriffen.
16. Auf den Liegenschaften der Unternehmung werden die folgenden Abschreibungen vom Buchwert vorgenommen:

    - Fabrikliegenschaft: 5%
    - Büroliegenschaft: 4%
    - Wohnliegenschaft: 2½%

17. Erfassung der aufgelaufenen Hypothekarzinsen per 31.12.

Fall 2/2

Die Kollektivgesellschaft W & Co. führt einen Fabrikationsbetrieb. Sie besitzt eine Fabrikationsliegenschaft an der Talstrasse 156–160, bestehend aus einem Fabrik- und einem Bürogebäude, und eine Wohnliegenschaft an der Bergstrasse 5, in der sie später ein Verkaufsgeschäft einrichten will.

Die Buchwerte enthalten den Wert des Bodens und der Gebäude und betragen zu Beginn des Geschäftsjahres:

Liegenschaft	Buchwert
Fabrikliegenschaft	8 000 000
Büroliegenschaft	1 200 000
Wohnliegenschaft	5 200 000

Die einzelnen Liegenschaften sind zu Beginn des Geschäftsjahres hypothekarisch wie folgt belastet:

Liegenschaft	Hypothek	Zinsfuss	Zinstermine
Fabrikliegenschaft	3 800 000	6¼ %	31.3./30.9.
Büroliegenschaft	480 000	6¼ %	31.5./30.11.
Wohnliegenschaft	2 400 000	6 %	31.12.

1. Die aufgelaufenen Hypothekarzinsen sind beim Abschluss des Vorjahres transitorisch erfasst worden.
   Einzelne Geschäftsfälle des Jahres:
2. Für die Erneuerung der Fensterjalousien am Bürogebäude werden Firma F 28 500 mit Bankcheck bezahlt.
3. Beim Lieferanten D wird Material im Wert von 41 000 bestellt.
4. Für Gartenunterhaltsarbeiten an der Bergstrasse werden im Verlaufe des Jahres 3100 durch die Post überwiesen.
5. Vom Postkonto werden 15 000 bar bezogen.
6. Spengler I kontrolliert Dachrinnen und Regenabläufe sämtlicher unternehmungseigener Gebäude und behebt kleinere Schäden. Er stellt Rechnung für 1750, wovon 450 die Liegenschaft Bergstrasse betreffen.
7. Die Lieferung von D trifft ein. Die Rechnung liegt bei (siehe Nr. 3).
8. Für die Versiegelung von Parkettböden in der Liegenschaft Bergstrasse stellt Firma G Rechnung im Betrag von 8300.
9. Die Rechnungen von Nr. 6, 7 und 8 werden mit Bankgiro beglichen.
10. Folgende Heizöllieferungen werden durch Postgiro bezahlt:
    – für die Liegenschaft Bergstrasse 32 000
    – für die Liegenschaften Talstrasse 52 000
11. Im Fabrikgebäude werden neue Deckenbeleuchtungskörper im Wert von 18 500 installiert, die nach Abschluss der Arbeiten mit Bankcheck bezahlt werden.
12. Die Hypothekarzinsen werden jeweils von der Bank bei Fälligkeit im Konto belastet, ebenso die folgenden vertraglichen Amortisationen:
    – auf Hypothek Fabrikliegenschaft per 30.9. 40 000
    – auf Hypothek Büroliegenschaft per 30.11. 24 000
    – auf Hypothek Wohnliegenschaft per 31.12. 10 000
13. Die Auslagen für den weiteren Unterhalt der Liegenschaften betragen
    – an der Bergstrasse 12 750
    – an der Talstrasse 28 360
    Diese Beträge werden durch die Post überwiesen.
14. Die durch Bankgiro bezahlten Betriebskosten der Heizung (Strom, Kaminfeger, Service) betragen für die Wohnliegenschaft 5200 und für die Betriebsliegenschaften 8600.
15. Die Mieterträge der Wohnliegenschaft betragen 492 550. 25 800 davon betreffen den Prokuristen L, der an der Bergstrasse 5 wohnt und dessen Barlohn allmonatlich um den Mietzins gekürzt wird. Die übrigen Mieter zahlen jeweils auf das Postkonto ein. Die Heizkosten sind in den Mietzinsen inbegriffen.
16. Auf den Liegenschaften der Unternehmung werden die folgenden Abschreibungen vom Buchwert vorgenommen:
    – Fabrikliegenschaft: 5%
    – Büroliegenschaft: 4%
    – Wohnliegenschaft: 2½%
17. Erfassung der aufgelaufenen Hypothekarzinsen per 31.12.

Aufgaben zu 2/1 und 2/2

In der Absicht, betriebliche und nichtbetriebliche Bestände und Erfolge klar zu trennen, führt die Finanzbuchhaltung im Liegenschaftsbereich die folgenden Konten:
Betriebsliegenschaften
Wohnliegenschaft
Hypotheken Betriebsliegenschaften
Hypothek Wohnliegenschaft
Betriebsliegenschaftsaufwand
Wohnliegenschaftsaufwand
Wohnliegenschaftsertrag
Geschäftsjahr = Kalenderjahr.

1. Für die Rückbuchung der aufgelaufenen Hypothekarzinsen und für die einzelnen Geschäftsfälle sind die Buchungssätze zu formulieren. Bei jeder Buchung ist mit dem entsprechenden Buchstaben anzugeben, um welchen der drei Fälle es sich handelt:

   a = erfolgsunwirksamer Geschäftsfall
   b = erfolgswirksamer Geschäftsfall im betrieblichen Bereich
   c = erfolgswirksamer Geschäftsfall im nichtbetrieblichen Bereich

2. Die Erfolgskonten des Liegenschaftsbereichs sind mit ihrem Verkehr zu erstellen, ihre Abschlusssaldi sind zu berechnen und die dazugehörigen Abschlussbuchungen anzugeben.

3. Die Nettorendite des in der Wohnliegenschaft durchschnittlich investierten Eigenkapitals ist zu berechnen. Die stille Reserve in diesem Vermögensposten beträgt

	Fall 2/1	Fall 2/2
zu Beginn des Jahres	150 000	100 000
am Ende des Jahres	170 000	120 000

Die Erhöhung der stillen Reserve ist auf die Preisentwicklung am Liegenschaftsmarkt im Laufe des Rechnungsjahres zurückzuführen.

Übungsaufgabe 3
Betriebserfolgsrechnung und Nichtbetriebserfolgsrechnung

Kurzzahlen: Beträge um 1000 gekürzt
Am Eigenkapital der Kollektivgesellschaft Q + R von 1000 ist Q mit 80% und R mit 20% beteiligt. Das nichtbetriebliche Anlagevermögen der Unternehmung besteht in einer voll vermieteten Wohnliegenschaft und in Wertschriften. Q und R leiten die Unternehmung gemeinsam, wofür jeder Gesellschafter einen Eigenlohn von monatlich 7 bezieht. Für die Verteilung des Geschäftsergebnisses halten sich die Gesellschafter an die Regeln von OR 557,2 und 533.
Die Erfolgskonten weisen vor dem Jahresabschluss die folgenden bereinigten Saldi auf:

	Fall 3/1	Fall 3/2
Abschreibungsaufwand	55	60
Liegenschaftsaufwand	82	86
Liegenschaftsertrag	90	95
Lohnaufwand	365	395

Raumaufwand	80	90
Sozialaufwand	45	50
Übriger Betriebsaufwand	150	150
Verkaufsaufwand	35	39
Verwaltungsaufwand	90	100
Warenaufwand	2450	2700
Warenertrag	3318	3638
Wertschriftenerfolg	+ 1	− 2
Zinsaufwand (nur Eigenzins)	50	50
Zinsertrag (vom Bankkonto)	1	1

Aufgaben zu 3/1 und 3/2

1. Erstellung einer getrennten Betriebserfolgsrechnung, Nichtbetriebserfolgsrechnung und Unternehmungserfolgsrechnung in übersichtlicher Kontoform mit einer sinnvollen Reihenfolge der Posten
2. Berechnung des Unternehmereinkommens für Q und R

Übungsaufgabe 4
Betriebserfolgsrechnung und Nichtbetriebserfolgsrechnung

Kurzzahlen: Beträge um 1000 gekürzt
Die Kollektivgesellschaft S + T stellt im eigenen Gebäude Uhrenbestandteile her. Die beiden Gesellschafter sind am Eigenkapital von 4000 je zur Hälfte beteiligt; sie beziehen einen Eigenlohn von jährlich je 60 und einen Eigenzins von 5%. Für die Verteilung des Geschäftsergebnisses halten sich die Gesellschafter an die Regeln von OR 557,2 und 533.
Die Wertschriften weisen in ihrer Zusammensetzung häufig Veränderungen auf.
Saldi der Erfolgsrechnung per 31. 12.:

	Fall 4/1	Fall 4/2
Abschreibungsaufwand[1]	290	270
Debitorenverluste	50	45
Fabrikateertrag	5125	5060
Fertigfabrikateaufwand	5	115
Gebäudeaufwand	240	215
Halbfabrikateaufwand	100	180
Materialaufwand	1250	1185
Personalaufwand	2325	2180
Provisionsertrag[2]	17	13
Übriger Betriebsaufwand	270	300
Verkaufsaufwand	235	250
Verwaltungsaufwand	195	150
Wertschriftenerfolg[3]	− 2	− 3
Zinsaufwand	280	230

[1] Der Abschreibungsaufwand ist um 20 zu klein, weil auf den Maschinen stille Reserven in dieser Höhe aufgelöst wurden.
[2] Die Kollektivgesellschaft vermittelte den Abschluss eines Geschäftes zwischen einem befreundeten Uhrenfabrikanten und einem amerikanischen Uhrenimporteur.
[3] Wertschriftenertrag 10, Differenz = nicht realisierter Kursverlust auf dem Schlussbestand.

Aufgaben zu 4/1 und 4/2

1. Erstellung von Betriebserfolgsrechnung, Nichtbetriebserfolgsrechnung und Unternehmungserfolgsrechnung in übersichtlicher Berichtform
2. Berechnung des Unternehmereinkommens für S und T, wobei zu unterscheiden ist:
   2.1. das nach OR beziehbare Unternehmereinkommen
   2.2. das wirtschaftlich erzielte Unternehmereinkommen

Übungsaufgabe 5
Kontenplan einer Warenhandelsunternehmung

Fall 5/1

Die V AG betreibt ein Handelsunternehmen für Möbel und Teppiche, die teilweise auf Kredit und teilweise gegen bar verkauft werden. Nebst Privatkunden werden auch kleinere Möbelgeschäfte beliefert. Das Geschäft der V AG befindet sich in gemieteten Räumen. Die V AG ist am Aktienkapital der Teppicheinkaufsgesellschaft W AG beteiligt. Das nichtbetriebliche Vermögen besteht in Aktien und Obligationen.
In der Buchhaltung der V AG werden die folgenden Konten geführt:

Vermögen: Lagereinrichtung, Büroeinrichtung, Möbel, Teppiche, Fahrzeuge, Ladeneinrichtung, Kasse, Post, Wechselforderungen, Debitoren, Transitorische Forderungen, Beteiligung, Aktien, Obligationen

Kapital: Bankschuld, Darlehensschuld, Aktienkapital, Kreditoren, Gewinnvortrag, Gesetzliche Reserve, Statutarische Reserve, Transitorische Schulden, Dividenden, Tantiemen

Aufwände: Möbeleinkauf, Teppicheinkauf, Löhne, Sozialbeiträge, Miete und Heizung, Zinsen, Diskonte und Wechselspesen, Wertschriftenaufwand, Einrichtungskosten, Fahrzeugauslagen, Bürospesen, Werbung, Übrige Unkosten, Realisierter Wertschriftenverlust, Nicht realisierter Wertschriftenverlust

Erträge: Möbelverkauf, Teppichverkauf, Wertschriftenertrag, Realisierter Wertschriftengewinn, Beteiligungsdividende

Abschluss: Betriebserfolgsrechnung, Nichtbetriebserfolgsrechnung, Unternehmungserfolgsrechnung, Abschlussbilanz

Fall 5/2

Die X AG betreibt ein Handelsunternehmen für Sportartikel und Sportkleider, die teilweise auf Kredit und teilweise gegen bar verkauft werden. Die X AG besitzt ein eigenes Haus, in dem sich der Verkaufsladen, das Lager, die Werkstatt, die Büroräume und vier vermietete Wohnungen befinden. Die X AG ist am Aktienkapital der Sportartikeleinkaufsgesellschaft Y AG beteiligt.

In der Buchhaltung der X AG werden die folgenden Konten geführt:

Vermögen: Beteiligung, Kasse, Post, Bank, Boden, Gebäude, Lagereinrichtung, Büroeinrichtung, Werkstatteinrichtung, Sportartikel, Kleider, Lieferwagen, Ladeneinrichtung, Debitoren, Transitorische Forderungen

Kapital: Hypotheken, Aktienkapital, Verlustvortrag, Gesetzliche Reserve, Statutarische Reserve, Transitorische Schulden, Kreditoren, Wechselschulden

Aufwände: Einkauf Sportartikel, Einkauf Kleider, Hypothekarzinsen, Heizungskosten, Gebäudeabschreibung, Übriger Liegenschaftsaufwand, Löhne, Sozialleistungen, Verrechnete Miete und Heizung, Einrichtungskosten, Fahrzeugkosten, Büroauslagen, Reklame, Übrige Betriebsunkosten, Werkstattbetrieb, Debitorenverluste

Erträge: Zinsertrag, Sportartikelverkauf, Kleiderverkauf, Beteiligungsdividende, Liegenschaftserträge, Montage und Reparaturen

Abschluss: Betriebserfolgsrechnung, Nichtbetriebserfolgsrechnung, Unternehmungserfolgsrechnung, Abschlussbilanz

Aufgabe zu 5/1 und 5/2

Es ist ein übersichtlicher Kontenplan zu erstellen, der die folgenden Erfordernisse erfüllt:
1. Beim Vermögen hat, verteilt auf zwei Kontenklassen, eine Abgrenzung zwischen dem Betriebs- und dem Nichtbetriebsvermögen zu erfolgen.
2. Die Vermögenskonten sind nach dem Grad ihrer Liquidierbarkeit und die Kapitalkonten nach dem Grad ihrer Fälligkeit zu ordnen.
3. Bei den Erfolgskonten sind zu unterscheiden: Betriebsaufwände, Betriebsverluste, Betriebserträge, Betriebsgewinne sowie Nichtbetriebsaufwände, Nichtbetriebsverluste, Nichtbetriebserträge und Nichtbetriebsgewinne.
4. Ungeeignete Kontenbezeichnungen sind zu verbessern. Im Erfolgsbereich sind die Konten konsequent als Aufwand- oder Verlustkonten bzw. als Ertrags- oder Gewinnkonten zu bezeichnen.
5. Die Konten sind mit einer dreistelligen Dezimalnumerierung zu versehen.

Übungsaufgabe 6
Abgrenzungsprobleme in einer Fabrikationsunternehmung

Kurzzahlen: Beträge um 1000 gekürzt
Die Einzelfirma Z stellt Büromöbel auf Bestellung her. Die Konten der Buchhaltung weisen nach Korrektur beim Abschluss die folgenden Saldi auf:

Bestände		Erfolge	
Liegenschaften	5000	Materialaufwand	3245
Lagereinrichtung	15	Personalaufwand	2425
Fabrikeinrichtung	900	Liegenschaftsaufwand	40
Werkzeuge	40	Abschreibungsaufwand	291
Büroeinrichtung	70	Zinsaufwand	418
Fahrzeuge	90	Fahrzeugaufwand	45
Darlehen	20	Verwaltungsaufwand	120
Material	610	Verkaufsaufwand	60

Halbfabrikate	200	Übriger Aufwand	81
Fertigfabrikate	20	Halbfabrikateaufwand	55
Debitoren	420	Fertigfabrikateaufwand	− 15
Bank	40		
Post	130	Fabrikateertrag	6702
Kasse	87	Zinsertrag	30
Kapital Z	5000		
Privat Z	35		
Hypotheken	2300		
Kreditoren	340		

Z ermittelte das Jahresergebnis bisher stets mit Hilfe einer einzigen Erfolgsrechnung (Unternehmungserfolgsrechnung). In diesem Jahr entschliesst er sich, nach Abschluss der Konten betriebliche und nichtbetriebliche Erfolge ausserhalb der Buchhaltung zu trennen und gestützt darauf zwei separate Erfolgsrechnungen zu erstellen.

Fall 6/1: Ergänzende Angaben

Finanzierung der Anlagen: Mit Ausnahme der Liegenschaften sind sämtliche Anlagen mit Eigenkapital finanziert worden.

Liegenschaften: Fabrikliegenschaft 4000, Baulandreserve 1000. Der Baulandkauf ist je zur Hälfte mit Eigenkapital (nicht bezogenen Gewinnen) und Fremdkapital (Hypotheken) finanziert worden.

Fabrikeinrichtung: 1 Maschinengruppe im Buchwert von 100 ist rezessionsbedingt seit 2 Jahren stillgelegt.

Darlehen: Überbrückungskredit an einen Lieferanten, Restlaufzeit 2 Jahre

Bank (und Aktien): Bankschuld 60, kotierte Aktien im Bankdepot 100. Die Aktien stellen eine ausserbetriebliche Anlage dar, die aus nicht bezogenen Gewinnen finanziert wurde.

Hypotheken: auf Fabrikliegenschaft 1800, auf Bauland 500

Liegenschaftsaufwand: Umfasst den Gebäudeunterhalt und einen einmaligen Anstösserbeitrag an die Sanierung der Zufahrtsstrasse zum Bauland von 5.

Abschreibungsaufwand: Abschreibung auf Fabrikliegenschaft 80, auf Lagereinrichtung 1, auf Fabrikeinrichtung 180 (davon auf stillgelegter Maschinengruppe 20), auf Büroeinrichtung 10, auf Werkzeugen 20

Zinsaufwand: Enthält alle Hypothekarzinsen; der Verkäufer des Baulandes ist Gläubiger der Festzinshypothek zu 5%. Eigenzins 6% vom unveränderten Kapital, Rest Bankzins

Fahrzeugaufwand: Enthält die Fahrzeugabschreibung sowie einen Verlust von 2 beim Verkauf eines Fahrzeuges.

Verkaufsaufwand: Inklusive Beitrag an den Festfonds für die örtliche 800-Jahr-Feier 4. Dieser Betrag ist je zur Hälfte Werbung bzw. Schenkung.

Übriger Aufwand: Inklusive Verlust von 5, entstanden aus einer Bürgschaft für einen Angestellten, der aus der Unternehmung ausgetreten ist.

Zinsertrag: Aus Vermittlung eines grösseren Abschlusses für einen befreundeten Skifabrikanten 24, Zins vom Darlehen 5%, Dividende 5

Fall 6/2: Ergänzende Angaben

Finanzierung der Anlagen: Mit Ausnahme der Liegenschaften sind sämtliche Anlagen mit Eigenkapital finanziert worden.

Liegenschaften: Fabrikliegenschaft 4500, Baulandreserve 500. Der Baulandkauf ist je zur Hälfte mit Eigenkapital (nicht bezogenen Gewinnen) und Fremdkapital (Hypotheken) finanziert worden.

Fabrikeinrichtung: 1 Maschinengruppe im Buchwert von 150 ist rezessionsbedingt seit 2 Jahren stillgelegt.

Darlehen: Schuldner ist ein ehemaliger Angestellter der Firma Z, Restlaufzeit 2 Jahre.

Bank (und Obligationen): Bankschuld 50, kotierte Obligationen im Bankdepot 90. Die Obligationen stellen eine betriebliche Liquiditätsreserve dar.

Hypotheken: auf Fabrikliegenschaft 2100, auf Bauland 200

Liegenschaftsaufwand: Umfasst den Gebäudeunterhalt und einen einmaligen Pflichtbeitrag von 8 für den Anschluss des Baulandes an das regionale Kanalisationsnetz.

Abschreibungsaufwand: Abschreibung auf Fabrikliegenschaft 80, auf Lagereinrichtung 1, auf Fabrikeinrichtung 180 (davon auf stillgelegter Maschinengruppe 30), auf Büroeinrichtung 10, auf Werkzeugen 20

Zinsaufwand: Enthält alle Hypothekarzinsen; der Verkäufer des Baulandes ist Gläubiger der Festzinshypothek zu 5%. Eigenzins 6% vom unveränderten Kapital, Rest Bankzins

Fahrzeugaufwand: Enthält die Fahrzeugabschreibung sowie einen Gewinn von 3 beim Verkauf eines Fahrzeuges.

Verkaufsaufwand: Inklusive Beitrag an den Jubiläumsfonds des kantonalen Schützenvereins 2. Dieser Betrag ist je zur Hälfte Werbung bzw. Schenkung.

Übriger Aufwand: Inklusive Verlust von 12, entstanden aus einer Bürgschaft für einen Angestellten, der aus der Unternehmung ausgetreten ist.

Zinsertrag: Aus Vermittlung eines grösseren Abschlusses für einen befreundeten Sanitärinstallateur 25, Zins vom Darlehen 5%, Zins von Obligationen 4

Aufgaben zu 6/1 und 6/2

1. Aufstellung der Unternehmungserfolgsrechnung der Firma Z
2. Trennung von betrieblichen und nichtbetrieblichen Erfolgen. Für diese Arbeit ist eine Tabelle mit der folgenden Einteilung zu verwenden:

Aufwände/ Erträge	Total	betrieblicher Aufwand/ Ertrag	nichtbetrieblicher Aufwand/Ertrag	
			Betrag	Erklärung

3. Die getrennten Erfolgsrechnungen sind in Kontoform darzustellen. Die Teilergebnisse sind in einer Unternehmungserfolgsrechnung zusammenzufassen.
4. Analog zum Erfolgsbereich sollen bei den Beständen Betriebs- und Nichtbetriebsvermögen klar getrennt werden. Es ist eine entsprechend gegliederte Bilanz aufzustellen.
5. Welches ist die wichtigste Aussage des differenzierten Abschlusses?
6. Es ist der Kontenplan für die umgestaltete Buchhaltung der Unternehmung Z zu entwerfen. Die einzelnen Konten sind mit einer dreistelligen Dezimalnummer zu versehen.

2. Kapitel
Die Abgrenzung zwischen dem Betriebsaufwand der Buchhaltung und den Kosten der Betriebsabrechnung

Die Kalkulation kann, wenn sie ihrer Aufgabe gerecht werden will, die Aufwände, die in der Buchhaltung festgehalten werden, nicht ohne Abgrenzung übernehmen.

Erstens kann sie ihren Berechnungen nicht alle, sondern nur die *betrieblichen Aufwände* zugrunde legen. Sie käme zum Beispiel zu einem völlig falschen Resultat, würde sie die Verluste berücksichtigen, die von der Unternehmungsleitung durch eine verunglückte Wertschriftenspekulation verschuldet worden sind.

Und *zweitens* kann sie nur auf die *betrieblichen Aufwände* aufbauen, *die in der Buchhaltung aus gewinn- und vielfach auch aus steuerpolitischen Gründen nicht zu klein oder zu gross ausgewiesen werden.* Alle andern müssen für sie unabhängig von der Buchhaltung noch nach einem objektiven Massstab erfasst und bewertet werden.

Die Aktiengesellschaften, unter ihnen vor allem die Publikumsgesellschaften, verfolgen das Ziel, die Dividende zu stabilisieren, und versuchen zu diesem Zweck, in der Buchhaltung Jahr für Jahr einen möglichst gleich hohen Gewinn auszuweisen. Da die tatsächlichen Jahresergebnisse mehr oder weniger schwanken, können sie das natürlich nur, wenn sie die Zahlen der Buchhaltung frisieren und den Jahreserfolg manipulieren. Sie bilden dabei in den fetten Jahren stille Reserven, die sie dann in den mageren wieder auflösen und als Gewinn auszahlen, indem sie zum Beispiel verschiedene Aufwände und Verluste in der guten Konjunktur zu hoch und in der schlechten zu tief ausweisen.

Die Kalkulation kann nur auf ungeschminkte Zahlen abstellen, die nicht von der Leitung im Interesse der Gewinn- und Steuerpolitik der Unternehmung in der Buchhaltung kosmetisch zurechtgemacht worden sind und darum nicht mit der Rechnungsperiode übereinstimmen. Das Rechnungswesen besteht deshalb heute noch aus einem weiteren Teil, aus der *Betriebsabrechnung.* Ihr kommt die Aufgabe zu, die Vorgänge im Betrieb und damit das Betriebsvermögen und das Betriebskapital sowie den Wertabgang im Betrieb und den Betriebserfolg möglichst objektiv zu ermitteln.

Unternehmungsrechnung

Rechnung	Rechnungsobjekt	Rechnungszweck
Buchhaltung	Unternehmung	Ermittlung des Vermögens und Kapitals und des Unternehmungserfolges
Betriebsabrechnung	Betrieb	Ermittlung des Betriebsvermögens und Betriebskapitals und des Betriebserfolges
Kalkulation	Produkt oder Leistung	Ermittlung der Selbstkostenpreise und der Deckungsbeiträge

In der Betriebsabrechnung bezeichnet man den betrieblichen Verschleiss an Gütern und Leistungen im Gegensatz zur Buchhaltung nicht als Aufwand, sondern als *Kosten*. Bei diesen handelt es sich somit um den Wertabgang, der erstens mit dem Betrieb zusammenhängt und zweitens nach einem objektiven Massstab berechnet wird. Der Begriff der Kosten ist mit dem Begriff des Betriebes verwachsen.

Die Kosten der Betriebsabrechnung stimmen mit dem Aufwand der Buchhaltung in manchen, aber nicht in allen Fällen überein.

Die *betrieblichen Aufwandarten*, die *in der Buchhaltung* in der Rechnungsperiode so *zuverlässig* als möglich *erfasst und bewertet* werden, sind mit den entsprechenden Kostenarten identisch. Für sie gilt die Gleichung: *Betriebsaufwand = Kosten*.
Die andern *betrieblichen Aufwandarten* dagegen, die *in der Buchhaltung* in der Rechnungsperiode *durch die Bildung oder Auflösung stiller Reserven buchtechnisch vermindert oder vermehrt* werden, weichen von den entsprechenden Kostenarten ab und sind entweder grösser oder kleiner als diese. Für sie gilt die Ungleichung: *Betriebsaufwand ≠ Kosten*.

Ein wesentlicher Teil der betrieblichen Aufwände wird in der Buchhaltung normalerweise nicht manipuliert, so zum Beispiel der Miet-, der Versicherungs-, der Verkaufs-, der Verwaltungsaufwand usw. Daneben gibt es aber auch andere, und zwar bedeutende Aufwände und Verluste, die in der Regel in der Buchhaltung in der Rechnungsperiode nicht der Wirklichkeit entsprechend ausgewiesen werden. Zu ihnen gehören zum Beispiel der Waren-, der Material-, der Abschreibungsaufwand usw. Sie spielen bei der Abgrenzung zwischen dem Betriebsaufwand und den Kosten deshalb eine wichtige Rolle.

Die Unternehmungsleitung verfügt für ihre Gewinn- und Steuerpolitik vor allem über zwei wichtige Möglichkeiten. Sie kann *erstens* den *Aufwand an Waren, Material usw.* und *zweitens* den *Abschreibungsaufwand* manipulieren. Sowohl die Vorräte an Waren, Materialien, Halb- und Fertigfabrikaten als auch die Anlagen bilden ein gutes und praktisch beliebtes Versteck für die stillen Reserven.

1. Die Abgrenzung zwischen dem betrieblichen Waren- und Materialaufwand und den Waren- und Materialkosten

Wenn eine Unternehmung in einem guten Jahr einen besonders hohen Gewinn erzielt und einen Teil davon als stille Reserven tarnen will, bewertet sie zum Beispiel die Waren oder Materialien zu tief und weist den Waren- und Materialaufwand zu hoch aus. Umgekehrt, wenn sie in einem schlechten Jahr mit einem besonders kleinen Gewinn oder sogar mit einem Verlust abschliesst und stille Reserven zur Verschönerung des Jahresergebnisses auflösen will, wertet sie zum Beispiel die Waren und Materialien auf und weist den Waren- und Materialaufwand zu tief aus.

Beispiel

Eine Unternehmung weist in der Buchhaltung einen Materialvorrat bei der Eröffnung von 25 000 und beim Abschluss von 30 000 und einen Materialaufwand von 100 000 aus. Der Vorrat ist unterbewertet und enthält jeweils 50% stille Reserven.

Zeit-punkt	Material-vorrat effektiver Wert	Buchhaltung				Betriebsabrechnung		
		Materialvorrat		Materialaufwand		Materialvorrat		Material-kosten
		Buch-wert	stille Reserven	ausge-wiesen	zuviel ausge-wiesen	Kosten-wert	stille Reserven	
Eröffnung	50 000	25 000	25 000			60 000	–	
Abschluss	60 000	30 000	30 000	100 000	5 000			95 000

2. Die Abgrenzung zwischen dem betrieblichen Abschreibungsaufwand und den Abschreibungskosten

Will die Unternehmungsleitung das Ergebnis in einem Jahr verschlechtern oder verbessern, so kann sie in der Buchhaltung auf den Anlagen mehr oder weniger abschreiben.

In der *Buchhaltung* werden vielfach die einzelnen Anlagen, die miteinander wesensverwandt sind und zusammen eine Gruppe bilden, wie zum Beispiel die Gebäude, die Lagereinrichtung, die Fabrikationseinrichtung, die Werkzeuge, die Fahrzeuge usw., je mit einem Satz abgeschrieben. Diese Art von Abschreibung bezeichnet man als *summarische oder globale Abschreibung*.

Beispiel

Anlage	Wert	Abschreibungssatz	Abschreibungsbetrag
Gebäude	5 000 000	2%	100 000
Fabrikationseinrichtung	2 000 000	10%	200 000
Fahrzeuge	100 000	30%	30 000
usw.			

Für die Betriebsabrechnung und auch für die Kalkulation ist die Globalabschreibung zu grob und darum auch zu ungenau. In der *Betriebsabrechnung* wird deshalb jede Anlage mit einem Anschaffungswert, der eine bestimmte Höhe übersteigt, einzeln abgeschrieben. Diese Art von Abschreibung bezeichnet man als *individuelle oder Einzelabschreibung.*

Die *Einzelabschreibung* setzt die Führung einer *Anlagekartei* voraus. Für jede Anlage, die mit einem eigenen Satz abgeschrieben wird, muss eine Anlagekarte erstellt werden, auf der alle Angaben, die für die Abrechnung des Betriebes und die Ermittlung der Abschreibung wesentlich sind, vermerkt werden. Wie eine solche Karte für die Maschinen etwa aussieht, zeigt das Muster auf der nächsten Seite.
Da die gewünschten Angaben für die Gebäude, die Maschinen, die Fahrzeuge usw. teilweise voneinander abweichen, müssen für die verschiedenartigen Anlagen spezielle Karten angefertigt werden.

Massgebend für die annähernd genaue *Ermittlung der Abschreibung* ist vor allem die richtige Einschätzung der zukünftigen Wertminderung und der voraussichtlichen Nutzungsdauer der Anlagen.

Bei den *materiellen Anlagen* hängt die Wertminderung hauptsächlich von zwei Ursachen ab: erstens von der Abnutzung und zweitens von der wirtschaftlichen Überholung. Deshalb ist bei jeder Anlage *die technische und die wirtschaftliche Nutzungsdauer* von Bedeutung.

Die *Abnutzung* erfolgt durch den Gebrauch der Anlage, in vielen Fällen auch durch atmosphärische Einflüsse, den chemisch-physikalischen Zerfall.

Auch für die *wirtschaftliche Überholung* können zwei Gründe ausschlaggebend sein. Eine Anlage kann der wirtschaftlichen Entwertung zum Opfer fallen, weil sie mit der Zeit technisch veraltet und durch eine neu entwickelte ersetzt werden muss oder weil sie der Betrieb nicht mehr verwenden kann, da das Produkt, das bisher auf ihr hergestellt wurde, aus dem Markt geworfen wird, zum Beispiel durch eine Änderung der Mode.

Bei der Einzelabschreibung muss die *Nutzungsdauer,* und zwar sowohl die technische als auch die wirtschaftliche, für jede Anlage *sorgfältig geschätzt* werden. Die

Maschinenkarte

Maschine: Art, Marke, Typ, Fabriknummer usw.

Lieferant:
Herstellungsjahr:
Garantiefrist:

Anschaffungspreis ....
Bezugskosten ....
Installationskosten ....

Anschaffungswert ....

Kostenstelle:
Technische Nutzungsdauer:
Wirtschaftliche Nutzungsdauer:

Jahr	Anschaffungs-wert	Revisionen	Reparaturen	Buchhaltung				Betriebsabrechnung			
				Abschreibungsaufwand				Abschreibungskosten			
				Satz	Abschreibung		Restwert	Lebensdauer	Satz	Abschreibung	Restwert

Unternehmungsleitung stellt dabei einmal auf ihre Erfahrung ab, berücksichtigt aber auch, so gut dies überhaupt möglich ist, den technischen Fortschritt und die weitere wirtschaftliche Entwicklung in der Zukunft.

Die *Nutzungsdauer, auf die es ankommt* und die der Einzelabschreibung zugrunde gelegt wird, ist immer die kürzere. Im einen Fall ist das die technische, im andern die wirtschaftliche.

Beispiel

Der Anschaffungswert einer Maschine beträgt 100 000. In der Buchhaltung erfolgt die Abschreibung auf dem ganzen Maschinenpark summarisch mit einem Satz von 20% vom jeweiligen Buchwert, in der Betriebsabrechnung dagegen einzeln und vom Anschaffungswert. Die Unternehmungsleitung schätzt die technische Nutzungsdauer auf 15 und die wirtschaftliche auf 10 Jahre.

Jahr	Anschaffungswert	Buchhaltung			Betriebsabrechnung			
		Abschreibung		Buch-restwert	Nutzungs-dauer	Abschreibung		Kosten-restwert
		Satz	Aufwand			Satz	Kosten	
19.0	100 000	20%	20 000	80 000	10 Jahre	10%	10 000	90 000
19.1			16 000	64 000			10 000	80 000
19.2			12 800	51 200			10 000	70 000

3. Die Abgrenzung zwischen dem Zinsaufwand und den Zinskosten

Der *Zinsaufwand,* der in der Buchhaltung erfasst wird, *hängt in seiner Höhe erstens* von der *Rechtsform* und *zweitens* von der *Finanzierung* der Unternehmung ab.

Unabhängig von der Rechtsform und der Finanzierung werden von der Unternehmung die *Fremdzinsen* verbucht, die für das *verzinsliche Fremdkapital* bezahlt werden müssen.

Je nach der Rechtsform wird nun aber ein *Eigenzins* für das *Eigenkapital* verrechnet. Die Berücksichtigung des Eigenzinses erfolgt zum Beispiel bei der Einzelfirma und den Personengesellschaften, nicht aber bei der Aktiengesellschaft, weil Art. 675,1 OR die Auszahlung eines Zinses grundsätzlich verbietet. Da nun je nach der Rechtsform der Unternehmung der Zinsaufwand im einen Fall nur die Fremdzinsen und im andern auch noch den Eigenzins enthält, spielt für die Höhe des Zinsaufwandes neben der Rechtsform auch noch die Finanzierung, das Verhältnis zwischen dem Eigen- und dem Fremdkapital, eine Rolle.

Beispiel

Eine Unternehmung ist wie folgt finanziert:

Kapital	1. Fall	2. Fall	Zinsfuss
Eigenkapital	1 000 000	500 000	8%
verzinsliches Fremdkapital: Hypotheken	200 000	200 000	5%
Darlehen	–	500 000	10%
unverzinsliches Fremdkapital: Kreditoren	100 000	100 000	

Zinsaufwand

Rechtsform	1. Fall			2. Fall		
	Fremdzins	Eigenzins	Buchhaltung Zinsaufwand	Fremdzins	Eigenzins	Buchhaltung Zinsaufwand
Einzelfirma	10 000	80 000	90 000	60 000	40 000	100 000
Personengesellschaft	10 000	80 000	90 000	60 000	40 000	100 000
Aktiengesellschaft	10 000		10 000	60 000		60 000

Für den Betrieb und die Leistungserstellung kommt es weder auf die Rechtsform noch auf die Art an, wie eine Unternehmung finanziert wird. Entscheidend für die Betriebsabrechnung und auch für die Kalkulation ist vielmehr das Kapital, das von der Unternehmung im Betrieb investiert wird und die finanzielle Basis für die Leistungserstellung bildet. Zur *Aufgabe der Betriebsabrechnung* gehört deshalb auch die *Ermittlung des Betriebskapitals und der Zinskosten*, die der Einsatz des Betriebskapitals verursacht und die in der Kalkulation in die Selbstkosten der Produkte einkalkuliert werden.

Das *Betriebskapital* kann nicht direkt, durch die Addition der einzelnen Kapitalposten, berechnet werden, denn von vielen Kapitalien kann man nicht angeben, ob sie im Betriebsablauf oder ausserhalb investiert sind. Man geht darum indirekt vor, indem man zuerst das Betriebsvermögen feststellt, denn von den Vermögensposten weiss man mit genügender Sicherheit, ob sie zur Leistungserstellung beitragen oder nicht. Wichtig ist dabei, dass der *Berechnung des Betriebsvermögens* die effektiven und nicht die Buchwerte zugrunde gelegt werden. Auch das Kapital, das in den stillen Reserven steckt und in der Buchhaltung nicht ausgewiesen wird, bildet einen Teil des Betriebskapitals und ist damit für die Ermittlung der Zinskosten wesentlich. Steht das Betriebsvermögen fest, so kennt man auch das Betriebskapital, denn es gilt die Gleichung: *Betriebsvermögen = Betriebskapital*.

Die Unternehmung muss nun aber nicht auf dem ganzen, sondern nur auf dem *verzinslichen Betriebskapital* einen Zins berücksichtigen. Das nicht verzinsliche Kapital, von dem angenommen werden kann, dass es der Finanzierung des Betriebes dient, kostet die Unternehmung keine Zinsen und kann daher auch für die Berechnung der Zinskosten ausgeklammert werden. Das unverzinsliche Betriebskapital setzt sich im Prinzip aus den Kreditoren, den Wechselschulden, den Anzahlungen der Debitoren usw. zusammen.

Das verzinsliche Betriebskapital kann innerhalb der Rechnungsperiode zu- oder abnehmen und ist bei vielen Unternehmungen auch beträchtlichen Schwankungen unterworfen. Aus diesem Grund wäre es unzureichend, würde man bei der Berechnung der Zinskosten nur vom Anfangs- oder nur vom Schlusskapital ausgehen. Um zu einem besseren Resultat zu gelangen, muss man auf das *durchschnittliche Betriebskapital* abstellen. Die einfachste Lösung besteht dabei darin, dass man den Durchschnitt aus dem Anfangs- und dem Schlusskapital ermittelt. Allein auch diese Rechnung ist noch ungenau, sobald zum Beispiel die Vorräte im Laufe der Rechnungsperiode stark schwanken. In diesem Fall müsste man im Interesse einer grösseren Genauigkeit noch den Höchst- und den Tiefstbestand der Vorräte während der Rechnungsperiode feststellen und in die Durchschnittsrechnung miteinbeziehen, was aber ohne Inventur und damit ohne zusätzliche Kosten nur möglich ist, wenn eine gut ausgebaute Lagerbuchhaltung geführt wird.

Für die Verzinsung des durchschnittlichen verzinslichen Betriebskapitals sollte die Unternehmungsleitung den gleichen *Zinssatz* wählen, den sie der Bank für die Gewährung eines langfristigen Bankkredites ohne besondere Sicherheiten bezahlen müsste. Bei seiner Festsetzung muss sie somit, genau gleich wie das die Bank auch tun würde, die Grösse des Betriebsrisikos in Rechnung stellen. Heute wäre je nach dem wirtschaftlichen Risiko der Branche und der einzelnen Unternehmung etwa ein Zinsfuss von 6 bis 10% angemessen.

Unter bestimmten Voraussetzungen müssen nach der Berechnung der Zinskosten *andere Kostenarten noch korrigiert* werden. Die Notwendigkeit dazu besteht, wenn die Fremdzinsen in der Buchhaltung über verschiedene Aufwandkonten und nicht einheitlich über das Konto Zinsaufwand gebucht werden, wenn zum Beispiel der Hypothekarzins dem Konto Gebäudeaufwand belastet wird. In diesem Fall müssen die Gebäudekosten korrigiert werden, weil sonst eine doppelte Verrechnung erfolgen würde.

Beispiel

Die Rechnung einer Unternehmung enthält folgende Zahlen:

Immobilien
Boden		1 000 000
Geschäftsgebäude		4 000 000
		5 000 000
Hypothek		3 000 000
Gebäudeaufwand		
Abschreibung auf dem Gebäude: 2½% von 4 000 000	100 000	
Hypothekarzins: 5% von 3 000 000	150 000	
Übriger Gebäudeaufwand	50 000	
	300 000	
Zinsaufwand	100 000	
Zinskosten		
Verzinsliches Betriebskapital		10 000 000
Zins auf dem verzinslichen Betriebskapital: 6% von 10 000 000	600 000	
Zins auf den Immobilien: 6% von 5 000 000	300 000	

Der Zins auf den Immobilien ist in den Zinskosten für das verzinsliche Betriebskapital enthalten.

Lösung

Kostenarten	Buchhaltung Aufwand	enthaltene Fremdzinsen Hypothekarzins[1]	Betriebsabrechnung Kosten
Zinskosten			600 000
Gebäudekosten	300 000	150 000	150 000

[1] In den Zinskosten von 600 000 inbegriffen.

Die *Korrektur* geschieht im Prinzip in der Weise, dass die doppelt verrechneten Zinsen nur als Zinskosten berücksichtigt und bei den andern Kostenarten ausgeklammert werden.

Beispiel

Die Eröffnungs- und die Abschlussbilanz einer Kollektivgesellschaft mit einem Fabrikationsbetrieb weisen nach der Gewinnverteilung folgende Zahlen auf:

Bilanzposten	Eröffnung	Abschluss	Bilanzposten	Eröffnung	Abschluss
Vermögen			*Eigenkapital*		
Anlagevermögen			Kapital X	900 000	1 000 000
Materielle Anlagen			Kapital Y	900 000	1 000 000
Boden	100 000	100 000		1 800 000	2 000 000
Gebäude	1 050 000	1 000 000			
Einrichtung	250 000	200 000	*Fremdkapital*		
Werkzeuge	–	–			
Fahrzeuge	–	–	*Verzinsliches Kapital*		
			Hypotheken	600 000	600 000
Finanzielle Anlagen			Darlehen	200 000	200 000
Beteiligung[1]	200 000	200 000	*Nichtverzinsliches Kapital*		
	1 600 000	1 500 000	Kreditoren	90 000	190 000
			Transitorische Passiven	10 000	10 000
Umlaufvermögen					
Vorräte	300 000	500 000		900 000	1 000 000
Debitoren	400 000	450 000			
Wertschriften[2]	200 000	400 000			
Transitorische Aktiven	10 000	10 000			
Flüssige Mittel	190 000	140 000			
	1 100 000	1 500 000			
	2 700 000	3 000 000		2 700 000	3 000 000

[1] Die Beteiligung hängt nicht mit dem Betrieb zusammen.
[2] Bei den Wertschriften handelt es sich bis zum Wert von 200 000 um eine Liquiditätsreserve für die Sicherung der Zahlungsbereitschaft und darüber hinaus um eine Finanzreserve für die spätere Anschaffung neuer Maschinen.

Die folgenden Vermögensposten sind unterbewertet und enthalten stille Reserven:

Vermögensposten	Stille Reserven	
	Eröffnung	Abschluss
Boden	180 000	200 000
Gebäude	400 000	400 000
Einrichtung	200 000	200 000
Werkzeuge	20 000	20 000
Fahrzeuge	100 000	80 000
Beteiligung	200 000	100 000
Vorräte	600 000	800 000

Die Hypothekarzinsen von 5% wurden dem Konto Gebäudeaufwand und der Darlehenszins von 7½% dem Konto Darlehenszinsaufwand belastet. Der gesamte Gebäudeaufwand beträgt 100 000.
Zinssatz für die Berechnung der Zinskosten: 7½%

Lösung

Durchschnittliches verzinsliches Betriebskapital

Bilanzposten	Eröffnung		Abschluss	
	Buchhaltung Buchwerte	Betriebsabrechnung effektive Werte	Buchhaltung Buchwerte	Betriebsabrechnung effektive Werte
Betriebliches Anlagevermögen				
Boden	100 000	280 000	100 000	300 000
Gebäude	1 050 000	1 450 000	1 000 000	1 400 000
Einrichtung	250 000	450 000	200 000	400 000
Werkzeuge	–	20 000	–	20 000
Fahrzeuge	–	100 000	–	80 000
	1 400 000	2 300 000	1 300 000	2 200 000
Betriebliches Umlaufvermögen				
Vorräte	300 000	900 000	500 000	1 300 000
Debitoren	400 000	400 000	450 000	450 000
Wertschriften	200 000	200 000	200 000	200 000
Transitorische Aktiven	10 000	10 000	10 000	10 000
Flüssige Mittel	190 000	190 000	140 000	140 000
	1 100 000	1 700 000	1 300 000	2 100 000
Betriebsvermögen	2 500 000	4 000 000	2 600 000	4 300 000
Nichtverzinsliches Fremdkapital				
Kreditoren	90 000	90 000	190 000	190 000
Transitorische Passiven	10 000	10 000	10 000	10 000
	100 000	100 000	200 000	200 000
Verzinsliches Betriebskapital	2 400 000	3 900 000	2 400 000	4 100 000

$$\text{Durchschnittliches verzinsliches Betriebskapital} = \frac{3\,900\,000 + 4\,100\,000}{2}$$

$$= \frac{8\,000\,000}{2} = 4\,000\,000$$

Zinskosten

7½% vom durchschnittlichen verzinslichen Betriebskapital von 4 000 000 = 300 000

Korrektur

Posten	Buchhaltung Aufwand	enthaltene Fremdzinsen	Betriebsabrechnung Kosten
Gebäude	100 000	30 000[1]	70 000
Darlehen	15 000	15 000[2]	–

[1] 5% auf der Hypothek von 600 000
[2] 7½% von 200 000

4. Der Kostenartenbogen

Die Betriebsabrechnung stellt, nachdem sie die Kostenarten, die sie nicht der Buchhaltung entnehmen kann, möglichst genau erfasst hat, die Kosten- den Aufwandarten gegenüber. Am besten geschieht dies tabellarisch, auf einem sog. Kostenartenbogen, der im Prinzip wie folgt aussieht:

Buchhaltung		Abgrenzung	Betriebsabrechnung	
Aufwandart	Betrag		Kostenart	Betrag

Beispiel 1

Teil 2: Abgrenzung zwischen dem Betriebsaufwand und den Kosten[2]

Aufgabe

Die externe Eröffnungs- und Abschlussbilanz vor der Gewinnverwendung und die externe Betriebserfolgsrechnung der Einzelfirma X weisen folgende Posten auf:

Externe Bilanz

Posten	Eröffnung	Abschluss	Posten	Eröffnung	Abschluss
Vermögen			*Kapital*		
Betriebsvermögen			*Eigenkapital*		
Anlagevermögen			Kapital X	800 000	800 000
Lagereinrichtung	50 000	40 000	Privat X	50 000	200 000
Büroeinrichtung	210 000	200 000		850 000	1 000 000
Ladeneinrichtung	110 000	70 000			
Fahrzeuge	50 000	40 000	*Fremdkapital*		
			Kreditoren	50 000	50 000
	420 000	350 000			
Umlaufvermögen					
Waren	80 000	150 000			
Debitoren	30 000	51 000			
Delkredere	–	– 1 000			
Bank	150 000	250 000			
Post	10 000	40 000			
Kasse	10 000	10 000			
	280 000	500 000			
Nichtbetriebsvermögen					
Parkplatz	200 000	200 000			
	900 000	1 050 000		900 000	1 050 000

Die folgenden Vermögenswerte sind unterbewertet und enthalten *stille Reserven*:

Vermögensposten	Eröffnung	Abschluss
Lagereinrichtung	25 000	30 000
Büroeinrichtung	70 000	70 000
Ladeneinrichtung	265 000	280 000
Fahrzeuge	20 000	20 000
Waren	70 000	100 000
	450 000	500 000

[2] Vergleiche Teil 1 S. 17ff.

Betriebserfolgsrechnung

Warenaufwand	1 030 000	Ertrag Waren A	1 200 000
Raumaufwand	50 000	Ertrag Waren B	800 000
Personalaufwand	450 000	Zinsertrag	10 000
Abschreibungsaufwand	80 000		
Zinsaufwand	60 000		
Einkaufsaufwand	20 000		
Verkaufsaufwand	60 000		
Verwaltungsaufwand	40 000		
Übriger Betriebsaufwand	30 000		
	1 820 000		2 010 000
Betriebsgewinn	190 000		
	2 010 000		2 010 000

Nichtbetriebserfolgsrechnung

Nichtbetriebsgewinn	10 000	Mietertrag	10 000

Die Betriebsabrechnung übernimmt von der Buchhaltung alle Aufwände unverändert, mit Ausnahme des Waren-, Abschreibungs- und Zinsaufwandes, weil diese drei nicht mit den entsprechenden Kostenarten übereinstimmen.

Warenaufwand/Warenkosten

In der *Buchhaltung* wurden im Rechnungsjahr auf dem Warenvorrat weitere stille Reserven von 30 000 gebildet.

Abschreibungsaufwand/Abschreibungskosten

In der *Buchhaltung* wurden die vier verschiedenen Anlageposten global wie folgt abgeschrieben:

Anlage	Abschreibung	
	Vorjahre	Rechnungsjahr
Lagereinrichtung	**50 000**	**10 000**
Büroeinrichtung	**90 000**	**10 000**
Ladeneinrichtung	**390 000**	**40 000**
Fahrzeuge	**40 000**	**20 000**
	570 000	**80 000**

In der *Betriebsabrechnung* wurde jede einzelne Anlage für sich abgeschrieben, wobei im ganzen auf den vier verschiedenen Anlageposten folgende Abschreibungen vorgenommen wurden:

Anlage	Anschaffungswert		Abschreibung	
	Eröffnung	Abschluss	Vorjahre	Rechnungsjahr
Lagereinrichtung	100 000	100 000	25 000	5 000
Büroeinrichtung	300 000	300 000	20 000	10 000
Ladeneinrichtung	500 000	500 000	125 000	25 000
Fahrzeuge[1]	90 000	100 000	20 000	20 000
	990 000	1 000 000	190 000	60 000

[1] In der Rechnungsperiode wurde ein Fahrzeug im Wert von 10 000 neu angeschafft.

Zinsaufwand/Zinskosten

Zinsfuss für die Verrechnung der Zinskosten: 7½%

Abgrenzung Abschreibungsaufwand/Abschreibungskosten

Anlage	Anschaffungswert 31.12.	Buchhaltung			
		Abschreibungsaufwand			Restwert
		Vorjahre	Rechnungsjahr	total	
Lagereinrichtung	100 000	50 000	10 000	60 000	40 000
Büroeinrichtung	300 000	90 000	10 000	100 000	200 000
Ladeneinrichtung	500 000	390 000	40 000	430 000	70 000
Fahrzeuge	100 000	40 000	20 000	60 000	40 000
	1 000 000	570 000	80 000	650 000	350 000

Lösung

Abgrenzung Warenaufwand/Warenkosten

Zeitpunkt	Buchhaltung						Betriebsabrechnung	
	Warenvorrat		Warenaufwand				Waren-vorrat	Waren-kosten
	ausge-wiesen	Stille Reserven Bestand	ausge-wiesen	Stille Reserven Zunahme	zu viel verbucht		effektiv	effektiv
Eröffnung	80 000	70 000					150 000	
Abschluss	150 000	100 000	1 030 000	30 000	30 000		250 000	1 000 000

riebsabrechnung			Restwert	Abgrenzung				
schreibungskosten				zu viel verbuchter Aufwand			Stille Reserven Bestand	
rjahre	Rechnungs-jahr	total		Vorjahre	Rechnungs-jahr	total		
000	5 000	30 000	70 000	25 000	5 000	30 000	30 000	
000	10 000	30 000	270 000	70 000	–	70 000	70 000	
000	25 000	150 000	350 000	265 000	15 000	280 000	280 000	
000	20 000	40 000	60 000	20 000	–	20 000	20 000	
000	60 000	250 000	750 000	380 000	20 000	400 000	400 000	

Abgrenzung Zinsaufwand/Zinskosten

Betriebskapital

Bilanzposten	Eröffnung		Abschluss	
	Buchhaltung	Betriebs-abrechnung	Buchhaltung	Betriebs-abrechnung
Betriebliches Anlagevermögen				
Lagereinrichtung	50 000	75 000	40 000	70 000
Büroeinrichtung	210 000	280 000	200 000	270 000
Ladeneinrichtung	110 000	375 000	70 000	350 000
Fahrzeuge	50 000	70 000	40 000	60 000
	420 000	800 000	350 000	750 000
Betriebliches Umlaufvermögen				
Waren	80 000	150 000	150 000	250 000
Debitoren	30 000	30 000	51 000	51 000
Delkredere			− 1 000	− 1 000
Bank	150 000	150 000	250 000	250 000
Post	10 000	10 000	40 000	40 000
Kasse	10 000	10 000	10 000	10 000
	280 000	350 000	500 000	600 000
Betriebsvermögen	700 000	1 150 000	850 000	1 350 000
Nichtverzinsliches Fremdkapital				
Kreditoren	50 000	50 000	50 000	50 000
Verzinsliches Betriebskapital		1 100 000		1 300 000

$$\text{Durchschnittliches Betriebskapital} = \frac{1\,150\,000 + 1\,350\,000}{2} = \frac{2\,500\,000}{2} = 1\,250\,000$$

$$\text{Durchschnittliches verzinsliches Betriebskapital} = \frac{1\,100\,000 + 1\,300\,000}{2} = \frac{2\,400\,000}{2} = 1\,200\,000$$

Zinskosten

7½% von 1 200 000 = 90 000

Kostenartenbogen

Buchhaltung		Abgrenzung	Betriebsabrechnung	
Aufwandart	Betrag		Kostenart	Betrag
Warenaufwand	1 030 000	− 30 000	Warenkosten	1 000 000
Raumaufwand	50 000		Raumkosten	50 000
Personalaufwand	450 000		Personalkosten	450 000
Abschreibungsaufwand	80 000	− 20 000	Abschreibungskosten	60 000
Zinsaufwand	60 000	+ 30 000	Zinskosten	90 000
Einkaufsaufwand	20 000		Einkaufskosten	20 000
Verkaufsaufwand	60 000		Verkaufskosten	60 000
Verwaltungsaufwand	40 000		Verwaltungskosten	40 000
Übriger Betriebsaufwand	30 000		Übrige Betriebskosten	30 000
	1 820 000	− 20 000		1 800 000

Interne Abschlussrechnungen

Betriebserfolgsrechnung

Warenkosten	**1 000 000**		Ertrag Waren A	1 200 000
Raumkosten	**50 000**		Ertrag Waren B	800 000
Personalkosten	**450 000**		Zinsertrag	10 000
Abschreibungskosten	**60 000**			
Zinskosten	**90 000**			
Einkaufskosten	**20 000**			
Verkaufskosten	**60 000**			
Verwaltungskosten	**40 000**			
Übrige Betriebskosten	**30 000**			
	1 800 000			2 010 000
Betriebsgewinn	210 000			
	2 010 000			**2 010 000**

Unternehmungserfolgsrechnung

Unternehmungsgewinn	**220 000**		Betriebsgewinn	210 000
			Immobilienertrag	10 000
	220 000			**220 000**

Abschlussbilanz

Posten	Buch-werte	Stille Re-serven	effektive Werte	Posten	Buch-werte	Stille Re-serven	effektive Werte
Vermögen				*Kapital*			
Betriebsvermögen				Eigenkapital			
Anlagevermögen				Kapital X	800 000	500 000	1 300 000
Lagereinrichtung	40 000	30 000	70 000	Privat X	200 000		200 000
Büroeinrichtung	200 000	70 000	270 000		1 000 000	500 000	1 500 000
Ladeneinrichtung	70 000	280 000	350 000				
Fahrzeuge	40 000	20 000	60 000	*Fremdkapital*			
				Kreditoren	50 000		50 000
	350 000	400 000	750 000				
Umlaufvermögen							
Waren	150 000	100 000	250 000				
Debitoren	51 000		51 000				
Delkredere	− 1 000		− 1 000				
Bank	250 000		250 000				
Post	40 000		40 000				
Kasse	10 000		10 000				
	500 000	100 000	600 000				
Nichtbetriebsvermögen							
Parkplatz	200 000		200 000				
	1 050 000	500 000	1 550 000		1 050 000	500 000	1 550 000

Beispiel 2

Teil 2: Abgrenzung zwischen dem Betriebsaufwand und den Kosten[3]

Aufgabe

Die externe Eröffnungs- und Abschlussbilanz vor der Gewinnverteilung und die externe Betriebserfolgsrechnung der Familienaktiengesellschaft Y weisen folgende Posten auf:

---

3 Vergleiche Teil 1, S. 20ff.

Externe Bilanz

Posten	Eröffnung	Abschluss	Posten	Eröffnung	Abschluss
Vermögen			*Kapital*		
Betriebsvermögen			Eigenkapital		
Anlagevermögen			Aktienkapital	2 000 000	2 000 000
Lagereinrichtung	110 000	100 000	Gesetzliche Reserve	400 000	500 000
Fabrikationseinrichtung	550 000	500 000	Gewinnvortrag		
Büroeinrichtung	110 000	140 000	Vortrag vom Vorjahr		
Fahrzeuge	90 000	60 000	Jahresgewinn	100 000	350 000
	860 000	**800 000**		**2 500 000**	**2 850 000**
Umlaufvermögen			Fremdkapital		
Material	170 000	160 000	Hypotheken	480 000	250 000
Halbfabrikate	50 000	70 000	Kreditoren	100 000	100 000
Fertigfabrikate	120 000	80 000		**580 000**	**350 000**
Debitoren	203 000	305 000			
Delkredere	− 3 000	− 5 000			
Bank	120 000	250 000			
Post	50 000	30 000			
Kasse	10 000	10 000			
	720 000	**900 000**			
Nichtbetriebsvermögen					
Bauland	1 000 000	1 000 000			
Darlehen Y	500 000	500 000			
	1 500 000	**1 500 000**			
	3 080 000	**3 200 000**		**3 080 000**	**3 200 000**

Die folgenden Vermögensposten sind unterbewertet und enthalten *stille Reserven:*

Vermögensposten	Stille Reserven	
	Eröffnung	Abschluss
Lagereinrichtung	20 000	20 000
Fabrikationseinrichtung	250 000	300 000
Büroeinrichtung	40 000	40 000
Fahrzeuge	30 000	40 000
Material	230 000	250 000
Halbfabrikate	100 000	100 000
Fertigfabrikate	150 000	150 000
Bauland	100 000	100 000
	920 000	**1 000 000**

Externe Betriebserfolgsrechnung

Materialaufwand	425 000	Fabrikateertrag	2 500 000
Personalaufwand	1 125 000	Zinsertrag	10 000
Raumaufwand	200 000		
Abschreibungsaufwand	180 000		
Verkaufsaufwand	80 000		
Verwaltungsaufwand	50 000		
Übriger Betriebsaufwand	70 000		
	2 130 000		
Halbfabrikateaufwand	− 20 000		
Fertigfabrikateaufwand	40 000		
	2 150 000		2 510 000
Betriebsgewinn	360 000		
	2 510 000		2 510 000

Externe Nichtbetriebserfolgsrechnung

Baulandaufwand	40 000	Darlehensertrag	30 000
		Nichtbetriebsverlust	10 000
	40 000		40 000

Die *Betriebsabrechnung* übernimmt von der Buchhaltung alle Aufwände unverändert, mit Ausnahme des Material-, Abschreibungs- und Zinsaufwandes, weil diese drei nicht mit den entsprechenden Kostenarten übereinstimmen.

Materialaufwand/Materialkosten

In der *Buchhaltung* wurden im Rechnungsjahr die stillen Reserven auf dem Materialvorrat um 20 000 erhöht.

Abschreibungsaufwand/Abschreibungskosten

In der *Buchhaltung* wurden die vier verschiedenen Anlageposten global wie folgt abgeschrieben:

Anlage	Abschreibung	
	Vorjahre	Rechnungsjahr
Lagereinrichtung	90 000	10 000
Fabrikationseinrichtung	780 000	120 000
Büroeinrichtung	100 000	10 000
Fahrzeuge	50 000	40 000
	1 020 000	180 000

In der *Betriebsabrechnung* wurde jede einzelne Anlage speziell abgeschrieben, wobei gesamthaft auf den vier verschiedenen Anlageposten folgende Abschreibungen vorgenommen wurden:

Anlage	Anschaffungswert		Abschreibung	
	Eröffnung	Abschluss	Vorjahre	Rechnungsjahr
Lagereinrichtung	200 000	200 000	70 000	10 000
Fabrikationseinrichtung[1]	1 330 000	1 400 000	530 000	70 000
Büroeinrichtung[1]	210 000	250 000	60 000	10 000
Fahrzeuge[1]	140 000	150 000	20 000	30 000
	1 880 000	2 000 000	680 000	120 000

[1] In der Rechnungsperiode wurden die Fabrikations- und die Büroeinrichtung und auch die Fahrzeuge teilweise erneuert.

Zinsaufwand/Zinskosten

Zinsfuss für die Verrechnung der Zinskosten: 7½%

Lösung

Abgrenzung Materialaufwand/Materialkosten

Zeitpunkt	Buchhaltung					Betriebsabrechnung	
	Materialvorrat		Materialaufwand			Material-vorrat	Material-kosten
	ausge-wiesen	Stille Reserven Bestand	ausge-wiesen	Stille Reserven Zunahme	zu viel verbucht	effektiv	effektiv
Eröffnung	**170 000**	**230 000**				**400 000**	
Abschluss	160 000	**250 000**	425 000	**20 000**	**20 000**	**410 000**	**405 000**

Abgrenzung Abschreibungsaufwand/Abschreibungskosten

Anlage	Anschaffungswert 31.12.	Buchhaltung			Restwert
		Abschreibungsaufwand			
		Vorjahre	Rechnungs-jahr	total	
Lagereinrichtung	200 000	90 000	10 000	100 000	100 000
Fabrikations-einrichtung	1 400 000	780 000	120 000	900 000	500 000
Büroeinrichtung	250 000	100 000	10 000	110 000	140 000
Fahrzeuge	150 000	50 000	40 000	90 000	60 000
	2 000 000	1 020 000	180 000	1 200 000	800 000

Abgrenzung Zinsaufwand/Zinskosten

Betriebskapital

Bilanzposten	Eröffnung		Abschluss	
	Buchhaltung	Betriebs-abrechnung	Buchhaltung	Betriebs-abrechnung
Betriebliches Anlagevermögen				
Lagereinrichtung	110 000	130 000	100 000	120 000
Fabrikationseinrichtung	550 000	800 000	500 000	800 000
Büroeinrichtung	110 000	150 000	140 000	180 000
Fahrzeuge	90 000	120 000	60 000	100 000
	860 000	1 200 000	800 000	1 200 000
Betriebliches Umlaufvermögen				
Material	170 000	400 000	160 000	410 000
Halbfabrikate	50 000	150 000	70 000	170 000
Fertigfabrikate	120 000	270 000	80 000	230 000
Debitoren	203 000	203 000	305 000	305 000
Delkredere	− 3 000	− 3 000	− 5 000	− 5 000
Bank	120 000	120 000	250 000	250 000
Post	50 000	50 000	30 000	30 000
Kasse	10 000	10 000	10 000	10 000
	720 000	1 200 000	900 000	1 400 000
Betriebsvermögen	1 580 000	2 400 000	1 700 000	2 600 000
Nichtverzinsliches Fremdkapital				
Kreditoren	100 000	100 000	100 000	100 000
Verzinsliches Betriebskapital		2 300 000		2 500 000

triebsabrechnung			Restwert	Abgrenzung			Stille Reserve Bestand
				zu viel verbuchter Aufwand			
rjahre	Rechnungs-jahr	total		Vorjahre	Rechnungs-jahr	total	
000	10 000	80 000	120 000	20 000	−	20 000	20 000
000	70 000	600 000	800 000	250 000	50 000	300 000	300 000
000	10 000	70 000	180 000	40 000	−	40 000	40 000
000	30 000	50 000	100 000	30 000	10 000	40 000	40 000
000	120 000	800 000	1 200 000	340 000	60 000	400 000	400 000

Durchschnittliches Betriebskapital $= \dfrac{2\,400\,000 + 2\,600\,000}{2} = \dfrac{5\,000\,000}{2} = 2\,500\,000$

Durchschnittliches verzinsliches Betriebskapital $= \dfrac{2\,300\,000 + 2\,500\,000}{2} = \dfrac{4\,800\,000}{2} = 2\,400\,000$

Zinskosten

7½% von 2 400 000 = 180 000

Kostenartenbogen

Buchhaltung		Abgrenzung	Betriebsabrechnung	
Aufwandart	Betrag		Kostenart	Betrag
Materialaufwand	425 000	− 20 000	Materialkosten	405 000
Personalaufwand	1 125 000		Personalkosten	1 125 000
Raumaufwand	200 000		Raumkosten	200 000
Abschreibungsaufwand	180 000	− 60 000	Abschreibungskosten	120 000
Zinsaufwand	−	+ 180 000	Zinskosten	180 000
Verkaufsaufwand	80 000		Verkaufskosten	80 000
Verwaltungsaufwand	50 000		Verwaltungskosten	50 000
Übriger Betriebsaufwand	70 000		Übrige Betriebskosten	70 000
	2 130 000	+ 100 000		2 230 000
Halbfabrikateaufwand	− 20 000		Halbfabrikatekosten	− 20 000
Fertigfabrikateaufwand	40 000		Fertigfabrikatekosten	40 000
	2 150 000	+ 100 000		2 250 000

Interne Abschlussrechnungen

Betriebserfolgsrechnung

Materialkosten	**405 000**	Ertrag Fabrikategruppe 1	1 000 000
Personalkosten	**1 125 000**	Ertrag Fabrikategruppe 2	500 000
Raumkosten	**200 000**	Ertrag Fabrikategruppe 3	800 000
Abschreibungskosten	**120 000**	Ertrag Fabrikategruppe 4	200 000
Zinskosten	**180 000**	Zinsertrag	10 000
Verkaufskosten	**80 000**		
Verwaltungskosten	**50 000**		
Übrige Betriebskosten	**70 000**		
	2 230 000		
Halbfabrikatekosten	**– 20 000**		
Fertigfabrikatekosten	**40 000**		
	2 250 000		2 510 000
Betriebsgewinn	**260 000**		
	2 510 000		**2 510 000**

Unternehmungserfolgsrechnung

Nichtbetriebsverlust	10 000	Betriebsgewinn	**260 000**
Unternehmungsgewinn	**250 000**		
	260 000		**260 000**

Abschlussbilanz vor Gewinnverteilung

Posten	Buch-werte	Stille Reserven	effektive Werte	Posten	Buch-werte	Stille Reserven	effektive Werte
Vermögen				*Kapital*			
Betriebsvermögen				*Eigenkapital*			
Anlagevermögen				Aktienkapital	2 000 000		2 000 000
Lagereinrichtung	100 000	20 000	120 000	Gesetzliche Reserve	500 000		500 000
Fabrikations-				Stille Reserven		1 000 000	1 000 000
einrichtung	500 000	300 000	800 000	Gewinnvortrag			
Büroeinrichtung	140 000	40 000	180 000	Vortrag Vorjahr			
Fahrzeuge	60 000	40 000	100 000	Jahresgewinn	350 000		350 000
	800 000	400 000	1 200 000		2 850 000	1 000 000	3 850 000
Umlaufvermögen				*Fremdkapital*			
Material	160 000	250 000	410 000	Hypotheken	250 000		250 000
Halbfabrikate	70 000	100 000	170 000	Kreditoren	100 000		100 000
Fertigfabrikate	80 000	150 000	230 000		350 000		350 000
Debitoren	305 000		305 000				
Delkredere	− 5 000		− 5 000				
Bank	250 000		250 000				
Post	30 000		30 000				
Kasse	10 000		10 000				
	900 000	500 000	1 400 000				
Nichtbetriebs-vermögen							
Bauland	1 000 000	100 000	1 100 000				
Darlehen Y	500 000		500 000				
	1 500 000	100 000	1 600 000				
	3 200 000	1 000 000	4 200 000		3 200 000	1 000 000	4 200 000

Übungsaufgabe 7
Warenaufwand und Warenkosten

Kurzzahlen: Beträge um 1000 gekürzt
Die Warenhandelsunternehmung A führt ein Sortiment mit acht verschiedenen Warengruppen. Die Beschaffungspreise dieser Waren bleiben während des ganzen betrachteten Zeitraumes unverändert. Das letzte Geschäftsjahr ergibt die folgenden Bestands- und Aufwandzahlen:

Fall 7/1

Ware	Warenvorrat			*Warenaufwand* des Jahres *nach* Bestandeskorrektur
	Zeitpunkt	Anschaffungswert	Buchwert	
W 1	1. 1. 31. 12.	0 0	0 0	100
W 2	1. 1. 31. 12.	100 100	100 100	200
W 3	1. 1. 31. 12.	100 150	100 100	300
W 4	1. 1. 31. 12.	160 160	100 100	400
W 5	1. 1. 31. 12.	190 140	140 90	500
W 6	1. 1. 31. 12.	110 100	100 100	600
W 7	1. 1. 31. 12.	120 50	100 50	700
W 8	1. 1. 31. 12.	100 70	80 45	800

Fall 7/2

Ware	Warenvorrat			Warenaufwand des Jahres nach Bestandeskorrektur
	Zeitpunkt	Anschaffungswert	Buchwert	
W 1	1. 1. 31. 12.	0 0	0 0	100
W 2	1. 1. 31. 12.	200 200	200 200	200
W 3	1. 1. 31. 12.	200 300	200 200	300
W 4	1. 1. 31. 12.	260 260	200 200	400
W 5	1. 1. 31. 12.	170 150	150 150	500
W 6	1. 1. 31. 12.	250 190	190 130	600
W 7	1. 1. 31. 12.	220 70	210 70	700
W 8	1. 1. 31. 12.	140 160	110 140	800

Aufgaben zu 7/1 und 7/2

Für die Lösung ist eine Tabelle mit der folgenden Einteilung zu skizzieren:

Ware	1. Stille Reserven			2. Waren-		
	1. 1.	Δ	31. 12.	-aufwand	Abgrenzung	-kosten

1. Berechnung der Veränderung der stillen Reserven für jede einzelne Warengruppe und für das gesamte Warenlager

2. Gegenüberstellung von Warenaufwand und Warenkosten für jede einzelne Warengruppe und für das gesamte Warenlager
3. Berechnung des externen und des internen Betriebsgewinnes, wenn alle weiteren Betriebsaufwände 1700 und die Warenerträge 5400 betragen. Mit Ausnahme des Warenaufwandes gilt die Gleichung Aufwand = Kosten.

Übungsaufgabe 8
Warenaufwand und Warenkosten

Kurzzahlen: Beträge um 1000 gekürzt
Die Warenhandelsunternehmung B führt ein Sortiment mit acht verschiedenen Warengruppen. Die Beschaffungspreise dieser Waren bleiben während der Rechnungsperiode unverändert. Das letzte Geschäftsjahr ergibt die folgenden Bestandes- und Aufwandzahlen:

Fall 8/1

Ware	Warenvorrat			*Warenaufwand* des Jahres *vor* Bestandeskorrektur
	Zeitpunkt	Anschaffungswert	Buchwert	
W 1	1. 1. 31. 12.	45 45	45 45	140
W 2	1. 1. 31. 12.	55 50	55 50	190
W 3	1. 1. 31. 12.	50 50	50 47	120
W 4	1. 1. 31. 12.	30 40	26 36	180
W 5	1. 1. 31. 12.	30 40	30 38	90
W 6	1. 1. 31. 12.	60 50	55 30	100
W 7	1. 1. 31. 12.	53 50	50 48	170
W 8	1. 1. 31. 12.	71 70	70 70	220

Fall 8/2

Ware	Warenvorrat			Warenaufwand des Jahres vor Bestandeskorrektur
	Zeitpunkt	Anschaffungswert	Buchwert	
W 1	1. 1. 31. 12.	40 40	40 40	130
W 2	1. 1. 31. 12.	45 35	45 35	180
W 3	1. 1. 31. 12.	35 35	35 30	160
W 4	1. 1. 31. 12.	25 30	22 27	110
W 5	1. 1. 31. 12.	15 30	15 27	90
W 6	1. 1. 31. 12.	32 20	30 10	120
W 7	1. 1. 31. 12.	50 47	47 46	140
W 8	1. 1. 31. 12.	64 60	60 60	240

Aufgaben zu 8/1 und 8/2

Die Lösung erfolgt wie bei Aufgabe 7 am besten tabellarisch. Das Tabellenfeld für Aufwand und Kosten ist in fünf Spalten zu unterteilen: Warenaufwand vor Bestandeskorrektur, Bestandeskorrektur, Warenaufwand nach Bestandeskorrektur, Abgrenzung, Warenkosten.

1. Berechnung der Veränderung der stillen Reserven für jede einzelne Warengruppe und für das gesamte Warenlager
2. Bestimmung des Warenaufwandes nach der Bestandeskorrektur sowie der Warenkosten für jede einzelne Warengruppe und für das gesamte Warenlager
3. Es ist eine externe Betriebserfolgsrechnung in Kontoform zu erstellen. Die Betriebsgemeinaufwände = Betriebsgemeinkosten betragen 606, der Warenertrag beträgt 1950.
4. Ausgehend vom Ergebnis der externen Betriebserfolgsrechnung ist eine interne Betriebserfolgsrechnung zu erstellen.

Übungsaufgabe 9
Vorräte, Aufwände und Kosten im Fabrikationsbetrieb

Kurzzahlen: Beträge um 1000 gekürzt
Die Fabrikationsunternehmung C stellt Serienprodukte auf Lager her. Als Grundstoffe verarbeitet sie die beiden Materialien M 1 und M 2. Neben den Material- sind am Abschlusstag jeweils auch Halbfabrikate- und Fertigfabrikatevorräte vorhanden. Die Beschaffungspreise der Materialien und die Herstellungskosten der Fabrikate bleiben während der Rechnungsperiode unverändert. Das letzte Geschäftsjahr ergibt die folgenden Bestandes- und Aufwandzahlen:

Fall 9/1

Vorrat	Zeitpunkt	Anschaffungs- bzw. Herstellungswert	Buchwert	*Aufwand* des Jahres *vor* Bestandeskorrektur
M 1	1. 1. 31. 12.	150 180	140 140	720
M 2	1. 1. 31. 12.	170 140	150 130	930
½ F	1. 1. 31. 12.	40 30	40 30	
¹⁄₁ F	1. 1. 31. 12.	200 245	170 200	

Fall 9/2

Vorrat	Zeitpunkt	Anschaffungs- bzw. Herstellungswert	Buchwert	*Aufwand* des Jahres *vor* Bestandeskorrektur
M 1	1. 1. 31. 12.	110 130	100 100	850
M 2	1. 1. 31. 12.	200 190	175 190	930
½ F	1. 1. 31. 12.	30 25	30 25	
¹⁄₁ F	1. 1. 31. 12.	240 300	200 250	

Aufgaben zu 9/1 und 9/2

Die Lösung erfolgt wie bei Aufgabe 7 am besten tabellarisch. Das Tabellenfeld für Aufwand und Kosten ist in fünf Spalten zu unterteilen: Aufwand vor Bestandeskorrektur, Bestandeskorrektur, Aufwand nach Bestandeskorrektur, Abgrenzung, Kosten.
1. Für die beiden Materialvorräte sowie für die Halb- und Fertigfabrikate ist die Veränderung der stillen Reserven zu berechnen.
2. Bestimmung des Aufwandes vor und nach der Bestandeskorrektur sowie der Kosten für die beiden Materialien und für die Bestandesveränderungen der Halb- und Fertigfabrikate
3. Wie lauten die Korrekturbuchungen in der Finanzbuchhaltung?

Übungsaufgabe 10
Abschreibungsaufwand und Abschreibungskosten

Die F & Co. ist eine neugegründete Kollektivgesellschaft zur Führung eines Taxibetriebes.

Fall 10/1

Am Anfang kauft die Gesellschaft 8 Wagen zu 20 000; zu Beginn des dritten Jahres kauft sie 2 weitere Wagen zu 22 500 und zu Beginn des fünften Jahres nochmals 2 Wagen zu 21 000.
Die Wagen werden jährlich wie folgt abgeschrieben:
– in der Buchhaltung: 30% vom Buchwert
– in der Betriebsabrechnung: 20% vom Anschaffungswert

Bei der Berechnung des Abschreibungsaufwandes werden die folgenden zusätzlichen Abschreibungsbeträge festgelegt:
– im 2. Jahr: 4 400
– im 3. Jahr: 3 300
– im 4. Jahr: 0
– im 5. Jahr: 18 600
– im 6. Jahr: 9 000

Fall 10/2

Am Anfang kauft die Gesellschaft 8 Wagen zu 22 500; zu Beginn des dritten Jahres kauft sie 2 weitere Wagen zu 27 000 und zu Beginn des fünften Jahres nochmals 3 Wagen zu 24 000.
Die Wagen werden jährlich wie folgt abgeschrieben:
– in der Buchhaltung: 30% vom Buchwert
– in der Betriebsabrechnung: 16⅔% vom Anschaffungswert

Bei der Berechnung des Abschreibungsaufwandes werden die folgenden zusätzlichen Abschreibungsbeträge festgelegt:
- im 2. Jahr: 2 200
- im 3. Jahr: 0
- im 4. Jahr: 3 600
- im 5. Jahr: 4 900
- im 6. Jahr: 6 700

Aufgaben zu 10/1 und 10/2

1. Es ist eine Übersicht über die Entwicklung des Fahrzeugparks und die in die Taxis erfolgten Investitionen zu erstellen.
2. Für die Buchhaltung und die Betriebsabrechnung sind die Abschreibungen der ersten sechs Jahre zu berechnen. Die tabellarische Lösung soll die folgenden acht Spalten aufweisen:
   - *Buchhaltung:* Buchwert, 30% Abschreibung, zusätzliche Abschreibung, Abschreibungsaufwand, Restwert
   - *Betriebsabrechnung:* Anschaffungswert, Abschreibungskosten, Restwert
3. Berechnung der im Wagenpark liegenden stillen Reserven auf Ende jedes Jahres und übersichtliche Darstellung ihrer Bewegung mit Hilfe der folgenden Tabelle:

Jahr	Abschreibungskosten	Abschreibungsaufwand	Bewegung stille Reserven		Stille Reserven Ende Jahr	Kontrolle		
			neugebildet	aufgelöst		Kostenmässiger Restwert	Buchhalterischer Restwert	Stille Reserven Ende Jahr

Übungsaufgabe 11
Abschreibungsaufwand und Abschreibungskosten bei Einzelabschreibung von Maschinen

Die Bauunternehmung G schafft im zeitlichen Abstand eines Jahres die folgenden Maschinen an:

Fall 11/1

Anschaffungsobjekt	Anschaffungswert	Zeitpunkt der Inbetriebnahme	Geschätzte Nutzungsdauer in Jahren	Buchmässige Abschreibung vom Buchwert	Kostenmässige Abschreibung vom Anschaffungswert
1 Maschine Typ A	50 000	1.1.19.1	5	40%	20%
1 Maschine Typ B	84 000	1.1.19.2	7	30%	14²⁄₇%
1 Maschine Typ C	66 000	1.1.19.3	6	35%	16²⁄₃%

Fall 11/2

Anschaffungs-objekt	Anschaf-fungswert	Zeitpunkt der Inbetrieb-nahme	Geschätzte Nutzungs-dauer in Jahren	Buchmässige Abschreibung vom Buchwert	Kostenmässige Abschreibung vom Anschaf-fungswert
1 Maschine Typ A	72 000	1.1.19.1	6	35%	16⅔%
1 Maschine Typ B	40 000	1.1.19.2	5	40%	20%
1 Maschine Typ C	96 000	1.1.19.3	8	25%	12½%

Aufgaben zu 11/1 und 11/2

1. Die durch die Maschinen bedingten Abschreibungsaufwände und Abschreibungsko-sten sind einzeln und im Total für die fünf ersten Jahre zu berechnen.
2. Für den gleichen Zeitraum ist eine Kontrolle über die Entwicklung der stillen Reserven zu erstellen.
   Hinweis: Für beide Aufgaben empfiehlt sich eine tabellarische Lösung.

Übungsaufgabe 12
Anlagekarte

Fall 12/1

Am 8.1.19.1 kaufte die Unternehmung N bei der Garage Q einen neuen Lieferwagen Atlas, Marke F, zum Preis von 55 000. Seine Fahrleistung wird auf 110 000 km geschätzt. Stand des Kilometerzählers jeweils Ende Jahr:

19.1	18 600 km
19.2	39 100 km
19.3	55 300 km
19.4	75 900 km
19.5	95 000 km

Für die Abschreibung des Lieferwagens gilt folgendes:
Kostenmässige Abschreibung: Sie soll die durch die Fahrleistung verursachte Entwer-tung des Fahrzeuges möglichst genau zum Ausdruck bringen.
Buchmässige Abschreibung:

19.1	13 000
19.2	9 000
19.3	10 000
19.4	14 000
19.5	5 000

Steuermässige Abschreibung: Die Steuerverwaltung gestattet eine lineare Abschrei-bung vom Anschaffungswert innerhalb von 5 Jahren, allerdings nur, wenn eine Unter-nehmung in ihrer Buchhaltung gesamthaft mindestens schon ebenso viel abgeschrieben hat. Sie hält sich an das sogenannte Prinzip der Buchmässigkeit der Abschreibung.

Fall 12/2

Am 6.1.19.1 kaufte die Unternehmung O bei der Garage S einen neuen Lieferwagen Mercator, Marke G, zum Preis von 60 000. Seine Fahrleistung wird auf 120 000 km geschätzt.
Stand des Kilometerzählers jeweils Ende Jahr:

19.1	19 400 km
19.2	41 000 km
19.3	57 800 km
19.4	80 200 km
19.5	106 000 km

Für die Abschreibung des Lieferwagens gilt folgendes:
Kostenmässige Abschreibung: Sie soll die durch die Fahrleistung verursachte Entwertung des Fahrzeuges möglichst genau zum Ausdruck bringen.
Buchmässige Abschreibung:

19.1	14 000
19.2	10 000
19.3	10 000
19.4	15 000
19.5	6 000

Steuermässige Abschreibung: Die Steuerverwaltung gestattet eine lineare Abschreibung vom Anschaffungswert innerhalb von 5 Jahren, allerdings nur, wenn eine Unternehmung in ihrer Buchhaltung gesamthaft mindestens schon ebenso viel abgeschrieben hat. Sie hält sich an das sogenannte Prinzip der Buchmässigkeit der Abschreibung.

Aufgaben zu 12/1 und 12/2

1. Erstellung einer Anlagekarte mit den Daten des Lieferwagens und mit einem tabellarischen Teil für die kostenmässige, die buchmässige und die steuermässige Abschreibung. Die Tabelle soll auch eine Kontrollrechnung über die Entwicklung der stillen Reserven enthalten.
2. Ausfüllen der Anlagekarte für die Jahre 19.1 bis 19.5

Übungsaufgabe 13
Bestimmung der Abschreibungssätze für Buchhaltung und Betriebsabrechnung

Fall 13/1

Die Druckereiunternehmung H schafft eine Druckmaschine zu 200 000 an. Die Maschine soll 12 Jahre in Betrieb bleiben und nach Ablauf dieser Zeit zu 10% des Anschaffungswertes verkauft werden.

Fall 13/2

Die Druckereiunternehmung I schafft eine Druckmaschine zu 300 000 an. Die Maschine soll 8 Jahre in Betrieb bleiben und nach Ablauf dieser Zeit zu 20% des Anschaffungswertes verkauft werden.

Aufgaben zu 13/1 und 13/2

1. Es sind der Abschreibungssatz für die lineare kostenmässige Abschreibung vom Anschaffungswert und die Abschreibungsquote für die Betriebsabrechnung zu berechnen. Lösungsmethoden:
   a) gewöhnliche Rechnung
   b) algebraisch
2. Es ist der Abschreibungssatz für die buchmässige Abschreibung vom jeweiligen Buchwert zu berechnen. Gesucht ist der ganzzahlige Abschreibungssatz, bei dessen Anwendung der buchmässige Restwert am Ende der Abschreibung dem erwarteten Liquidationswert möglichst nahe kommt. Voraussetzung für die Lösung: Taschenrechner mit Potenzentaste
3. Es ist die Differenz der beiden Abschreibungsverfahren am Ende der Abschreibungszeit zu berechnen.

Übungsaufgabe 14
Zinskosten

Kurzzahlen: Beträge um 1000 gekürzt

Fall 14/1

Die Eröffnungs- und die Abschlussbilanz der T AG weisen folgendes Bild auf:

Vermögen[1]	1.1.	31.12.	Kapital	1.1.	31.12.
Einrichtung	400	380	Aktienkapital	650	650
Fahrzeuge	35	60	Reserven	200	215
Waren	350	300	Gewinnvortrag	20	15
Debitoren	130	100	Wechselschulden	5	10
– Delkredere	– 15	– 15	Kreditoren	155	160
Liquiditätsreserve[2]	85	145			
Flüssige Mittel	45	80			
	1030	1050		1030	1050

[1] Stille Reserven:

in Einrichtung	45	50
in Fahrzeugen	25	30
in Waren	25	45
in Delkredere	5	10
in Liquiditätsreserve	5	10

[2] Die Liquiditätsreserve besteht aus kotierten Anleihensobligationen.

Aufgaben

1. Es sind 7 % Zinskosten vom durchschnittlichen verzinslichen Betriebskapital zu berechnen.
2. Wie lautet die Zinskostenberechnung, wenn die auf die Quartalsenden ermittelten Warenlagerbestände und Lieferantenschulden gemäss der folgenden Aufstellung mitberücksichtigt werden?

	31.3.	30.6.	30.9.
Waren, tatsächliche Werte	700	750	630
Wechselschulden	10	40	0
Kreditoren	305	390	250

Fall 14/2

Die Eröffnungs- und die Abschlussbilanz der U AG weisen folgendes Bild auf:

Vermögen[1]	1.1.	31.12.	Kapital	1.1.	31.12.
Einrichtung	540	570	Aktienkapital	1100	1100
Fahrzeuge	60	120	Reserven	355	370
Waren	600	510	Gewinnvortrag	35	40
Debitoren	360	330	Wechselschulden	10	15
– Delkredere	– 50	– 50	Kreditoren	260	275
Liquiditätsreserve[2]	200	250			
Flüssige Mittel	50	70			
	1760	1800		1760	1800

[1] Stille Reserven:
in Einrichtung	65	85
in Fahrzeugen	40	55
in Waren	40	70
in Delkredere	10	15
in Liquiditätsreserve	5	15

[2] Die Liquiditätsreserve besteht aus kotierten Anleihensobligationen.

Aufgaben

1. Es sind 8 % Zinskosten vom durchschnittlichen verzinslichen Betriebskapital zu berechnen.
2. Wie lautet die Zinskostenberechnung, wenn die auf die Quartalsenden ermittelten Warenlagerbestände und Lieferantenschulden gemäss der folgenden Aufstellung mitberücksichtigt werden?

	31.3.	30.6.	30.9.
Waren, tatsächliche Werte	1100	1160	1070
Wechselschulden	50	0	20
Kreditoren	420	390	460

Übungsaufgabe 15
Abgrenzungsprobleme bei Abschreibungen und Zinsen

Kurzzahlen: Beträge um 1000 gekürzt
Die L AG ist eine Warenhandelsunternehmung, deren Finanzbuchhaltung am Ende des Geschäftsjahres mit den folgenden Posten abschliesst:

Erfolgsrechnung

Warenaufwand	3000	Warenertrag	4130
Raumaufwand	120		
Personalaufwand	700		
Einrichtungsaufwand	35		
Zinsaufwand	10		
Fahrzeugaufwand	30		
Übriger Betriebsaufwand	105		
Debitorenverluste	30		
	4030		4130
Unternehmungsgewinn	100		
	4130		4130

Bilanz

Einrichtung		260	Aktienkapital	1000
Fahrzeuge		26	Reserven	100
Waren		600	Gewinnvortrag	10
Debitoren	430		Bank	140
– Delkredere	30	400	Kreditoren	250
Flüssige Mittel		214		
		1500		1500

Fall 15/1: Ergänzende Angaben

a) *Einrichtung und Einrichtungsaufwand:* Die Einrichtung wurde vor fünf Jahren zu 400 angeschafft. Geschätzte Nutzungsdauer 20 Jahre. Buchhalterische Abschreibung im abgelaufenen Geschäftsjahr 30, Rest des Aufwandes = Einrichtungsunterhalt
b) *Fahrzeuge und Fahrzeugaufwand:* Die drei Lieferwagen wurden vor zwei Jahren zu je 20 angeschafft. Geschätzte Nutzungsdauer 5 Jahre. Buchhalterische Abschreibung im abgelaufenen Geschäftsjahr 17

c) *Waren und Warenaufwand:* Das Warenlager umfasst die folgenden drei Gruppen:

	Anschaffungswert		Buchwert	
Warengruppe	1.1.	31.12.	1.1.	31.12.
A	250	270	240	250
B	200	210	190	200
C	150	150	145	150

d) *Delkredere und Debitorenverluste:* Der Posten Delkredere wurde in diesem Jahr neu geschaffen. Objektiv wäre eine Wertberichtigung der Debitoren von 10 erforderlich.

Fall 15/2: Ergänzende Angaben

a) *Einrichtung und Einrichtungsaufwand:* Die Einrichtung wurde vor sechs Jahren zu 500 angeschafft. Geschätzte Nutzungsdauer 20 Jahre. Buchhalterische Abschreibung im abgelaufenen Geschäftsjahr 30, Rest des Aufwandes = Einrichtungsunterhalt
b) *Fahrzeuge und Fahrzeugaufwand:* Die zwei Lieferwagen wurden vor zwei Jahren zu je 30 angeschafft. Geschätzte Nutzungsdauer 6 Jahre. Buchhalterische Abschreibung im abgelaufenen Geschäftsjahr 15
c) *Waren und Warenaufwand:* Das Warenlager umfasst die folgenden drei Gruppen:

	Anschaffungswert		Buchwert	
Warengruppe	1.1.	31.12.	1.1.	31.12.
A	50	56	44	50
B	160	150	155	150
C	390	430	385	400

d) *Delkredere und Debitorenverluste:* Der Posten Delkredere wurde in diesem Jahr neu geschaffen. Objektiv wäre eine Wertberichtigung der Debitoren von 20 erforderlich.

Aufgaben zu 15/1 und 15/2

1. Ermittlung der Abschreibungskosten, der kostenmässigen Restwerte und der stillen Reserven im Anlagevermögen mit Hilfe einer Abschreibungstabelle
2. Ermittlung der stillen Reserven im Warenlager und der Warenkosten
3. Berechnung der Zinskosten zu 6% gemäss den Werten beim Abschluss
4. Erstellung eines vollständigen Kostenartenbogens für die LAG
5. Erstellung der internen Betriebserfolgsrechnung
6. Erstellung der externen Betriebserfolgsrechnung, ausgehend vom internen Betriebsergebnis und mit Hilfe der Abgrenzungen

Übungsaufgabe 16
Zinskosten bei Kapitalerhöhung

Fall 16/1

Die Bilanz der Familienaktiengesellschaft G AG enthält im Jahre 19.1 folgende Zahlen:

Bilanz nach Gewinnverwendung 19.1

Vermögen[1]			Kapital	
Anlagevermögen			*Eigenkapital*	
Einrichtung	400 000		Aktienkapital	2 000 000
Fahrzeuge	100 000		einbezahlte Reserven	500 000
Wertschriften[2]	2 000 000		erarbeitete Reserven	500 000
	2 500 000			3 000 000
Umlaufvermögen			*Fremdkapital*	
Waren	2 200 000		Darlehen von Aktionär G	2 000 000[3]
Debitoren	300 000		Kreditoren	300 000
Flüssige Mittel	500 000		Dividende	200 000
	3 000 000			2 500 000
	5 500 000			5 500 000

[1] Folgende Vermögensposten enthalten stille Reserven:
    Einrichtung   200 000
    Fahrzeuge   100 000
    Waren   700 000
[2] Finanzreserve für den Kauf einer Geschäftsliegenschaft
[3] Zinsfuss 5%

Angaben für das laufende Geschäftsjahr 19.2

Am 15.1. erfolgt die Auszahlung der Dividende des Vorjahres an die Familienaktionäre. Die wichtigsten Geschäftsereignisse des Jahres sind am 30.6. die Aktienkapitalerhöhung und der Kauf einer Geschäftsliegenschaft.
Bei der Kapitalerhöhung werden 2000 neue Aktien von nominell 1000 zu einem Preis von 2000 ausgegeben. Die neuen Aktien werden je zur Hälfte vom bisherigen Aktionär G und vom neuen Aktionär N übernommen, wobei G seine Darlehensforderung verrechnet und N den Gegenwert bei der Bank einbezahlt.
Der Kaufpreis für die Geschäftsliegenschaft beträgt 7 500 000. Zur Finanzierung werden die Wertschriften der Finanzreserve zum Bilanzwert verkauft und eine Hypothek von 3 000 000 zu 6% aufgenommen; Zinstermine 30.6. und 31.12.

Angaben für den Abschluss des Jahres 19.2

a) Der Gewinn vor Abschreibungen stellt sich auf 1 100 000.

b) Vor dem Abschluss werden folgende Abschreibungen vorgenommen:

Abschreibung	kostenmässig	buchmässig
Liegenschaft: Abschreibung vom Anschaffungswert	2%[1]	2%[1]
Einrichtung	75 000	100 000
Fahrzeuge	50 000	50 000

[1] Die kostenmässige Abschreibung wird nur für die zweite Jahreshälfte, also für die Zeit nach dem Liegenschaftskauf, die buchmässige Abschreibung dagegen für das ganze Jahr berechnet.

c) Der verbleibende Gewinn wird wie folgt verwendet:
 – Erhöhung der offenen Reserve um 100 000
 – Gutschrift einer Dividende von 400 000
 – Erhöhung der stillen Reserve auf den Waren im Ausmass eines allfälligen Gewinnrestes

d) Im Vergleich zum Vorjahr ergeben sich auf den 31.12.19.2 die folgenden Bestandesveränderungen:
 Waren: Ergebnis der Inventur   + 100 000
 Debitoren   + 50 000
 Kreditoren   − 50 000

e) Der Bestand der flüssigen Mittel am 31.12.19.2 entspricht dem Bilanzsaldo.

Fall 16/2

Die Bilanz der Familienaktiengesellschaft H AG enthält im Jahre 19.1 folgende Zahlen:

Bilanz nach Gewinnverwendung 19.1

Vermögen[1]		Kapital	
Anlagevermögen		*Eigenkapital*	
Einrichtung	500 000	Aktienkapital	2 500 000
Fahrzeuge	150 000	einbezahlte Reserven	630 000
Wertschriften[2]	2 500 000	erarbeitete Reserven	750 000
	3 150 000		3 880 000
Umlaufvermögen		*Fremdkapital*	
Waren	2 750 000	Darlehen von Aktionär H	2 500 000[3]
Debitoren	350 000	Kreditoren	370 000
Flüssige Mittel	750 000	Dividende	250 000
	3 850 000		3 120 000
	7 000 000		7 000 000

[1] Folgende Vermögensposten enthalten stille Reserven:
  Einrichtung   250 000
  Fahrzeuge   150 000
  Waren   850 000
[2] Finanzreserve für den Kauf einer Geschäftsliegenschaft
[3] Zinsfuss 6%

Angaben für das laufende Geschäftsjahr 19.2

Am 20.1. erfolgt die Auszahlung der Dividende des Vorjahres an die Familienaktionäre. Die wichtigsten Geschäftsereignisse des Jahres sind am 30.6. die Aktienkapitalerhöhung und der Kauf einer Geschäftsliegenschaft.
Bei der Kapitalerhöhung werden 10 000 neue Aktien von nominell 250 zu einem Preis von 500 ausgegeben. Die neuen Aktien werden je zur Hälfte vom bisherigen Aktionär H und vom neuen Aktionär M übernommen, wobei H seine Darlehensforderung verrechnet und M den Gegenwert bei der Bank einbezahlt.
Der Kaufpreis für die Geschäftsliegenschaft beträgt 9 500 000. Zur Finanzierung werden die Wertschriften der Finanzreserve zum Bilanzwert verkauft und eine Hypothek von 3 800 000 zu 6½% aufgenommen; Zinstermine 30.6. und 31.12.

Angaben für den Abschluss des Jahres 19.2

a) Der Gewinn vor Abschreibungen stellt sich auf 1 400 000.
b) Vor dem Abschluss werden folgende Abschreibungen vorgenommen:

Abschreibung	kostenmässig	buchmässig
Liegenschaft: Abschreibung vom Anschaffungswert	2%[1]	2%[1]
Einrichtung	35 000	130 000
Fahrzeuge	80 000	80 000

[1] Die kostenmässige Abschreibung wird nur für die zweite Jahreshälfte, also für die Zeit nach dem Liegenschaftskauf, die buchmässige Abschreibung dagegen für das ganze Jahr berechnet.

c) Der verbleibende Gewinn wird wie folgt verwendet:
   – Erhöhung der offenen Reserve um 150 000
   – Gutschrift einer Dividende von 500 000
   – Erhöhung der stillen Reserve auf den Waren im Ausmass eines allfälligen Gewinnrestes

d) Im Vergleich zum Vorjahr ergeben sich auf den 31.12.19.2 die folgenden Bestandesveränderungen:
   Waren: Ergebnis der Inventur   + 250 000
   Debitoren   + 100 000
   Kreditoren   – 50 000

e) Der Bestand der flüssigen Mittel am 31.12.19.2 entspricht dem Bilanzsaldo.

Aufgaben zu 16/1 und 16/2

1. Erstellung einer detaillierten Übersicht über die Finanzierung des Liegenschaftskaufs
2. Berechnung des Jahresgewinnes nach Abschreibungen und Erstellung einer Übersicht zur Gewinnverwendung
3. Erstellung der Bilanz nach Gewinnverwendung 19.2 mit den ergänzenden Angaben über den neuen Stand der stillen Reserven
4. Berechnung von 8% Zinskosten auf dem durchschnittlichen verzinslichen Betriebskapital
5. Berechnung des Zinsaufwandes des Jahres 19.2
6. Berechnung der Differenz zwischen Zinsaufwand und Zinskosten für das Jahr 19.2

2. Teil
Der Zusammenhang zwischen Betriebsabrechnung und Kalkulation

Die *Betriebsabrechnung* knüpft an die Zahlen der Buchhaltung an. Sie übernimmt dabei aber nur diejenigen Bestände, Aufwände und Erträge, die in der Buchhaltung nicht manipuliert worden sind. Alle andern erfasst sie unabhängig von der Buchhaltung.

Die Betriebsabrechnung erfüllt eine doppelte Aufgabe. Sie *ermittelt erstens das Betriebsvermögen und Betriebskapital und den Betriebserfolg* und *gruppiert zweitens die Kosten,* die sie nach Arten im Kostenartenbogen zusammengestellt hat, neu, sowohl für die Kostenkontrolle als auch für die Kalkulation.

Die *Kalkulation* legt anschliessend die von der Betriebsabrechnung umgruppierten Kosten auf die Produkte oder Leistungen um, die letzten Endes die Kosten tragen müssen und deshalb auch allgemein als *Kostenträger* bezeichnet werden. Bei einer Unternehmung, welche nicht die vollen Kosten, die mit der Leistungserstellung verbunden sind, in die Selbstkosten ihrer Produkte oder Leistungen einkalkuliert und beim Verkauf wieder hereinbringt, steht der Kostenersatz in Frage und damit die finanzielle Existenz auf dem Spiel.

Die Kalkulation kann *lediglich den Selbstkosten-, nicht aber den Verkaufspreis der Produkte oder Leistungen berechnen.* Die Bestimmung des Verkaufspreises und damit auch des Reingewinnes oder -verlustes ist Aufgabe der *Preisstellung* und daher Sache des Marketings.

Entscheidend ist dabei, ob die Unternehmung bei der Festsetzung ihrer Preise *rechtlich* frei ist oder nicht. Vielfach ist sie gebunden, weil der Preis vom Staat, von einem Verband oder vom Lieferanten vorgeschrieben wird. Falls der Preis vom Lieferanten diktiert wird, spricht man von einer Preisbindung der zweiten Hand.

Aber auch wenn die Bestimmung des Preises in ihrer Macht liegt, kann die Unternehmung den Verkaufspreis für ihre Produkte oder Leistungen nicht beliebig hoch ansetzen, weil sie *wirtschaftlich* nicht frei ist und in diesem Fall die Lage auf dem Markt beachten und dabei das Verhalten der Konkurrenz und der Nachfrage berücksichtigen muss. Eine richtig geführte Unternehmung, die ihre Preise selber bestimmen kann, studiert zuerst den Markt und legt anschliessend den Verkaufspreis fest.
In der Praxis gehen viele Firmen jedoch anders vor. Sie schlagen eine bestimmte Gewinnmarge, zum Beispiel 10%, auf den Selbstkostenpreis und berechnen so den Verkaufspreis. Entwickelt sich nachher der Umsatz nicht nach ihren Vorstellungen, so ändern sie die Gewinnmarge und passen sie an die Marktverhältnisse an.

Die Kalkulation nimmt innerhalb der Unternehmungsrechnung eine verantwortungsvolle Stellung ein, denn die von ihr berechneten Selbstkostenpreise bilden unter der Voraussetzung, dass der Geschäftsgang gut und der Betrieb voll ausgelastet ist, für die Preisstellung der Unternehmung die *Preisuntergrenze.* Wenn die Kalkulation den Selbstkostenpreis für ein Produkt nicht seriös berechnet, so hat das finanziell für die Unternehmung schwerwiegende Folgen. Falls die Verkaufsleitung aus diesem Grund den Verkaufspreis unter den tatsächlichen Selbstkosten ansetzt, verkauft sich das Produkt entsprechend besser. Die Unternehmung macht in diesem Fall zwar einen grösseren Umsatz, erleidet gleichzeitig aber einen Verlust. Und falls die Verkaufsleitung umgekehrt den Verkaufspreis zu hoch über den Selbstkosten ansetzt, verkauft sich das Produkt entsprechend schlechter. Die Unternehmung macht in diesem Fall einen ungenügenden Umsatz und schliesst dabei vielfach auch mit einem Verlust ab.

Zwischen der Betriebsabrechnung und der Kalkulation besteht ein enger Zusammenhang. Vom Kalkulationsverfahren hängen weitgehend die Art und der Ausbau der Betriebsabrechnung ab.

Die Kalkulation kann zwischen drei verschiedenen Verfahren wählen, die sich je nach der Art des Betriebes besser oder schlechter oder gar nicht eignen: 1. die Divisions-, 2. die Zuschlags- und 3. die Deckungsbeitragskalkulation.

1. Kapitel

Der Zusammenhang zwischen Betriebsabrechnung und Divisionskalkulation

I. Das Prinzip der Divisionskalkulation

Bei der Divisionskalkulation werden die Kosten des Betriebes durch die Anzahl der Produkte oder Leistungen dividiert. Die Berechnung des Selbstkostenpreises erfolgt, genau wie es der Name sagt, durch eine Division.

II. Die Arten der Divisionskalkulation

Die Divisionskalkulation kommt in zwei Spielarten vor: ohne und mit Äquivalenzziffern.

1. Die Divisionskalkulation ohne Äquivalenzziffern

Bei dieser Art der Divisionskalkulation werden die *Gesamtkosten des Betriebes nicht aufgeteilt,* sondern als ganzes durch die Anzahl der hergestellten Produkte oder Leistungen dividiert.

Bei ihr handelt es sich um die *einfachste Form der Divisionskalkulation.* Sie eignet sich praktisch nur für den Einproduktbetrieb, der in Wirklichkeit gar nicht oder nur höchst selten vorkommt, und besitzt deshalb nur einen verschwindend kleinen Anwendungsbereich.

Die Divisionskalkulation ohne Äquivalenzziffern übernimmt die Gesamtkosten aus dem Kostenartenbogen und setzt daher nur eine Betriebsabrechnung mit einer Kostenartenrechnung voraus.

Beispiel 2

Teil 3: Divisionskalkulation ohne Äquivalenzziffern[4]

Aufgabe

Die Familienaktiengesellschaft Y stellt ein einziges Produkt her.
Der Kostenartenbogen weist Gesamtkosten von 2 250 000 auf.
Hergestellte Produkte: **1000** Stück

Lösung

Gesamtkosten des Betriebes   2 250 000
Selbstkostenpreis für das Produkt = 2 250 000 : 1000 =   **2 250**

2. Die Divisionskalkulation mit Äquivalenzziffern

Bei dieser Art der Divisionskalkulation werden zunächst die *Gesamtkosten des Betriebes aufgeteilt,* zum Beispiel in material-, zum Teil auch in lohn- und zeitabhängige Kosten und erst nachher gruppenweise durch die Anzahl der hergestellten Produkte oder Leistungen dividiert.

Bei ihr handelt es sich um eine *höhere Form der Divisionskalkulation.* Sie spielt praktisch eine grössere Rolle als die Divisionskalkulation ohne Äquivalenzziffern und kommt für Gewerbe- und Industriebetriebe in Frage, die nur ein Produkt, dieses jedoch in verschiedenen Typen herstellen, die sich durch die Grösse, Form, Qualität oder auf andere Weise voneinander unterscheiden und unterschiedlich hohe Kosten verursachen. Die abweichenden Kosten entstehen vor allem durch den wert- und mengenmässig verschiedenen Materialverbrauch und die mehr oder weniger lange Bearbeitungszeit und Beanspruchung der Betriebseinrichtung.

Das besondere Merkmal dieser Kalkulationsart besteht darin, dass die Kostenanteile, die von den ermittelten Kostengruppen auf das einzelne Produkt entfallen, mit Hilfe von Äquivalenzziffern nach dem Prinzip der Verursachung berechnet und auf die verschiedenen Typen aufgeteilt werden.

---

4 Vgl. Teil 2, S. 52 ff.

Die *Äquivalenzziffern* bringen zum Ausdruck, in welchem Verhältnis die Kosten der erfassten Gruppen von den verschiedenen Typen des Produkts verursacht werden. Wenn zum Beispiel von einem Produkt zwei Modelle hergestellt werden und der Materialverbrauch für das erste Fr. 50 und für das zweite Fr. 100 ausmacht, so werden der Divisionskalkulation die Äquivalenzziffern 1 und 2 zugrunde gelegt und die Materialkosten im Verhältnis 1 : 2 auf die beiden Typen aufgeteilt. Die *kleinste Äquivalenzziffer,* in der Regel die Ziffer 1, reserviert man am besten für den Typ mit den niedrigsten Kosten.

Die *Berechnung der Kostenanteile für die verschiedenen Typen* des Produktes vollzieht sich wie folgt:

Zuerst werden für die Kosten der einzelnen Gruppen für die verschiedenen Typen des Produkts die *Äquivalenzziffern* festgelegt.

Anschliessend werden die sog. *Rechnungseinheiten* berechnet. Dabei werden von den verschiedenen Typen die hergestellten Mengen mit den dazugehörigen Äquivalenzziffern multipliziert.

Darauf werden die *Kosten der Rechnungseinheit* ermittelt. Zu diesem Zweck werden die Kosten der betreffenden Kostengruppen durch die Zahl der Rechnungseinheiten dividiert.

Zum Schluss werden noch die Kosten der Rechnungseinheit mit den entsprechenden Äquivalenzziffern multipliziert. Die sich daraus ergebenden *Kostenanteile* entsprechen den Kosten, die von den Kostengruppen auf das einzelne Produkt der verschiedenen Typen entfallen.

Die Divisionskalkulation mit Äquivalenzziffern kann ihre Kosten nicht einfach dem Kostenartenbogen entnehmen und stellt deshalb im Vergleich zur Divisionskalkulation ohne Äquivalenzziffern grössere Ansprüche an die Betriebsabrechnung. Bei ihr muss die *Betriebsabrechnung* nicht nur einen Kostenartenbogen errichten, sondern auch noch eine *Kostenanalyse* durchführen und die Kostenarten in material- und je nachdem auch in lohn- und zeitabhängige Kosten aufteilen und in Kostengruppen zusammenfassen.

Beispiel 2

Teil 4: Divisionskalkulation mit Äquivalenzziffern[5]

Aufgabe

Die Familienaktiengesellschaft Y stellt ein einziges Produkt her, und zwar in einer Standard- und einer Luxusausführung.
Der Kostenartenbogen weist Gesamtkosten von 2 250 000 auf.
Von diesen Kosten sind **500 000** materialabhängig und **1 750 000** materialunabhängig.
Hergestellte Produkte: Standardausführung   750 Stück
                         Luxusausführung   250 Stück

Lösung

1. Fall

Modell	Stück	material-abhängige Kosten	Äquivalenz-ziffer	Rechnungs-einheiten	Kosten Rechnungs-einheit[1]	material-abhängige Stückkosten	material-abhängige Kostenanteile
Standard	750		1	750	400	400	300 000
Luxus	250		2	500	400	800	200 000
	1 000	500 000		1 250			500 000

2. Fall

Modell	Stück	material-abhängige Kosten	Äquivalenz-ziffer	Rechnungs-einheiten	Kosten Rechnungs-einheit[1]	material-abhängige Stückkosten	material-abhängige Kostenanteile
Standard	750		1	750	400	400	300 000
Luxus	250		2	500	400	800	200 000
	1 000	500 000		1 250			500 000

[1] 500 000 : 1 250 = 400.–
[2] 1 750 000 : 3 500 = 500.–

5 Vgl. Teil 2 S. 52 ff. und Teil 3 S. 80.

Die Materialkosten und die Herstellungszeit für die beiden Ausführungen betragen für das einzelne *Stück*:

Ausführung	Materialkosten	Herstellungszeit
Standard	Fr. **320.**–	**3** Stunden
Luxus	Fr. **640.**–	**5** Stunden

1. Fall

Die beiden Ausführungen unterscheiden sich nur darin, dass für das Luxusmodell ein teureres Material verwendet wird.

2. Fall

Die beiden Ausführungen unterscheiden sich nicht nur durch die Qualität des Materials, sondern auch durch die Zeit für die Bearbeitung.

materialunabhängige Kosten	Äquivalenzziffer			materialunabhängige Stückkosten	materialunabhängige Kostenanteile	Gesamtkosten	Stückkosten
	1			1 750	1 312 500	1 612 500	2 150
	1			1 750	437 500	637 500	2 550
750 000					1 750 000	2 250 000	

materialunabhängige Kosten	Äquivalenzziffer	Rechnungseinheiten	Kosten Rechnungseinheit[2]	materialunabhängige Stückkosten	materialunabhängige Kostenanteile	Gesamtkosten	Stückkosten
	3	2 250	500	1 500	1 125 000	1 425 000	1 900
	5	1 250	500	2 500	625 000	825 000	3 300
750 000		3 500			1 750 000	2 250 000	

Der Zusammenhang zwischen Betriebsabrechnung und Divisionskalkulation

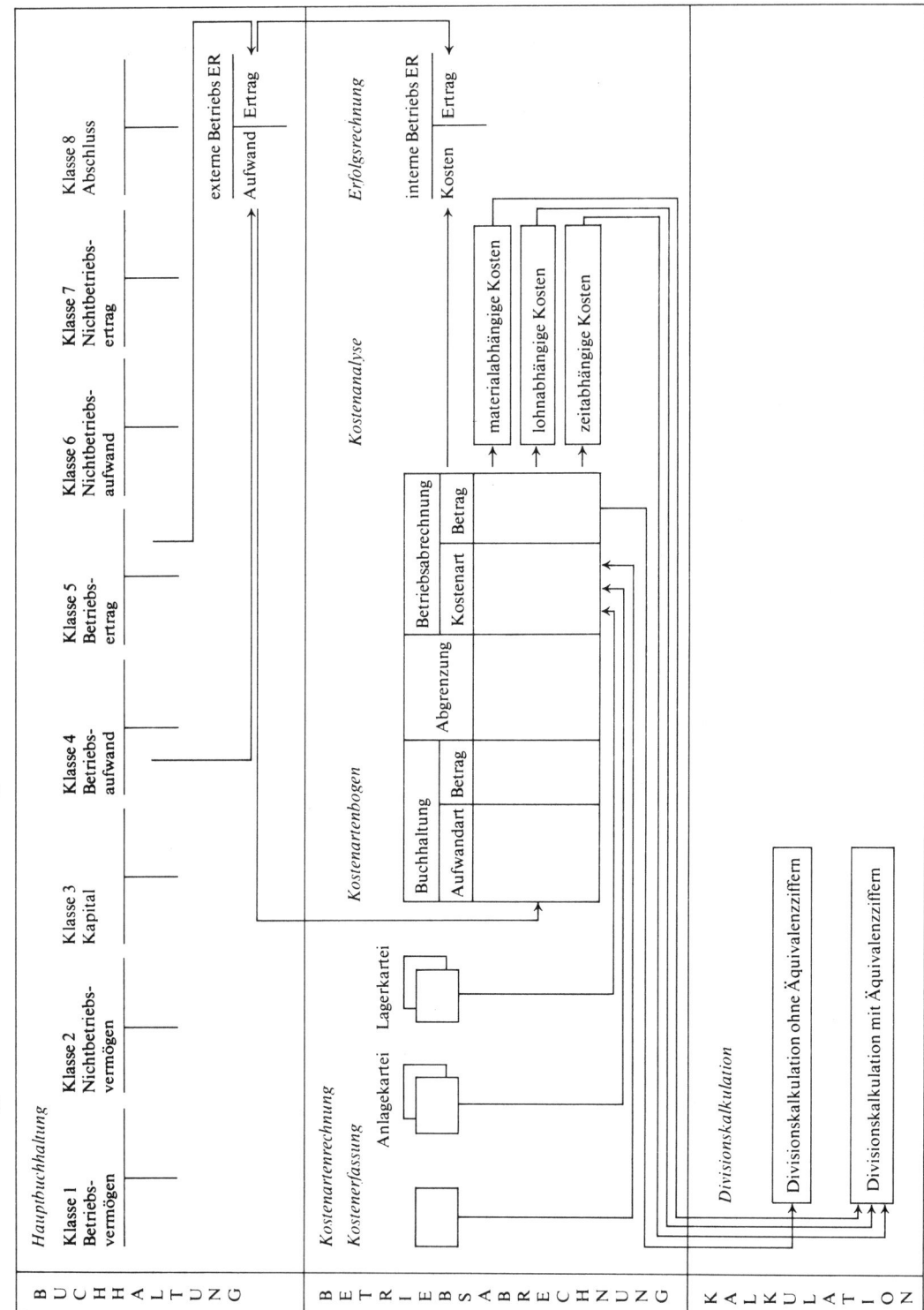

BUCHHALTUNG

Hauptbuchhaltung

Klasse 1 Betriebsvermögen	Klasse 2 Nichtbetriebsvermögen	Klasse 3 Kapital	Klasse 4 Betriebsaufwand	Klasse 5 Betriebsertrag	Klasse 6 Nichtbetriebsaufwand	Klasse 7 Nichtbetriebsertrag	Klasse 8 Abschluss

externe Betriebs ER: Aufwand | Ertrag

Erfolgsrechnung

interne Betriebs ER: Kosten | Ertrag

BETRIEBSABRECHNUNG

Kostenartenrechnung
Kostenerfassung

Anlagekartei   Lagerkartei

Kostenartenbogen

Buchhaltung		Abgrenzung	Betriebsabrechnung	
Aufwandart	Betrag		Kostenart	Betrag

Kostenanalyse

- materialabhängige Kosten
- lohnabhängige Kosten
- zeitabhängige Kosten

KALKULATION

Divisionskalkulation

- Divisionskalkulation ohne Äquivalenzziffern
- Divisionskalkulation mit Äquivalenzziffern

III. Die Würdigung der Divisionskalkulation

Die *Divisionskalkulation ohne Äquivalenzziffern* liefert für den Einproduktbetrieb ein genaues Resultat, ist aber in der Praxis bedeutungslos, weil es in Wirklichkeit kaum Betriebe gibt, die nur ein Produkt in einer einzigen Ausführung herstellen.

Die *Divisionskalkulation mit Äquivalenzziffern* dagegen spielt in der Wirklichkeit eine Rolle, zum Beispiel bei Wasser- und Elektrizitätswerken, bei Bierbrauereien, Ziegeleien usw. Im Gegensatz zur Divisionskalkulation ohne Äquivalenzziffern ist ihr Resultat jedoch ungenau, weil die *Kostenanalyse nicht fehlerfrei* durchgeführt werden kann und es praktisch nicht möglich ist, bei allen Kostenarten mit Sicherheit anzugeben, ob und wie weit sie zum Beispiel material-, lohn- oder zeitabhängig sind.

Übungsaufgabe 17
Reiseabrechnung

Fall 17/1

Die oberste Klasse einer schweizerischen Mittelschule begibt sich auf ihrer Abschlussreise nach Holland. Die Reisegruppe setzt sich aus 18 Schülern und Schülerinnen und zwei Lehrern zusammen.
Die Schule leistet an die Reisekosten einen Beitrag von Fr. 100.– pro Schüler. Den begleitenden Lehrern ersetzt sie die tatsächlichen Auslagen. Die Bahnfreifahrt des Reiseleiters beansprucht die Schule für sich. Allfällige weitere Vergünstigungen können auf die ganze Klasse verteilt werden.
Die Klasse hat im Hinblick auf die Abschlussreise den Gesamtbetrag von Fr. 9000.– vorgespart.
Der Umrechnungskurs für hfl. beträgt 79.–.
Nach der Rückkehr erstellt der Klassenlehrer gestützt auf seine laufenden Aufschreibungen während der Reise die Abrechnung:
a) Bahnfahrt Amsterdam und zurück, inklusive Liegewagen, für 19 Personen Fr. 4788.–, 1 Lehrer frei
b) Frühstück in Amsterdam hfl. 170.–
c) 5½ Tage Unterkunft, Verpflegung und Hollandrundfahrt auf einem Wohnboot hfl. 7020.–
d) Grachtenrundfahrt in Amsterdam hfl. 160.–
e) Wochenkarte für die holländischen Museen: 18 Schüler zu hfl. 4.50, 2 Lehrer frei
f) Hafenrundfahrt in Rotterdam: hfl. 190.– für 19 Personen, 1 Lehrer frei
g) Bus und Tram in verschiedenen Städten, ganze Woche total hfl. 116.–
h) Exkursionstag:
Gruppe A (10 Schüler, 1 Lehrer): Ausflug Zuidersee hfl. 456.50
Gruppe B (8 Schüler, 1 Lehrer): Velotour an die Nordseeküste, Velomiete hfl. 193.50
i) Kleine Imbisse und Abschiedsgeschenke an die Schiffersfamilie hfl. 233.–
k) Frühstück in Basel Fr. 150.–

Fall 17/2

Die oberste Klasse einer schweizerischen Mittelschule begibt sich auf ihrer Abschlussreise nach Berlin. Die Reisegruppe setzt sich aus 23 Schülern und Schülerinnen und zwei Lehrern zusammen.
Die Schule leistet an die Reisekosten einen Beitrag von Fr. 150.– pro Schüler. Den begleitenden Lehrern ersetzt sie die tatsächlichen Auslagen. Die Bahnfreifahrt des Reiseleiters beansprucht die Schule für sich. Allfällige weitere Vergünstigungen können auf die ganze Klasse verteilt werden. Der Pädagogische Austauschdienst der Bundesrepublik Deutschland leistet pro Reiseteilnehmer einen Zuschuss von DM 50.–. Der entsprechende Gesamtbetrag wird direkt an die Leitung der Unterkunft in Berlin überwiesen.
Die Klasse hat im Hinblick auf die Abschlussreise den Gesamtbetrag von Fr. 10 350.– vorgespart.
Der Umrechnungskurs für DM beträgt 90.–.
Nach der Rückkehr erstellt der Klassenlehrer gestützt auf seine laufenden Aufschreibungen während der Reise die Abrechnung:

a) Bahnfahrt Berlin und zurück, inklusive Liegewagen, für 24 Personen Fr. 6816.–, 1 Lehrer frei
b) Abendessen in Frankfurt DM 412.50
c) 5 Tage Unterkunft und 6 Tage Verpflegung in einem Jugendgästehaus in Berlin, Bruttobetrag der Rechnung DM 6600.–
d) Wochenkarte der Berliner Verkehrsbetriebe, 23 Schüler zu DM 25.–, 2 Lehrer frei
e) Verschiedene Eintritte und Besichtigungen DM 147.50
f) Havelrundfahrt DM 288.– für 24 Personen, 1 Lehrer frei
g) Exkursionstag:
   Gruppe A: (8 Schüler, 1 Lehrer): Ausflug nach Lübars und Tegeler See, inklusive Schiffsfahrt und Imbiss DM 166.50
   Gruppe B: (15 Schüler, 1 Lehrer): Ausflug nach Potsdam, inklusive Imbisse DM 888.–
h) Theaterbesuch: Kleist, Der zerbrochene Krug, DM 462.50
i) Kleine Imbisse, Trinkgelder, Gepäckaufbewahrung DM 302.–
k) Frühstück in Basel Fr. 182.50

Aufgaben zu 17/1 und 17/2

1. Erstellung einer Reiseabrechnung pro Schüler, und zwar differenziert je nach Teilnahme am Programm der Gruppe A oder Gruppe B
2. Zu welchem zahlungsmässigen Ausgleich führt die individuelle Abrechnung mit den einzelnen Schülern der Gruppe A bzw. der Gruppe B?
3. Welche Summe zahlt die Schule den beiden Lehrern insgesamt aus?

Übungsaufgabe 18
Divisionskalkulation

Die Betriebsabrechnung der N-Gondelbahn AG beruht auf den folgenden Ertrags- und Kostenzahlen:

	Fall 18/1		Fall 18/2	
Billettertrag				
1/1 Billette Retourfahrten	76510	zu 13.–	64950	zu 15.–
1/2 Billette Retourfahrten	33260	zu 6.50	36760	zu 7.50
1/1 Billette einfache Fahrten	42720	zu 8.–	39110	zu 9.–
1/2 Billette einfache Fahrten	17330	zu 4.–	20380	zu 4.50
Warentransportertrag	3 700		4 350	
Personalkosten	200 700		210 400	
Abschreibungskosten	600 500		610 500	
Zinskosten	225 600		227 400	
Stromkosten	30 100		31 100	
Unterhaltskosten	65 100		66 300	
Verwaltungskosten	51 300		52 100	
Werbekosten	27 000		29 500	
Übrige Betriebskosten	226 300		267 700	

Aufgaben zu 18/1 und 18/2

Annahme: Die Warentransporte werden zu den Selbstkosten erbracht.

1. Aufstellung der internen Betriebserfolgsrechnung
2. Es sind der Ertrag, die Selbstkosten und der Erfolg zu berechnen, die durchschnittlich bei einer Personenfahrt entstehen. Unter der Rechnungseinheit *Personenfahrt* ist die einfache Fahrt einer Person zu verstehen. Bei dieser Rechnung zählen auch Kinder mit Fahrkarten zum halben Tarif voll, da sie in den vierplätzigen Gondeln einen ganzen Platz beanspruchen.
3. Es ist zu untersuchen, welcher Gewinn oder Verlust mit dem Verkauf eines Billettes jeder Kategorie verbunden ist.
4. Es ist der Anteil jeder Billettkategorie am gesamten Betriebsergebnis zu berechnen.

Übungsaufgabe 19
Divisionskalkulation mit Äquivalenzziffern

Die Verpackungsfabrik O stellt in einem besondern Betrieb Einkaufstaschen aus Packpapier her.

Fall 19/1

Die Herstellung von insgesamt 90 000 Einkaufstaschen in drei verschiedenen Grössen verursacht Kosten von 14 980. Davon sind Papierkosten 6 880; der Rest sind materialunabhängige Kosten.

	Grösse 1 Klein	Grösse 2 Standard	Grösse 3 Gross
Hergestellte Einkaufstaschen	20 000	60 000	10 000
Papierverbrauch je Tasche in m²	0,35	0,5	0,6

Fall 19/2

Die Herstellung von insgesamt 100 000 Einkaufstaschen in drei verschiedenen Grössen verursacht Kosten von 15 000. Davon sind Papierkosten 7000; der Rest sind materialunabhängige Kosten.

	Grösse 1 Klein	Grösse 2 Standard	Grösse 3 Gross
Hergestellte Einkaufstaschen	30 000	50 000	20 000
Papierverbrauch je Tasche in m²	0,4	0,5	0,65

Aufgabe zu 19/1 und 19/2

Welches sind die Selbstkosten je 100 Stück Einkaufstaschen jeder Grösse?

Übungsaufgabe 20
Divisionskalkulation mit Äquivalenzziffern

Die Verpackungsfabrik P stellt in einem besondern Betrieb Schachteln aus einheitlichem Material in vier verschiedenen Grössen her.

Fall 20/1

Die Herstellung von insgesamt 1 000 000 Schachteln verursacht Gesamtkosten von 934 000; davon sind 536 000 materialabhängig und 398 000 zeitabhängig.

	Schachteln Modell Nr.			
	1	2	3	4
Hergestellte Schachteln	100 000	300 000	400 000	200 000
Kartonverbrauch je Schachtel in dm^2	25	30	35	40
Fertigungszeit je Schachtel in Sekunden	15	18	20	25

Fall 20/2

Die Herstellung von insgesamt 1 000 000 Schachteln verursacht Gesamtkosten von 840 000; davon sind 513 000 materialabhängig und 327 000 zeitabhängig.

	Schachteln Modell Nr.			
	1	2	3	4
Hergestellte Schachteln	100 000	400 000	200 000	300 000
Kartonverbrauch je Schachtel in dm^2	28	35	42	49
Fertigungszeit je Schachtel in Sekunden	16	20	22	26

Aufgabe zu 20/1 und 20/2

Welches sind die Selbstkosten für eine Schachtel jedes Modells?

2. Kapitel
Der Zusammenhang zwischen Betriebsabrechnung und Zuschlagskalkulation

Die Divisionskalkulation eignet sich nur für Gewerbe- und Industriebetriebe mit einem minimalen Sortiment. Sobald ein Betrieb mehrere verschiedenartige Produkte oder Leistungen herstellt, taugt sie nicht mehr. In diesem Fall muss die Unternehmung die Selbstkostenpreise für jeden Kostenträger einzeln mit der Zuschlagskalkulation berechnen.

I. Das Prinzip der Zuschlagskalkulation

Bei der Zuschlagskalkulation werden die Kosten des Betriebes in Einzel- und Gemeinkosten aufgeteilt.

Bei den *Einzelkosten* kann man den Kostenanteil, der vom einzelnen Kostenträger verursacht wird, genau feststellen und dem Produkt oder der Leistung direkt zurechnen und belasten. Man bezeichnet sie deshalb auch als *direkte Trägerkosten.*

Bei den *Gemeinkosten* dagegen kann man nur die *Gesamtkosten* ermitteln, die für mehrere oder alle Kostenträger zusammen anfallen. Bei ihnen muss der Kostenanteil, der auf den einzelnen Kostenträger entfällt, indirekt berechnet und mit einem Zuschlag auf das Produkt oder die Leistung überwälzt werden. Sie werden darum auch als *indirekte Trägerkosten* bezeichnet.

Bei der Zuschlagskalkulation ergeben sich zwei Hauptprobleme: erstens die Erfassung der Einzel- und Gemeinkosten und zweitens die Zurechnung der Gemeinkosten auf die Kostenträger.

1. Die Erfassung der Einzel- und Gemeinkosten

1.1 Die Erfassung der Einzel- und Gemeinkosten im Warenhandel

Im Warenhandel können vor allem die *Warenkosten,* die bis zur Einlagerung der Waren entstehen und den Nettoeinkaufspreis und die Bezugskosten für den Transport, die Verzollung und Versicherung der Ware umfassen, als *Einzelkosten* erfasst und jeder Ware direkt zugerechnet werden.

Die *andern Kosten* dagegen, zum Beispiel die Gebäude- oder Miet- und die Personal-, Zins- und Abschreibungskosten, die nach der Einlagerung bis zum Verkauf der

Ware auflaufen, können in der Regel nur als *Gemeinkosten* erfasst und deshalb jeder Ware auch nur indirekt zugerechnet werden. Bei ihnen muss der Kostenanteil mit einem Zuschlag auf die einzelne Ware umgelegt werden, da er nicht für sich allein bestimmt werden kann.

Die Grundlage für die Erfassung der Einzelkosten bilden im Warenhandel in erster Linie die Rechnungen der Lieferanten, der Transportunternehmungen, der Versicherungsgesellschaften und der Zollverwaltung.

1.2 Die Erfassung der Einzel- und Gemeinkosten in der Industrie

Im Gewerbe und in der Industrie können ein Teil der Material- und der Personalkosten als Einzelkosten erfasst werden, während es sich bei den übrigen Kosten mehrheitlich um Gemeinkosten handelt.

1.2.1 Die Erfassung der Materialeinzel- und Materialgemeinkosten

In der Praxis werden für die Erfassung des verbrauchten Materials sog. *Materialscheine* ausgestellt.

Genau gleich wie der Kassier, der Geld nur gegen Quittung ausgibt, händigt auch die Lagerverwaltung Material nur gegen Bezugsscheine aus, die vom Bezüger unterschrieben werden müssen. Die Bezugsscheine dienen der Materialverwaltung als Beleg für die Materialausgabe, sie bilden für die Betriebsabrechnung und die Kalkulation aber auch die Grundlage für die Ermittlung der Materialeinzel- und -gemeinkosten.

Für den Bezug des Einzel- und Gemeinmaterials werden verschiedene Scheine ausgestellt, die sich äusserlich zum Beispiel in der Farbe und inhaltlich dadurch unterscheiden, dass auf den Scheinen für das Einzelmaterial noch die Nummer des Auftrages vermerkt wird.

Muster eines Scheines für das Einzelmaterial

Materialschein			
Kostenstelle[1]: Schreinerei	Auftrag: 102　Kostenträger: Büchergestell		
Material	Preis je m	Wert	Bemerkungen
Bretter:　　　　　　　　　　　　　　　　　　Kirschbaum:　1 · 3　m, 30 cm, 1,5 cm　　　Furniert:　　 6 · 1,2 m, 30 cm, 1,5 cm　　　　　　　　　 15 · 0,9 m, 30 cm, 1　 cm　usw.	200.–　100.–　 80.–	600.–　720.–　1080.–	
Total			
Bezug:　Visum:　Datum:	*Betriebsabrechnung:*　Visum:　Datum:	*Kalkulation:*　Visum:　Datum:	

Muster eines Scheines für das Gemeinmaterial

Materialschein				
Kostenstelle[1]: Schreinerei				
Material	Menge	Preis	Wert	Bemerkungen
Leim　usw.	4 kg	10.–	40.–	
Total				
Bezug:　Visum:　Datum:	*Betriebsabrechnung:*　Visum:　Datum:			

[1] Diese Angabe ist nur bei der differenzierten Zuschlagskalkulation nötig, vgl. S. 109 ff.

Die Bezugsscheine werden beim Einzelmaterial in drei und beim Gemeinmaterial in zwei Exemplaren ausgestellt. Das erste ist als Beleg für die Materialverwaltung, das zweite für die Betriebsabrechnung und das dritte – nur beim Einzelmaterial – für die Kalkulation bestimmt.

Die Materialscheine werden in der Regel monatlich ausgewertet und für jeden Auftrag zusammengestellt. Die Betriebsabrechnung entnimmt aus ihnen das Einzel- und Gemeinmaterial, das von der Fabrikationsabteilung jeden Monat aus dem Materiallager bezogen wird, während die Kalkulation feststellt, wieviel Einzelmaterial die Fabrikationsabteilung für die Ausführung der einzelnen Aufträge verarbeitet hat.

1.2.2 Die Erfassung der Lohneinzel- und Lohngemeinkosten

In der Praxis werden für die Erfassung der Einzel- und Gemeinlöhne *Lohnkarten* verwendet.

In der Fabrikationsabteilung wird für jeden Arbeiter eine Lohnkarte geführt, auf der die Art der geleisteten Arbeit, die gearbeiteten Stunden, der Stundenlohn und die Lohnsumme notiert werden. Die Lohnkarten dienen der Lohnbuchhaltung für die Berechnung der Brutto- und Nettolöhne, sie bilden für die Betriebsabrechnung und die Kalkulation gleichzeitig aber auch die Unterlage für die Ermittlung der Lohneinzel- und -gemeinkosten.

Auch für die Ermittlung der Einzel- und Gemeinlöhne werden verschiedene Karten benützt, die sich äusserlich zum Beispiel in der Farbe und inhaltlich dadurch unterscheiden, dass auf den Karten für die Einzellöhne auch die Nummer des Auftrages aufgeführt wird.

Muster einer Karte für die Einzellöhne

Lohnkarte						
Name:	Funktion: Schreiner		Kontrollnummer: 200			
Kostenstelle[1]: Schreinerei		Auftrag: 102 Kostenträger: Büchergestell				
Arbeit	Datum	Anfang	Ende	Stunden	Stundenlohn	Lohnsumme
Büchergestell	1.3.	0700	1200	5	20.–	100.–
		1300	1700	4		80.–
	2.3.	0700	1200	5		100.–
		1300	1700	4		80.–
	3.3.	0700	1200	5		100.–
		1300	1700	4		80.–
Total						.....
Meister: Visum: Datum:	*Buchhaltung:* Visum: Datum:		*Betriebsabrechnung:* Visum: Datum:		*Kalkulation:* Visum: Datum:	

[1] Diese Angabe ist nur bei der differenzierten Zuschlagskalkulation nötig, vgl. S. 109ff.

Muster einer Karte für die Gemeinlöhne

Lohnkarte						
Name:		Funktion: Meister		Kontrollnummer: 50		
Kostenstelle[1]: Schreinerei						
Arbeit	Datum	Anfang	Ende	Stunden	Stundenlohn	Lohnsumme
Leitung Schreinerei	1.3.	0700	1200	5	30.-	150.-
		1300	1700	4		120.-
	2.3.	0700	1200	5		150.-
		1300	1700	4		120.-
	3.3.	0700	1200	5		150.-
		1300	1700	4		120.-
Total						.....
Abteilungschef: Visum: Datum:		*Buchhaltung:* Visum: Datum:		*Betriebsabrechnung:* Visum: Datum:		

[1] Diese Angabe ist nur bei der differenzierten Zuschlagskalkulation nötig, vgl. S. 109 ff.

Die Lohnkarten werden bei den Einzellöhnen in vier und bei den Gemeinlöhnen in drei Exemplaren ausgestellt. Das erste ist als Beleg für den Vorgesetzten, der die Richtigkeit der Angaben bestätigen muss, das zweite für die Lohnbuchhaltung, das dritte für die Betriebsabrechnung und das vierte – nur bei den Einzellöhnen – für die Kalkulation bestimmt.

Genau gleich wie die Materialscheine werden auch die Lohnkarten in der Regel monatlich ausgewertet und für jeden Auftrag zusammengestellt. Die Betriebsabrechnung ersieht aus ihnen die Einzel- und Gemeinlöhne, die vom Betrieb jeden Monat bezahlt werden, während die Kalkulation feststellt, wie viele Einzellöhne der Betrieb für die Herstellung der einzelnen Aufträge aufgewendet hat.

2. Die Zurechnung der Gemeinkosten auf die Kostenträger

Für die Zurechnung der Gemeinkosten auf die Kostenträger ist die *Wahl der richtigen Zuschlagsbasis* entscheidend. Die Gemeinkosten und die Basis müssen sich proportional zueinander verhalten, die Gemeinkosten müssen im gleichen Verhältnis wie die Basis zu- und abnehmen. Nur wenn diese Bedingung erfüllt ist, ist das Resultat der Zuschlagskalkulation auch genau.

Die Gemeinkosten des Betriebes können gesamthaft mit einem einzigen Zuschlag oder mit mehreren Zuschlägen den Kostenträgern zugerechnet werden. Die Proportionalität zwischen den Gemeinkosten und der Zuschlagsbasis und damit die Genauigkeit der Kalkulation wird natürlich wesentlich verbessert, wenn die Gemeinkosten möglichst aufgeteilt und mit entsprechend vielen Zuschlägen auf die Kostenträger umgelegt werden.

Die Vermehrung der Zuschläge scheitert in der Praxis vielfach an den Kosten, denn jeder weitere Zuschlag erfordert einen weiteren Ausbau der Betriebsabrechnung und der Kalkulation.

II. Die Arten der Zuschlagskalkulation

Bei der Zuschlagskalkulation unterscheidet man je nach der Zahl der Zuschläge zwei Arten: die summarische und die differenzierte.

1. Die summarische Zuschlagskalkulation

Die summarische Zuschlagskalkulation rechnet nur mit *einem Gemeinkostenzuschlag*. Bei ihr werden die Gemeinkosten nicht aufgeteilt, sondern gesamthaft mit einem einzigen Satz zu den Einzelkosten der Produkte oder Leistungen hinzugeschlagen.

Die summarische Zuschlagskalkulation ist ein *grobes Verfahren* und trägt häufig der komplexen Wirklichkeit zu wenig Rechnung. Sie befriedigt praktisch nur, wenn die Produkte oder Leistungen den Betrieb genau auf dem gleichen Weg durchlaufen und gleichmässig beanspruchen.

Die summarische Zuschlagskalkulation knüpft an den Kostenartenbogen an und kommt deshalb auch mit einer *Betriebsabrechnung* aus, die nur aus einer *Kostenartenrechnung* besteht.

1.1 Die summarische Zuschlagskalkulation im Warenhandel

1.1.1 Das Kalkulationsschema

Kalkulationsgrösse	Prozentrechnung
Bruttoeinkaufspreis − Einkaufsrabatte	W $\underline{P}$
Nettoeinkaufspreis Ziel − Einkaufsskonto	−W = W $\underline{P}$
Nettoeinkaufspreis bar + Bezugskosten	−W = W $\underline{P}$
Bezugs- oder Einstandspreis + Gemeinkosten	+W = W $\underline{P}$
Selbstkostenpreis + Reingewinn	+W = W $\underline{P}$
Nettoverkaufspreis bar + Verkaufsskonto	+W = −W $\underline{P}$
Nettoverkaufspreis Ziel + Verkaufsrabatte	W = −W $\underline{P}$
Bruttoverkaufspreis	W

W = Grundwert = 100%
+ W = vermehrter Grundwert > 100%
− W = verminderter Grundwert < 100%
P = Prozentwert

1.1.2 Die Berechnung des Gemeinkostenzuschlages

Bei den Kosten, die nach der Einlagerung der Waren entstehen und aus dem Kostenartenbogen hervorgehen, handelt es sich im Gegensatz zu den Warenkosten um Gemeinkosten. Sie können den verschiedenen Waren nur indirekt zugerechnet und müssen mit einem Zuschlag überwälzt werden.
Die *Berechnung des Zuschlages* erfolgt auf der Basis der Wareneinzelkosten nach der Formel:

$$\frac{\text{Gemeinkosten}}{1\% \text{ der Wareneinzelkosten}}$$

Die Zuschlagskalkulation im Warenhandel erhellt die Zusammenhänge nur richtig, wenn der *Zuschlag für die Gemeinkosten und für den Reingewinn klar voneinander getrennt* werden. Trotzdem rechnen viele Unternehmungen in der Praxis nur mit einem einzigen Zuschlag, verwenden also einen *Bruttogewinnzuschlag* und vermengen die Gemeinkosten und den Reingewinn miteinander.

Bei der *Berücksichtigung des Gewinnes* gehen Gross- und Kleinhandel bei ihrer Kalkulation verschieden vor.

Der *Grosshandel* rechnet mit Kalkulationszuschlägen. Er schlägt entweder den Bruttogewinn auf den Bezugspreis oder den Reingewinn auf den Selbstkostenpreis und ermittelt den Bruttogewinn in Prozenten des Bezugs- und den Nettogewinn in Prozenten des Selbstkostenpreises.

Der *Kleinhandel* dagegen rechnet mit Kalkulationsquoten. Er geht vom Verkaufspreis aus und ermittelt den Brutto- und den Nettogewinn in Prozenten des Nettoverkaufspreises.

Beispiel 1

Teil 3: Die summarische Zuschlagskalkulation[6]

Aufgabe

Der Kostenartenbogen der Einzelfirma X weist Gesamtkosten von 1 800 000 und Warenkosten von 1 000 000 auf.

Bruttoeinkaufspreis für Artikel 20:	**100.−**
Grossistenrabatt	**20%**
Bezugskosten	**20.−**
Verkaufspreis	**200.−**

Lösung

Kalkulationszuschlag für die Gemeinkosten

	Einzelkosten	Gemeinkosten	Gesamtkosten
Warenkosten	**1 000 000**		**1 000 000**
Gemeinkosten		**800 000**	**800 000**
	1 000 000	800 000	1 800 000

Kalkulationszuschlag = **800 000 : 10 000 = 80%**

6 Vgl. Teil 2 S. 46 ff.

Selbstkostenpreis

Bruttoeinkaufspreis		Fr. 100.–
– Grossistenrabatt	= 20% von 100	Fr. 20.–
Nettoeinkaufspreis		Fr. 80.–
+ Bezugskosten		Fr. 20.–
Bezugspreis		Fr. 100.–
+ Gemeinkostenzuschlag	= 80% von 100	Fr. 80.–
Selbstkostenpreis		**Fr. 180.–**

Gewinnzuschläge und -quoten

Gewinn	Grosshandel	Kleinhandel
Bruttogewinn Verkaufs- – Bezugspreis 200 – 100 = 100.–	*Bruttogewinnzuschlag* 1% des Bezugspreises $\frac{100}{1} = 100\%$	*Bruttogewinnquote* 1% des Verkaufspreises $\frac{100}{2} = 50\%$
Nettogewinn Verkaufs- – Selbstkostenpreis 200 – 180 = 20.–	*Nettogewinnzuschlag* 1% des Selbstkostenpreises $\frac{20}{1,8} = 11\%$[1]	*Nettogewinnquote* 1% des Verkaufspreises $\frac{20}{2} = 10\%$

[1] auf ganze Prozent abgerundet

1.2 Die summarische Zuschlagskalkulation im Gewerbe und in der Industrie

Die summarische Zuschlagskalkulation liefert nur bei einfachen betrieblichen Verhältnissen ein ausreichend genaues Resultat und genügt deshalb nur für einfache Betriebe des Warenhandels. Für die komplizierter strukturierten Betriebe der Industrie und auch des Gewerbes eignet sich dagegen nur die *differenzierte Zuschlagskalkulation*.

Der Zusammenhang zwischen Betriebsabrechnung und summarischer Zuschlagskalkulation

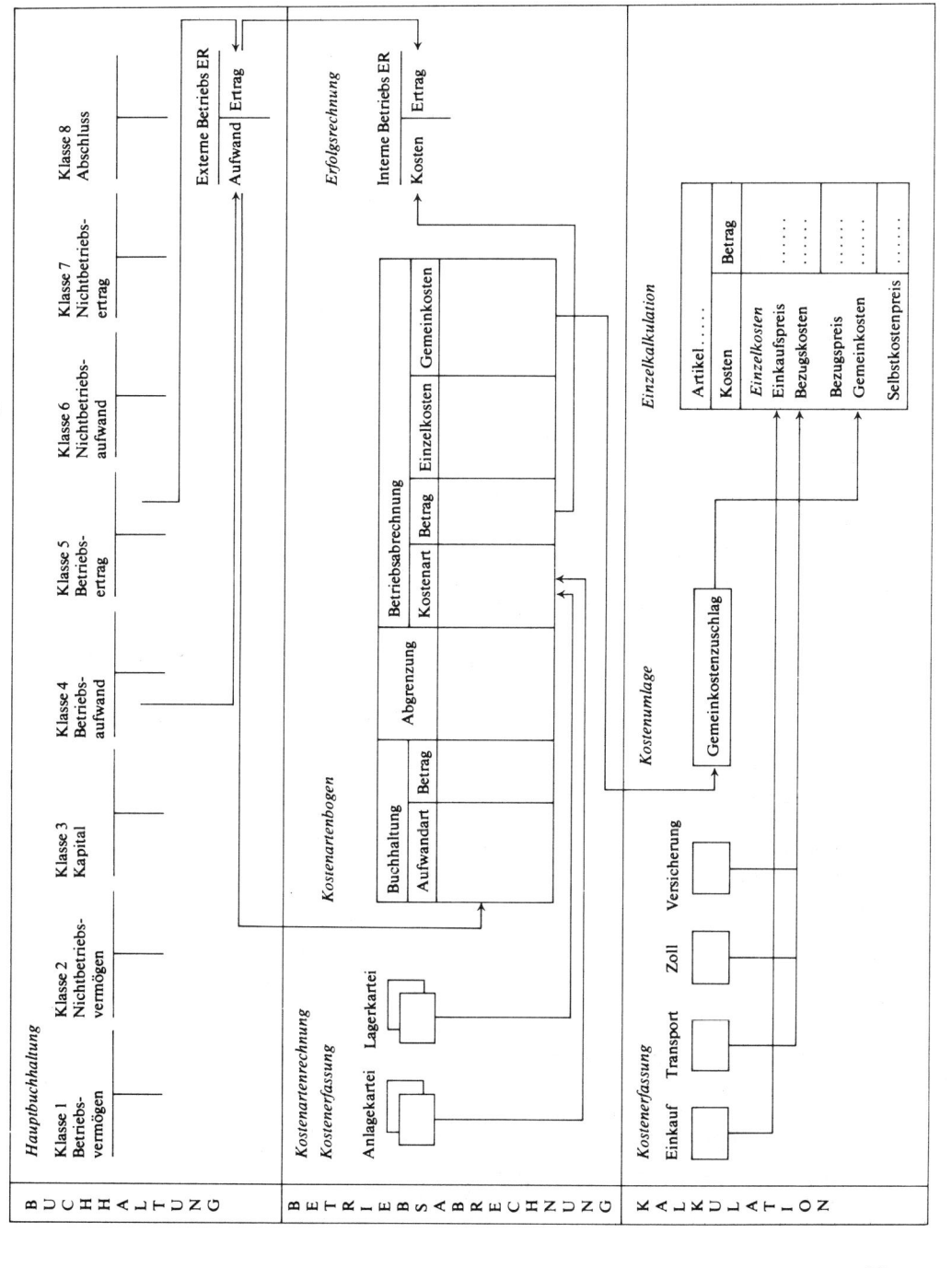

Hauptbuchhaltung

Klasse 1 Betriebs- vermögen	Klasse 2 Nichtbetriebs- vermögen	Klasse 3 Kapital	Klasse 4 Betriebs- aufwand	Klasse 5 Betriebs- ertrag	Klasse 6 Nichtbetriebs- aufwand	Klasse 7 Nichtbetriebs- ertrag	Klasse 8 Abschluss

Externe Betriebs ER — Aufwand | Ertrag

Erfolgsrechnung

Interne Betriebs ER — Kosten | Ertrag

Kostenartenrechnung
Kostenerfassung

Anlagekartei Lagerkartei

Kostenartenbogen

Buchhaltung		Abgrenzung	Betriebsabrechnung		
Aufwandart	Betrag		Kostenart	Einzelkosten	Gemeinkosten
				Betrag	

Kalkulation
Kostenerfassung

Einkauf Transport Zoll Versicherung

Kostenumlage

Gemeinkostenzuschlag

Einzelkalkulation

Artikel:	
Kosten	Betrag
Einzelkosten	
Einkaufspreis	.....
Bezugskosten	.....
Bezugspreis	.....
Gemeinkosten	.....
Selbstkostenpreis	.....

Übungsaufgabe 21
Betriebsabrechnung und Kalkulation eines Warenhandelsbetriebes

Fall 21/1

Die Kosten- und Ertragszahlen des Warenhandelsbetriebes Q lauten wie folgt:

Abschreibungskosten	35 000
Personalkosten	191 200
Raumkosten	41 000
Übrige Betriebskosten	12 000
Verwaltungskosten	31 000
Warenertrag	1 051 200
Warenkosten	657 000
Zinskosten	18 000

Aufgaben

1. Erstellung einer nach kalkulatorischen Gesichtspunkten gegliederten Betriebserfolgsrechnung
2. Berechnung des Bruttogewinnzuschlags
3. Es sind die Nettoverkaufspreise der folgenden Waren zu kalkulieren:

   Artikel 101: Einkaufspreis franko Lager 140.–
   Artikel 102: Offertpreis des Lieferanten 220.– abzüglich 5% Mengenrabatt, Fracht 4.25, Transportversicherung 1.75

Fall 21/2

Die Kosten- und Ertragszahlen des Warenhandelsbetriebes R lauten wie folgt:

Abschreibungskosten	34 000
Personalkosten	190 000
Raumkosten	42 000
Übrige Betriebskosten	13 500
Verwaltungskosten	30 000
Warenertrag	1 231 500
Warenkosten	821 000
Zinskosten	19 000

Aufgaben

1. Erstellung einer nach kalkulatorischen Gesichtspunkten gegliederten Betriebserfolgsrechnung
2. Berechnung des Bruttogewinnzuschlags
3. Es sind die Nettoverkaufspreise der folgenden Waren zu kalkulieren:

   Artikel 201: Einkaufspreis franko Lager 130.–
   Artikel 202: Offertpreis des Lieferanten 85.– abzüglich 10% Mengenrabatt, Fracht 1.15, Transportversicherung –.35

Übungsaufgabe 22
Buchhaltung, Betriebsabrechnung und Kalkulation in einem Warenhandelsbetrieb

Fall 22/1

Dem Rechnungswesen des Warenhandelsbetriebes S können nach Abschluss des Geschäftsjahres die folgenden Zahlen entnommen werden:

Rechnungen von Lieferanten brutto	1 400 000
Eingangsfrachten, Zölle	52 000
Erhaltene Rabatte und Skonti	30 000
Rücksendungen an Lieferanten	42 000
Rechnungen an Kunden	1 735 000
Barverkäufe	465 000
Rabatte und Skonti an Kunden	66 000
Versandspesen	17 200
Personalaufwand	280 000
Abschreibungen, verbuchte Wertverminderung	70 000
tatsächliche Wertverminderung	55 000
Verwaltungsaufwand	106 000
Übriger Betriebsaufwand	135 000
Warenbestandesabnahme, verbucht	70 000
tatsächlich	60 000

Aufgaben

1. Die Saldi des verbuchten Warenaufwands und Warenertrags sind zu berechnen.
2. Die Abgrenzung zwischen Aufwand und Kosten und die Aufteilung der Kosten in Einzelkosten und Gemeinkosten sind tabellarisch darzustellen.
3. Über das abgelaufene Geschäftsjahr ist eine Kostenträgerrechnung für den ganzen Betrieb aufzustellen.
4. Zu welchem Listenpreis ist zu Beginn des nächsten Jahres der Artikel 111 zu verkaufen, wenn er zu 170.– abzüglich 2% Skonto beschafft wird, die Bezugskosten 13.40 betragen und ein Verkaufsskonto (Barzahlungsskonto) von 2% einkalkuliert wird?
   Lösung 4.1: mit Hilfe des Bruttogewinnzuschlages
   Lösung 4.2: mit Hilfe des Gemeinkosten- und des Reingewinnzuschlages
5. Zu welchem Nettoeinkaufspreis darf diese Unternehmung den Artikel 112 noch einkaufen, wenn sie den Verkaufspreis inklusive 2% Skonto mit Rücksicht auf die Konkurrenz auf höchstens 300.– ansetzen kann und die Bezugskosten 25.– betragen?
   Lösung 5.1: mit Hilfe des Bruttogewinnzuschlages
   Lösung 5.2: mit Hilfe des Reingewinn- und des Gemeinkostenzuschlages

Fall 22/2

Dem Rechnungswesen des Warenhandelsbetriebes T können nach Abschluss des Geschäftsjahres die folgenden Zahlen entnommen werden:

Rechnungen von Lieferanten brutto	1 620 000
Eingangsfrachten, Zölle	61 000
Rücksendungen an Lieferanten	23 000
Erhaltene Rabatte und Skonti	32 000
Rechnungen an Kunden	705 000
Barverkäufe	1 436 000
Versandspesen	24 000
Rabatte und Skonti an Kunden	63 000
Personalaufwand	190 000
Abschreibungen, tatsächliche Wertverminderung	72 000
verbuchte Wertverminderung	47 000
Verwaltungsaufwand	63 000
Übriger Betriebsaufwand	70 000
Warenbestandeszunahme, tatsächlich	46 000
verbucht	41 000

Aufgaben

1. Die Saldi des verbuchten Warenaufwands und Warenertrags sind zu berechnen.
2. Die Abgrenzung zwischen Aufwand und Kosten und die Aufteilung der Kosten in Einzelkosten und Gemeinkosten sind tabellarisch darzustellen.
3. Über das abgelaufene Geschäftsjahr ist eine Kostenträgerrechnung für den ganzen Betrieb aufzustellen.
4. Zu welchem Listenpreis ist zu Beginn des nächsten Jahres der Artikel 211 zu verkaufen, wenn er zu 115.– abzüglich 2% Skonto beschafft wird, die Bezugskosten 3.70 betragen und ein Verkaufsskonto (Barzahlungsskonto) von 3% einkalkuliert wird?
   Lösung 4.1: mit Hilfe des Bruttogewinnzuschlages
   Lösung 4.2: mit Hilfe des Gemeinkosten- und des Reingewinnzuschlages
5. Zu welchem Nettoeinkaufspreis darf diese Unternehmung den Artikel 212 noch einkaufen, wenn sie den Verkaufspreis inklusive 3% Skonto mit Rücksicht auf die Konkurrenz auf höchstens 1950.– ansetzen kann und die Bezugskosten 85.– betragen?
   Lösung 5.1: mit Hilfe des Bruttogewinnzuschlages
   Lösung 5.2: mit Hilfe des Reingewinn- und des Gemeinkostenzuschlages

Übungsaufgabe 23
Die Beziehung zwischen Kalkulationszuschlag und Kalkulationsquote

Fall 23/1

	Kalkulationszuschlag	Kalkulationsquote
A	20%	.
B	50%	.
C	.	25%
D	150%	.
E	.	40%
F	28%	.
G	.	17%

Fall 23/2

	Kalkulationszuschlag	Kalkulationsquote
A	25%	.
B	60%	.
C	.	$33\frac{1}{3}$%
D	100%	.
E	.	$9\frac{1}{11}$%
F	55%	.
G	.	24%

Aufgabe zu 23/1 und 23/2

Die angegebenen Kalkulationszuschläge sind in Kalkulationsquoten bzw. die Kalkulationsquoten in Kalkulationszuschläge umzurechnen.

Übungsaufgabe 24
Kalkulation in einer Warenhandelsunternehmung

Fall 24/1

Bruttoeinkaufspreis 3000.–, Mengenrabatt 10%, Einkaufsskonto 2%, Bezugskostenzuschlag 5%, Gemeinkostenzuschlag 20%, Reingewinnquote 4%, Verkaufsskonto 3%, Verkaufsrabatt 5%

Fall 24/2

Bruttoeinkaufspreis 2000.–, Mengenrabatt 15%, Einkaufsskonto 3%, Bezugskostenzuschlag 5%, Gemeinkostenzuschlag 33⅓%, Reingewinnquote 5%, Verkaufsskonto 2%, Verkaufsrabatt 10%

Aufgaben zu 24/1 und 24/2

1. Berechnung des Bruttoverkaufspreises
2. Berechnung eines Kalkulationsfaktors f_1, mit dessen Hilfe von den Bruttoeinkaufspreisen direkt auf die Bruttoverkaufspreise geschlossen werden kann. Rechnerische Kontrolle des Kalkulationsfaktors
3. Kalkulation des Bruttoverkaufspreises für Artikel 241 mit einem Bruttoeinkaufspreis von 2750.– und für Artikel 242 mit einem Bruttoeinkaufspreis von 630.–
4. Berechnung eines Kalkulationsfaktors f_2, um vom Nettoverkaufspreis auf den Bruttoeinkaufspreis zu schliessen. Rechnerische Kontrolle des Kalkulationsfaktors
5. Berechnung des zulässigen Bruttoeinkaufspreises, wenn der Nettoverkaufspreis von Artikel 243 aus Konkurrenzgründen auf höchstens 270.– und von Artikel 244 auf höchstens 1800.– angesetzt werden darf.

Übungsaufgabe 25
Kalkulatorische Prüfung einer Offerte

Fall 25/1

Händler U kann einen Artikel zu einem Nettoeinkaufspreis von 100.– beziehen und zu einem durch Verbandsabsprache festgesetzten Nettoverkaufspreis von 122.– verkaufen; die Bezugskosten belaufen sich auf 6% des Nettoeinkaufspreises.
Der Händler kalkuliert mit einer Bruttogewinnquote von 20%. Der Reingewinn auf den umgesetzten Artikeln beträgt durchschnittlich 4% des Nettoverkaufspreises.

Fall 25/2

Händler V kann einen Artikel zu einem Nettoeinkaufspreis von 144.– beziehen und zu einem durch Verbandsabsprache festgesetzten Nettoverkaufspreis von 200.– verkaufen; die Bezugskosten belaufen sich auf 8⅓% des Nettoeinkaufspreises.
Der Händler kalkuliert mit einer Bruttogewinnquote von 25%. Der Reingewinn auf den umgesetzten Artikeln beträgt durchschnittlich 5% des Nettoverkaufspreises.

Aufgabe zu 25/1 und 25/2

Es ist zu untersuchen, ob es sich von der Kalkulation her rechtfertigt, den angebotenen Artikel ins Sortiment aufzunehmen.

Übungsaufgabe 26
Kalkulation und Kaufsverhandlungen

Fall 26/1

Dem Fotohändler W wird ein Fotoapparat vom Hersteller zu 770.– angeboten. Mit Rücksicht auf die Konkurrenzpreise kann der Apparat zu einem Ladennettopreis von höchstens 990.– weiterverkauft werden.

Aufgabe

Welchen Einkaufsrabatt in Franken und in Prozenten muss der Händler in den Kaufsverhandlungen gegenüber dem Hersteller durchsetzen, wenn er mit seinem üblichen Satz von 25% Bruttogewinnquote kalkulieren will und die Bezugskosten 11.– betragen?

Fall 26/2

Dem Musikalienhändler X wird ein CD-Player vom Hersteller zu 1020.– angeboten. Mit Rücksicht auf die Konkurrenzpreise kann der Apparat zu einem Ladennettopreis von höchstens 1395.– weiterverkauft werden.

Aufgabe

Welchen Einkaufsrabatt in Franken und in Prozenten muss der Händler in den Kaufsverhandlungen gegenüber dem Hersteller durchsetzen, wenn er mit seinem üblichen Satz von 33⅓% Bruttogewinnquote kalkulieren will und die Bezugskosten 12.– betragen?

Übungsaufgabe 27
Zusammengesetzte Bezugskalkulation

Fall 27/1

Die Einkaufsgenossenschaft Y beschafft in einem einzigen Bezug die folgenden Mengen Käse: Sorte A 500 kg zu 17.10, Sorte B 600 kg zu 15.20 und Sorte C 1400 kg zu 12.60. Die angegebenen Preise sind Nettopreise.

Die Bezugskosten setzen sich wie folgt zusammen:

- Rechnung der Transportfirma:

Fracht	1149.50
Transportversicherung	243.45
Verpackung (5% vom Nettogewicht zu 2.90 je kg)	362.50
	1755.45

- Kommissionsrechnung des Einkaufsexperten   639.30

Fall 27/2

Die Einkaufsgenossenschaft Z beschafft in einem einzigen Bezug die folgenden Mengen Käse: Sorte A 400 kg zu 16.50, Sorte B 500 kg zu 14.80 und Sorte C 1100 kg zu 13.90. Die angegebenen Preise sind Nettopreise.

Die Bezugskosten setzen sich wie folgt zusammen:

- Rechnung der Transportfirma:
  Fracht   676.–
  Transportversicherung   192.45
  Verpackung (4% vom Nettogewicht zu 1.56 je kg)   124.80
                                                   ‾‾‾‾‾‾
                                                   993.25

- Kommissionsrechnung des Einkaufsexperten   686.25

Aufgaben zu 27/1 und 27/2

1. Durch genaue Aufteilung und Zurechnung der Wert- und Gewichtsspesen sind die Bezugspreise der drei Sorten je kg zu berechnen.
2. Die Bezugskosten je kg jeder Sorte sind auszuweisen.
3. Die Bezugskosten je kg jeder Sorte sind in % der Nettoeinkaufspreise auszudrücken.

Übungsaufgabe 28
Kontrolle der Gemeinkostendeckung

Fall 28/1

Die Warenhausunternehmung A AG kauft zu Beginn des Winters von einer Skifabrik 120 Paar Ski und zahlt dabei 300.– für das Paar franko Lager. Einkaufsskonto 3%. Der Verkaufspreis wird mit 30% Gemeinkostenzuschlag und 5% Reingewinnzuschlag kalkuliert und auf die nächsten 10 Franken auf- oder abgerundet.
Zu diesem regulären Preis werden im Verlaufe des Winters 102 Paar Ski verkauft. Der Rest findet im Ausverkauf zum halben Preis Abnehmer.

Aufgabe

Werden die Selbstkosten durch den Verkauf des Postens Ski insgesamt gedeckt?

Fall 28/2

Die Warenhausunternehmung B AG kauft zu Beginn des Sommers von einer Konfektionsfabrik 150 Herrenmäntel und zahlt dabei 200.– für einen Mantel franko Lager. Mengen-

rabatt 5%. Der Verkaufspreis wird mit 35% Gemeinkostenzuschlag und 10% Reingewinnzuschlag kalkuliert und auf die nächsten 10 Franken auf- oder abgerundet.
Zu diesem regulären Preis werden im Verlaufe des Sommers 126 Herrenmäntel verkauft. Der Rest findet im Ausverkauf zum halben Preis Abnehmer.

Aufgabe

Werden die Selbstkosten durch den Verkauf des Postens Herrenmäntel insgesamt gedeckt?

Übungsaufgabe 29
Bruttogewinn und Planumsatz

Fall 29/1

Die neugegründete Buchhandlung C führt folgende Sortimentsgruppen:
Gruppe I : Belletristik
Gruppe II: Wissenschaftliche Literatur und Schulbücher
Die Verlage schreiben der Buchhandlung für jedes Buch den Verkaufspreis verbindlich vor. Der der Buchhandlung gewährte Wiederverkaufsrabatt (= Bruttogewinnquote oder Marge der Buchhandlung) beträgt für Bücher der Gruppe I 33⅓% und für Bücher der Gruppe II 25% vom verbindlichen Wiederverkaufspreis.
Buchhändler C rechnet für das erste Geschäftsjahr mit den folgenden Gemeinkosten: Personalkosten 94 000, Raumkosten 26 000, Abschreibungskosten 4800, Zinskosten 7500, Verkaufskosten 10 800, Übrige Betriebskosten 14 900. C erwartet bei der Gruppe I einen Nettoumsatz von 270 000.

Aufgaben

1. Welchen Nettoumsatz muss C mit Büchern der Gruppe II erzielen, wenn er im 1. Geschäftsjahr einen monatlichen Verlust von durchschnittlich 500 in Kauf nimmt?
2. Das Resultat ist mit einer Kontrollrechnung zu überprüfen.

Fall 29/2

Die neugegründete Buchhandlung D führt folgende Sortimentsgruppen:
Gruppe I : Belletristik
Gruppe II: Wissenschaftliche Literatur und Schulbücher
Die Verlage schreiben der Buchhandlung für jedes Buch den Verkaufspreis verbindlich vor. Der der Buchhandlung gewährte Wiederverkaufsrabatt (Bruttogewinnquote oder Marge der Buchhandlung) beträgt für Bücher der Gruppe I 40% und für Bücher der Gruppe II 30% vom verbindlichen Wiederverkaufspreis.
Buchhändler D rechnet für das erste Geschäftsjahr mit den folgenden Gemeinkosten: Personalkosten 113 000, Raumkosten 32 000, Abschreibungskosten 5800, Zinskosten 9000, Verkaufskosten 12 800, Übrige Betriebskosten 17 400. D erwartet bei der Gruppe II einen Nettoumsatz von 210 000.

Aufgaben

1. Welchen Nettoumsatz muss D mit Büchern der Gruppe I erzielen, wenn er im 1. Geschäftsjahr einen monatlichen Gewinn von durchschnittlich 500 erarbeiten will?
2. Das Resultat ist mit einer Kontrollrechnung zu überprüfen.

Übungsaufgabe 30
Umsatz- und Kalkulationsprobleme bei einer Betriebsumstellung

Fall 30/1

Das Detailhandelsgeschäft E & Co. erzielte im letzten Jahr einen Nettoumsatz von 1 765 800.–, bei einer Bruttogewinnquote von 30%. Der Reingewinn belief sich auf 7,5% des Nettoumsatzes.
Durch Umstellung auf Selbstbedienung erwarten die Geschäftsinhaber eine Gemeinkosteneinsparung von 20% und einen um 40% grösseren Reingewinn.

Aufgaben

1. Welchen Nettoumsatz muss die Unternehmung nach der Umstellung erzielen, wenn durch Herabsetzung der Verkaufspreise eine Reduktion der Bruttogewinnquote auf 25% geplant ist?
2. Welche prozentuale Umsatzzunahme in Bezugswerten ist erforderlich, damit das gesteckte Gewinnziel erreicht wird?
3. Artikel 301 wird zu folgenden Bedingungen beschafft: Einkaufspreis 28.50, abzüglich 5% Rabatt und 2% Skonto, Bezugskostenzuschlag 15%. Berechnung des Nettoverkaufspreises

    a) vor der Umstellung
    b) nach der Umstellung

Fall 30/2

Das Detailhandelsgeschäft F & Co. erzielte im letzten Jahr einen Nettoumsatz von 1 820 000.–, bei einer Bruttogewinnquote von 35%. Der Reingewinn belief sich auf 6,5% des Nettoumsatzes.
Durch Umstellung auf Selbstbedienung erwarten die Geschäftsinhaber eine Gemeinkosteneinsparung von 25% und einen um 20% grösseren Reingewinn.

Aufgaben

1. Welchen Nettoumsatz muss die Unternehmung nach der Umstellung erzielen, wenn durch Herabsetzung der Verkaufspreise eine Reduktion der Bruttogewinnquote auf 25% geplant ist?
2. Welche prozentuale Umsatzzunahme in Bezugswerten ist erforderlich, damit das gesteckte Gewinnziel erreicht wird?

3. Artikel 302 wird zu folgenden Bedingungen beschafft: Einkaufspreis 34.50, abzüglich 10% Mengenrabatt und 2% Skonto, Bezugskostenzuschlag 12%. Berechnung des Nettoverkaufspreises
   a) vor der Umstellung
   b) nach der Umstellung

2. Die differenzierte Zuschlagskalkulation

Die differenzierte Zuschlagskalkulation operiert mit *mehreren Gemeinkostenzuschlägen*.

Bei ihr handelt es sich im Vergleich zur summarischen Zuschlagskalkulation um ein *verfeinertes Verfahren*, das den komplizierten betrieblichen Verhältnissen in der Industrie besser gerecht wird und das vor allem in Frage kommt, wenn die Produkte oder Leistungen den Betrieb auf verschiedenen Wegen durchlaufen und diesen nicht im gleichen Umfang beanspruchen.

Die differenzierte Zuschlagskalkulation ist nun aber *ohne einen Ausbau der Betriebsabrechnung nicht durchführbar*. Eine Betriebsabrechnung, die nur aus einer Kostenartenrechnung besteht, ist den Anforderungen nicht gewachsen. Die differenzierte Zuschlagskalkulation setzt voraus, dass der Betrieb rechnerisch in verschiedene Kostenstellen aufgeteilt und die Betriebsabrechnung um eine *Kostenstellenrechnung* erweitert wird.

Bei den *Kostenstellen* handelt es sich um die Teilbereiche des Betriebes, in denen die Kosten entstehen. Die wichtigsten sind im Warenhandel die Verwaltung, der Einkauf, das Warenlager und der Verkauf und in der Industrie die Verwaltung, der Einkauf, das Materiallager, die Fabrikation, das Fabrikatelager und der Verkauf.

Die Aufteilung des Betriebes in Kostenstellen hängt von der Zahl der Kalkulationszuschläge für die Gemeinkosten ab. Da für jeden Zuschlag im Betrieb auch eine Kostenstelle organisatorisch vorgesehen werden muss, bedingt eine Vermehrung der Zuschläge eine entsprechend grössere Zahl an Kostenstellen.

Das *Kernproblem* bildet bei der differenzierten Zuschlagskalkulation die *Verteilung der Gemeinkosten auf die Kostenstellen nach dem Verursachungsprinzip*.

Bei gewissen Gemeinkosten können die Anteile, die von jeder Stelle verursacht werden, genau erfasst und den verschiedenen Kostenstellen direkt zugerechnet werden. Man bezeichnet sie darum auch als *direkte Stellenkosten*.

Eine direkte Zurechnung auf die Kostenstellen ist zum Beispiel bei den Materialgemein-, den Lohngemein- und den Abschreibungskosten aufgrund der Bezugsscheine, Lohn- und Anlagekarten, aber auch bei den Werbekosten möglich, weil diese nur in der Kostenstelle Verkauf entstehen.

Bei den übrigen Gemeinkosten dagegen können die Anteile, die den verschiedenen Kostenstellen belastet werden müssen, nicht einzeln erfasst werden. Sie müssen mit einem *Schlüssel* verteilt und können den verschiedenen Kostenstellen nur indirekt zugerechnet werden. Man bezeichnet sie darum auch als *indirekte Stellenkosten* oder aber als Schlüsselkosten.

Die grösste Schwierigkeit bei diesen Kosten besteht darin, dass es *keine genauen Schlüssel* gibt. Ein Schlüssel berücksichtigt nur eine Kostenursache, höchstens aber zwei bis drei, während die Verhältnisse in Wirklichkeit viel verwickelter und für die Verteilung der indirekten Stellenkosten noch zahlreiche weitere Kostenabhängigkeiten im Spiel sind.

Am besten lässt sich das Problem noch bei den Gebäude- oder Mietkosten lösen. Bei ihnen hängen die Kostenanteile der verschiedenen Kostenstellen zur Hauptsache von der Grösse des beanspruchten Raumes ab, so dass es gerechtfertigt ist, wenn für die Kostenverteilung der Flächen- oder der Rauminhalt als Schlüssel gewählt wird. Dabei muss allenfalls aber dem Unterschied in der Bauart durch eine entsprechende Gewichtung noch Rechnung getragen werden, wenn zum Beispiel das Fabrikgebäude im Vergleich zum Lagerhaus massiver gebaut ist und daher beim Bau mehr gekostet hat. Nicht richtig lösbar ist das Problem bei den Kosten, die in einem Sammelposten als Übrige Kosten erfasst werden. Bei ihnen ist, da sie sich aus den verschiedensten Kostenarten zusammensetzen, die Verteilung nur mit einer Schätzung möglich und aus diesem Grund sehr ungenau.

Die *Kostenstellenrechnung* bildet rechnerisch das zentrale Instrument für die Betriebsführung und -kontrolle. Sie kann praktisch auf zwei Arten geführt werden, entweder tabellarisch oder kontenmässig als Betriebsbuchhaltung. Die Praxis gibt der ersten Methode den Vorzug, denn sie ist nicht nur übersichtlicher, sie ist auch weniger umständlich und damit rationeller.

Die kleinen und mittleren Industrieunternehmungen erstellen in der Regel einen *Betriebsabrechnungsbogen,* kurz einen BAB. Dieser besteht aus drei verschiedenen Rechnungen, der Kostenarten-, der Kostenstellen- und der Kostenträgerrechnung und vermittelt als Gesamtrechnung einen ausgezeichneten Überblick nicht nur über die Struktur der Kosten, sondern auch über ihren Ursprung in den verschiedenen Stellen des Betriebes.

2.1 Die auf einer Betriebsabrechnung mit drei Kostenstellen aufgebaute Zuschlagskalkulation

Bei einer Aufteilung des Betriebes in der Industrie in nur drei Kostenstellen wird in der Regel eine Stelle für den Einkauf und die Lagerung des Materials, eine für die Fabrikation und eine für den Verkauf der Fabrikate und die Verwaltung unterschieden.

2.1.1 Der Betriebsabrechnungsbogen

2.1.1.1 Der Betriebsabrechnungsbogen ohne Bestandesveränderungen der Halb- und Fertigfabrikate

Die Industriebetriebe weisen in der Regel einen Vorrat an Halb- und Fertigfabrikaten auf. Es gibt allerdings auch Ausnahmen. Zu ihnen gehören die Betriebe mit einer kurzen Herstellungsdauer, welche am Jahresende ihre Fabrikation für kurze Zeit unterbrechen und deshalb am Abschlusstag keinen Bestand an Halbfabrikaten besitzen, ferner die Betriebe, die nur auf Bestellung arbeiten und ihre Erzeugnisse nach der Fertigstellung sofort an ihre Kunden abliefern und aus diesem Grund ohne ein Lager an Fertigfabrikaten auskommen.

Beispiel 2

Teil 5: Betriebsabrechnungsbogen ohne Bestandesveränderung der Halb- und Fertigfabrikate[7]

Aufgabe

Die Betriebsabrechnung der Familienaktiengesellschaft Y weist folgende Zahlen auf:

Kostenart	Einzelkosten	Gemeinkosten	Kostenstellen		
			Materiallager	Fabrikation	Verwaltung + Verkauf
Materialkosten	400 000	5 000		5 000	
Personalkosten	800 000	325 000	20 000	125 000	180 000
Raumkosten		200 000	10 000	170 000	20 000
Abschreibungskosten		120 000	20 000	80 000	20 000
Zinskosten		180 000	40 000	60 000	80 000
Verkaufskosten		80 000			80 000
Verwaltungskosten		50 000			50 000
Übrige Betriebskosten		70 000	10 000	40 000	20 000

---

7 Vgl. Teil 2 S. 52ff.

Lösung

Betriebsabrechnungsbogen

Text	Kostenartenrechnung			Kostenstellenrechnung			Kostenträgerrechnung
	Gesamtkosten	Einzelkosten	Gemeinkosten	Materiallager	Fabrikation	Verwaltung + Verkauf	
Einzelkosten[1]							
Materialkosten	400 000	400 000			(400 000)		400 000
Personalkosten	800 000	800 000			(800 000)		800 000
Gemeinkosten							
Materialkosten	5 000		5 000		5 000		
Personalkosten	325 000		325 000	20 000	125 000	180 000	
Raumkosten	200 000		200 000	10 000	170 000	20 000	
Abschreibungskosten	120 000		120 000	20 000	80 000	20 000	
Zinskosten	180 000		180 000	40 000	60 000	80 000	
Verkaufskosten	80 000		80 000			80 000	
Verwaltungskosten	50 000		50 000			50 000	
Übrige Betriebskosten	70 000		70 000	10 000	40 000	20 000	
	2 230 000	1 200 000	1 030 000	100 000	480 000	450 000	1 200 000
Umlage Gemeinkosten Materiallager							100 000
Umlage Gemeinkosten Fabrikation							480 000
Herstellungskosten							1 780 000
Umlage Gemeinkosten Verwaltung + Verkauf							450 000
Selbstkosten	2 230 000						2 230 000

[1] Die Einzelkosten werden direkt auf die Kostenträgerrechnung übertragen und darum bei der Addition der Stellenkosten nicht mehr mitgezählt. Sie werden in den Kostenstellen deshalb eingetragen, weil sie für die Kostenkontrolle des Betriebes und als Bezugsgrösse für die Berechnung der Kalkulationszuschläge eine Rolle spielen.

2.1.1.2 Der Betriebsabrechnungsbogen mit Bestandesveränderungen der Halb- und Fertigfabrikate

Bei den Industriebetrieben, welche am Abschlusstag über einen Vorrat an Halb- und Fertigfabrikaten verfügen, treten normalerweise von einer Rechnungsperiode zur andern Bestandesveränderungen auf, die bei der Erstellung des Betriebsabrechnungsbogens berücksichtigt werden müssen.

Von den Gemeinkosten werden vorerst nur die Kosten der Kostenstellen Materiallager und Fabrikation auf die Kostenträger umgelegt und zu den Einzelkosten hinzugeschlagen. Nach dieser Umlage erhält man die *Herstellungskosten der Fabrikation.*

Bevor nun die Umlage der Kosten der Kostenstelle Verwaltung und Verkauf erfolgt, werden die durch die Bestandesveränderung der Halb- und Fertigfabrikate entstandenen Kosten und Kostenminderungen zu den Herstellungskosten der Fabrikation entweder hinzu-oder abgezählt.

Zunächst werden die Herstellungskosten der Fabrikation um die *Wertzu- oder -abnahme des Halbfabrikatebestandes vermindert oder vermehrt.* Dabei gelangt man zu den *Herstellungskosten der erzeugten Fertigfabrikate.*

Bei einer *Zunahme des Halbfabrikatevorrats* wurden im Betrieb in der Rechnungsperiode weniger Halbfabrikate zu Fertigfabrikaten verarbeitet als neu hergestellt. Die Kosten für diese zusätzlich erzeugten Halbfabrikate, die der Wertzunahme des Halbfabrikatebestandes entsprechen, sind in den Herstellungskosten der Fabrikation enthalten und müssen von diesen für die Ermittlung der Herstellungskosten der erzeugten Fertigfabrikate subtrahiert werden.

Die *Rechnung* lautet:

Herstellungskosten der Fabrikation
− Herstellungskosten der zusätzlich erzeugten Halbfabrikate
= Herstellungskosten der erzeugten Fertigfabrikate

Im umgekehrten Fall, bei einer *Abnahme des Halbfabrikatevorrats,* wurden im Betrieb in der Rechnungsperiode mehr Halbfabrikate zu Fertigfabrikaten verarbeitet als neu hergestellt. Die Kosten für diese zusätzlich verarbeiteten Halbfabrikate, die der Wertabnahme des Halbfabrikatebestandes entsprechen, sind in den Herstellungskosten der Fabrikation nicht inbegriffen und müssen zu diesen für die Ermittlung der Herstellungskosten der erzeugten Fertigfabrikate addiert werden.

Die *Rechnung* lautet:

Herstellungskosten der Fabrikation
+ Herstellungskosten der zusätzlich verarbeiteten Halbfabrikate
= Herstellungskosten der erzeugten Fertigfabrikate

Anschliessend werden nun die Herstellungskosten der erzeugten Fertigfabrikate noch um die *Wertzu- oder -abnahme des Fertigfabrikatebestandes verringert oder vergrössert.* Bei den dabei gewonnenen Kosten handelt es sich um die Herstellungskosten der *verkauften Fertigfabrikate.*

Bei einer *Zunahme des Fertigfabrikatevorrats* wurden vom Betrieb in der Rechnungsperiode mehr Fertigfabrikate produziert als verkauft. Die Kosten für diese zusätzlich auf Lager produzierten Fertigfabrikate, die mit der Wertzunahme des Fertigfabrikatebestandes übereinstimmen, sind in den Herstellungskosten der erzeugten Fertigfabrikate enthalten und müssen von diesen für die Berechnung der Herstellungskosten der verkauften Fertigfabrikate subtrahiert werden.

Die *Rechnung* lautet:
Herstellungskosten der erzeugten Fertigfabrikate
− Herstellungskosten der zusätzlich auf Lager produzierten Fertigfabrikate
= Herstellungskosten der verkauften Fertigfabrikate

Andernfalls, bei einer *Abnahme des Fertigfabrikatevorrats,* wurden vom Betrieb in der Rechnungsperiode weniger Fertigfabrikate produziert als verkauft. Die Kosten für diese zusätzlich vom Lager verkauften Fertigfabrikate, die mit der Wertabnahme des Fertigfabrikatebestandes übereinstimmen, sind in den Herstellungskosten der erzeugten Fertigfabrikate nicht eingeschlossen und müssen zu diesen für die Berechnung der Herstellungskosten der verkauften Fertigfabrikate addiert werden.

Die *Rechnung* lautet:
Herstellungskosten der erzeugten Fertigfabrikate
+ Herstellungskosten der zusätzlich vom Lager verkauften Fertigfabrikate
= Herstellungskosten der verkauften Fertigfabrikate

Nach der Verrechnung der Bestandesveränderungen der Halb- und Fertigfabrikate erfolgt die Umlage der Kosten der Kostenstelle Verwaltung und Verkauf und zum Abschluss des Betriebsabrechnungsbogens die Ermittlung der Selbstkosten der verkauften Fertigfabrikate.

Beispiel 2

Teil 6: Betriebsabrechnungsbogen mit Bestandesveränderungen der Halb- und Fertigfabrikate[8]

Aufgabe

Die Betriebsabrechnung der Familienaktiengesellschaft Y weist folgende Zahlen auf:

Kostenart	Einzelkosten	Gemeinkosten	Kostenstellen		
			Materiallager	Fabrikation	Verwaltung + Verkauf
Materialkosten	400 000	5 000		5 000	
Personalkosten	800 000	325 000	20 000	125 000	180 000
Raumkosten		200 000	10 000	170 000	20 000
Abschreibungskosten		120 000	20 000	80 000	20 000
Zinskosten		180 000	40 000	60 000	80 000
Verkaufskosten		80 000			80 000
Verwaltungskosten		50 000			50 000
Übrige Betriebskosten		70 000	10 000	40 000	20 000

Bestandeszunahme der Halbfabrikate: **20 000**
Bestandesabnahme der Fertigfabrikate: **40 000**

---

[8] Vgl. Teil 5 S. 111 f.

Lösung

Betriebsabrechnungsbogen

Text	Kostenartenrechnung			Kostenstellenrechnung			Kostenträgerrechnung
	Gesamtkosten	Einzelkosten	Gemeinkosten	Materiallager	Fabrikation	Verwaltung + Verkauf	
Einzelkosten[1]							
Materialkosten	400 000	400 000			(400 000)		400 000
Personalkosten	800 000	800 000			(800 000)		800 000
Gemeinkosten							
Materialkosten	5 000		5 000		5 000		
Personalkosten	325 000		325 000	20 000	125 000	180 000	
Raumkosten	200 000		200 000	10 000	170 000	20 000	
Abschreibungskosten	120 000		120 000	20 000	80 000	20 000	
Zinskosten	180 000		180 000	40 000	60 000	80 000	
Verkaufskosten	80 000		80 000			80 000	
Verwaltungskosten	50 000		50 000			50 000	
Übrige Betriebskosten	70 000		70 000	10 000	40 000	20 000	
	2 230 000	1 200 000	1 030 000	100 000	480 000	450 000	1 200 000
Umlage Gemeinkosten Materiallager							100 000
Umlage Gemeinkosten Fabrikation							480 000
Herstellungskosten Fabrikation							1 780 000
Zunahme Halbfabrikate	− 20 000						− 20 000
Herstellungskosten erzeugter Fabrikate							1 760 000
Abnahme Fertigfabrikate	**40 000**						**40 000**
Herstellungskosten verkaufter Fabrikate							1 800 000
Umlage Gemeinkosten Verwaltung + Verkauf							450 000
Selbstkosten verkaufter Fabrikate	2 250 000						2 250 000

[1] Siehe S. 112

2.1.2 Die Kalkulation

2.1.2.1 Das Kalkulationsschema

Kalkulationsgrösse	
Materialeinzelkosten	....
Personaleinzelkosten	....
Einzelkostenpreis	....
Gemeinkostenzuschlag für das Materiallager	....
Gemeinkostenzuschlag für die Fabrikation	....
Herstellungspreis	....
Gemeinkostenzuschlag für Verwaltung + Verkauf	....
Selbstkostenpreis	....

2.1.2.2 Die Kalkulationszuschläge

Der Betriebsabrechnungsbogen bildet für den Betrieb nicht nur ein Führungs- und Kontrollinstrument, er dient gleichzeitig auch der Kalkulation als Grundlage für die Berechnung der Kalkulationszuschläge.

Die Unternehmung kann bei der Kalkulation den Produkten oder Leistungen nur die Einzelkosten, nicht aber die Gemeinkosten direkt zurechnen. Diese muss sie mit Zuschlägen überwälzen.

Für die *Berechnung der Kalkulationszuschläge* werden die Gemeinkosten der verschiedenen Kostenstellen durch eine Zuschlagsbasis dividiert. Das praktisch unlösbare Problem besteht dabei darin, für jeden Zuschlag eine Basis zu finden, die den zahlreichen Abhängigkeiten der Gemeinkosten gerecht wird, damit diese den Kostenträgern nach dem Verursachungsprinzip zugeschlagen werden können.

2.1.2.2.1 Der Zuschlag für die Gemeinkosten des Materiallagers

Die Gemeinkosten des Materiallagers sind vor allem materialabhängig. Aus diesem Grund wählt man als Bezugsbasis in der Regel die *Materialeinzelkosten*.

2.1.2.2.2 Der Zuschlag für die Gemeinkosten der Fabrikation

Bei den Gemeinkosten der Fabrikation spielt die Struktur des Betriebes eine wichtige Rolle. Es kommt darauf an, ob die Fabrikation material- oder arbeitsintensiv ist. Falls die Gemeinkosten der Fabrikation nur mit einem einzigen Zuschlag überwälzt werden, eignen sich bei einem materialintensiven Betrieb eher die *Materialeinzelkosten* und bei einem arbeitsintensiven eher die *Lohneinzelkosten* als Bezugsbasis. Da die Gemeinkosten sowohl material- als auch lohnabhängig sind, werden als Zuschlagsgrundlage aber auch die *Einzelkosten* gewählt.

Je teurer die Betriebsanlagen und je anlageintensiver die Betriebe werden, desto mehr werden heute als Bezugsbasis auch Zeitgrössen, zum Beispiel Arbeits-, Maschinenstunden usw. herangezogen.

2.1.2.2.3 Der Zuschlag für die Gemeinkosten der Verwaltung und des Verkaufs

Bei den Gemeinkosten für die Verwaltung und den Verkauf sind zahlreiche verschiedene Kostenabhängigkeiten im Spiel. Deshalb legt man in der Praxis der Berechnung des Zuschlages normalerweise auch eine gemischte und nicht eine einfache Kostengrösse zugrunde, nämlich die *Herstellungskosten der verkauften Fertigfabrikate*.

Beispiel 2

Teil 7: Kalkulation mit einem einzigen Zuschlag für die Fabrikation[9]

Aufgabe

Die Kostenrechnung der Familienaktiengesellschaft Y weist folgende Zahlen auf:

Kostenart	Gesamtkosten	Materiallager	Fabrikation	Verwaltung + Verkauf
Einzelkosten				
Materialkosten	400 000			
Personalkosten	800 000			
Gemeinkosten				
total	1 030 000	100 000	480 000	450 000
Herstellungskosten verkaufter Fabrikate	1 800 000			

Für die Herstellung des Fabrikates F werden folgende Einzelkosten investiert:

Materialkosten **800**
Personalkosten **1 200**

[9] Vgl. Teil 6 S. 115f.

Lösung

Kalkulationszuschläge

Zuschlag für das Materiallager
Bezugsgrösse: Materialeinzelkosten: 400 000
Gemeinkosten: 100 000

Zuschlag: **100 000 : 4 000 = 25%**

Zuschlag für die Fabrikation
Bezugsgrösse: 1. Fall: Materialeinzelkosten: 400 000
                2. Fall: Personaleinzelkosten: 800 000
                3. Fall: Einzelkosten: 1 200 000
Gemeinkosten: 480 000

Zuschlag: 1. Fall: **480 000 : 4 000 = 120%**
           2. Fall: **480 000 : 8 000 = 60%**
           3. Fall: **480 000 : 12 000 = 40%**

Zuschlag für die Verwaltung und den Verkauf
Bezugsgrösse: Herstellungskosten der verkauften Fertigfabrikate: 1 800 000
Gemeinkosten: 450 000

Zuschlag: **450 000 : 18 000 = 25%**

Einzelkalkulation

Fabrikat F		1. Fall	2. Fall	3. Fall
Einzelkosten				
Materialeinzelkosten		800	800	800
Personaleinzelkosten		1 200	1 200	1 200
Einzelkostenpreis		2 000	2 000	2 000
Gemeinkosten				
Gemeinkostenanteil Materiallager				
25% der Materialeinzelkosten =	**25% von 800**	200	200	200
Gemeinkostenanteil Fabrikation				
120% der Materialeinzelkosten =	**120% von 800**	960		
60% der Personaleinzelkosten =	**60% von 1 200**		720	
40% der Einzelkosten =	**40% von 2 000**			800
Herstellungspreis		3 160	2 920	3 000
Gemeinkostenanteil Verwaltung + Verkauf				
25% des Herstellungspreises =	**25% von 3 160**	790		
	2 920		730	
	3 000			750
Selbstkostenpreis		3 950	3 650	3 750

Die Kalkulation liefert je nach dem Zuschlag, der für die Gemeinkosten der Fabrikation gewählt wird, ein unterschiedliches Resultat. Die Fabrikation verursacht zwar weniger Material- als Lohnkosten, ist aber material- und lohnabhängig, so dass als Zuschlagsbasis auch die *Einzelkosten* gewählt werden könnten.
Ein genaueres Resultat setzt jedoch die Aufteilung der Fabrikation in mehrere Kostenstellen voraus.

Vgl. Übungsaufgaben 31 und 32, S. 152ff.

2.2 Die auf einer Betriebsabrechnung mit mehreren Fabrikationsstellen aufgebaute Zuschlagskalkulation

Die Einzelkalkulation im letzten Abschnitt hat gezeigt, dass die Zuschlagskalkulation, die sich mit einem einzigen Gemeinkostenzuschlag für die Fabrikation begnügt, je nach der Wahl der Bezugsbasis für das gleiche Erzeugnis zu einem wesentlich anderen Selbstkostenpreis führt. Eine Kalkulation, die nur mit einem Zuschlag operiert, ist ein grobes und damit sehr ungenaues Verfahren und eignet sich deshalb praktisch selten. Sie liefert nur ein brauchbares Resultat, wenn alle Erzeugnisse den Betrieb auf dem gleichen Weg durchlaufen und die Fabrikationsanlagen im gleichen Mass beanspruchen.

Durch die *Aufteilung der Kostenstelle Fabrikation* in mehrere Stellen kann die Genauigkeit der Zuschlagskalkulation wesentlich erhöht werden. Sie bedingt jedoch einen entsprechenden Ausbau der Kostenstellenrechnung und ein weiter entwickeltes Kalkulationsschema.

Beispiel 2

Teil 8: Kalkulation mit mehreren Zuschlägen für die Fabrikation[10]

Aufgabe

Die Kostenrechnung der Familienaktiengesellschaft Y weist folgende Zahlen auf:

Kostenart	Einzel- kosten	Gemein- kosten	Kostenstellen				
			Material- lager	Fabrikation			Verwaltung + Verkauf
				A	B	C	
Einzelkosten							
Materialkosten	400 000			300 000	80 000	20 000	
Personalkosten	800 000			450 000	200 000	150 000	
Gemeinkosten							
Materialkosten		5 000		3 000	1 000	1 000	
Personalkosten		325 000	20 000	75 000	20 000	30 000	180 000
Raumkosten		200 000	10 000	120 000	30 000	20 000	20 000
Abschreibungskosten		120 000	20 000	45 000	20 000	15 000	20 000
Zinskosten		180 000	40 000	30 000	20 000	10 000	80 000
Verkaufskosten		80 000					80 000
Verwaltungskosten		50 000					50 000
Übrige Betriebskosten		70 000	10 000	27 000	9 000	4 000	20 000

Bestandeszunahme der Halbfabrikate: 20 000
Bestandesabnahme der Fertigfabrikate: 40 000

Der Berechnung der *Kalkulationszuschläge* werden folgende Bezugsgrössen zugrunde gelegt:

Kostenstelle	Bezugsgrösse
Materiallager	Materialeinzelkosten
Fabrikation A	Maschinenstunden: **10 000**
Fabrikation B	Personaleinzelkosten
Fabrikation C	Arbeitsstunden: **10 000**
Verwaltung + Verkauf	Herstellungskosten der verkauften Fertigfabrikate

---

10 Vgl. Teil 6 S. 115f. und Teil 7 S. 118f.

Für die *Herstellung des Fabrikates F,* an der alle drei Fabrikationsstellen beteiligt sind, werden folgende Einzelkosten und Stunden investiert:

Materialeinzelkosten			800
Personaleinzelkosten, Fabrikation A	**600**		
Fabrikation B	**400**		
Fabrikation C	**200**	1 200	
Maschinenstunden, Fabrikation A		**16**	
Arbeitsstunden, Fabrikation C		**20**	

Lösung

Betriebsabrechnungsbogen

Kalkulationszuschläge

Zuschlag für das Materiallager
Bezugsgrösse: Materialeinzelkosten: 400 000
Gemeinkosten: 100 000

Zuschlag: 100 000 : 4 000 = 25%

Zuschläge für die Fabrikationsstellen

Fabrikation A
Bezugsgrösse: Maschinenstunden: **10 000**
Gemeinkosten: **300 000**

Zuschlag: **300 000** : **10 000** = **Fr. 30.–**

Fabrikation B
Bezugsgrösse: Personaleinzelkosten: **200 000**
Gemeinkosten: **100 000**

Zuschlag: **100 000** : **2 000** = **50%**

Fabrikation C
Bezugsgrösse: Arbeitsstunden: **10 000**
Gemeinkosten: **80 000**

Zuschlag: **80 000** : **10 000** = **Fr. 8.–**

Zuschlag für Verwaltung und Verkauf
Bezugsgrösse: Herstellungskosten der verkauften Fabrikate: 1 800 000
Gemeinkosten: 450 000

Zuschlag: 450 000 : 18 000 = 25%

Lösung: Betriebsabrechnungsbogen

Text	Kostenartenrechnung			Kostenstellenrechnung					Kostenträgerrechnung
	Gesamtkosten	Einzelkosten	Gemeinkosten	Materiallager	Fabrikation A	B	C	Verwaltung + Verkauf	
Einzelkosten[1]									
Materialkosten	400 000	400 000							400 000
Personalkosten	800 000	800 000							800 000
Gemeinkosten									
Materialkosten	5 000		5 000		3 000	1 000	1 000		
Personalkosten	325 000		325 000	20 000	75 000	20 000	30 000	180 000	
Raumkosten	200 000		200 000	10 000	120 000	30 000	20 000	20 000	
Abschreibungskosten	120 000		120 000	20 000	45 000	20 000	15 000	20 000	
Zinskosten	180 000		180 000	40 000	30 000	20 000	10 000	80 000	
Verkaufskosten	80 000		80 000					80 000	
Verwaltungskosten	50 000		50 000					50 000	
Übrige Betriebskosten	70 000		70 000	10 000	27 000	9 000	4 000	20 000	
	2 230 000	1 200 000	1 030 000	100 000	300 000	100 000	80 000	450 000	
Umlage Gemeinkosten Materiallager				(300 000)	450 000	(80 000) 200 000	(20 000) 150 000		1 200 000
Umlage Gemeinkosten Fabrikation									100 000
									300 000
									100 000
									80 000
Herstellungskosten Fabrikation									1 780 000
Zunahme Halbfabrikate	− 20 000								− 20 000
Herstellungskosten erzeugter Fabrikate									1 760 000
Abnahme Fertigfabrikate	40 000								40 000
Herstellungskosten verkaufter Fabrikate									1 800 000
Umlage Gemeinkosten Verwaltung + Verkauf									450 000
Selbstkosten verkaufter Fabrikate	2 250 000								2 250 000

[1] Siehe S. 112

Einzelkalkulation
Fabrikat F

Einzelkosten

Materialeinzelkosten		800
Personaleinzelkosten: Fabrikation A	**600**	
Fabrikation B	**400**	
Fabrikation C	**200**	1 200
Einzelkostenpreis		2 000

Gemeinkosten

Gemeinkostenanteil Materiallager
25% der Materialeinzelkosten = 25% von 800   200

Gemeinkostenanteil Fabrikation

Fabrikation A **16** Maschinenstunden zu Fr. 30.–	**480**	
Fabrikation B **50%** der Personaleinzelkosten = **50% von 400**	**200**	
Fabrikation C **20** Arbeitsstunden zu Fr. **8.**–	**160**	840
Herstellungspreis		3 040
Gemeinkostenanteil Verwaltung und Verkauf 25% des Herstellungspreises = 25% von **3 040**		760
Selbstkostenpreis		**3 800**

Vgl. Übungsaufgaben 33 und 34, S. 157ff.

2.3 Die auf einer Betriebsabrechnung mit allgemeinen, Hilfs- und Hauptstellen aufgebaute Zuschlagskalkulation

In den vorangegangenen Abschnitten wurde für jede Kostenstelle ein Kalkulationszuschlag berechnet. Dieses Vorgehen ist nun aber nur unter der Bedingung richtig, dass zwischen den Kostenstellen und der betrieblichen Leistungserstellung ein direkter Zusammenhang besteht und die Gemeinkosten der Stellen direkt auf die Kostenträger umgelegt werden können.
In der Praxis trifft dies nicht bei allen Kostenstellen zu.

An der Leistungserstellung direkt beteiligt und damit *produktnah* sind nur die *Hauptstellen*, zum Beispiel das Materiallager, die Fabrikationsstellen und auch der Verkauf. Ihre Kosten können unmittelbar auf die Kostenträger überwälzt werden. Deshalb ist bei ihnen auch die Berechnung eines Kalkulationszuschlages sachlich gerechtfertigt.

Die übrigen Stellen, die *allgemeinen und die Hilfskostenstellen* tragen zur betrieblichen Leistungserstellung nur indirekt bei und sind daher *produktfern*. Ihre Kosten können nur mittelbar auf die Kostenträger überwälzt und müssen zu diesem Zweck den Stellen belastet werden, welche die Dienste der allgemeinen und Hilfsstellen in Anspruch genommen haben.

Die *allgemeinen Kostenstellen* dienen allen oder fast allen übrigen Stellen, die *Hilfsstellen* dagegen nur einzelnen, vor allem den Fabrikationsstellen.

Bei einer Kostenstellenrechnung mit allgemeinen, Hilfs- und Hauptstellen erfolgt die *Kostenumlage* der Gemeinkosten nicht in einer, sondern *in zwei Stufen*.

In der *ersten Stufe* werden die Gemeinkosten der allgemeinen und anschliessend der Hilfsstellen anteilmässig auf die Stellen übertragen, welche die Leistungen der allgemeinen und Hilfsstellen empfangen haben. Die Umlage erfolgt dabei wiederum nach dem Verursachungsprinzip.

In der *zweiten Stufe* werden dann die Kosten der Hauptstellen auf die Kostenträger umgelegt.

Beispiel 1

Teil 4: Betriebsabrechnung mit allgemeinen und Hauptstellen und Zuschlagskalkulation[11]

Aufgabe

Die Kostenrechnung der Einzelfirma X weist folgende Zahlen auf:

Kostenart	Einzel-kosten	Gemein-kosten	Kostenstellen				
			Ver-waltung	Einkauf	Lager	Engros-verkauf	Detail-verkauf
Einzelkosten							
Warenkosten	1 000 000					400 000	600 000
Gemeinkosten							
Raumkosten		50 000	10 000	2 000	3 000	5 000	30 000
Personalkosten		450 000	110 000	40 000	30 000	90 000	180 000
Abschreibungskosten		60 000	10 000	4 000	5 000	6 000	35 000
Zinskosten		90 000	20 000	5 000	30 000	5 000	30 000
Einkaufskosten		20 000		20 000			
Verkaufskosten		60 000				20 000	40 000
Verwaltungskosten		40 000	40 000				
Übrige Betriebskosten		30 000	10 000	4 000	2 000	4 000	10 000
			200 000				

Die Dienste der *allgemeinen Stelle Verwaltung* kommen allen andern Kostenstellen zugute. Ihre Kosten werden im Verhältnis der erbrachten Leistungen auf die folgenden Kostenstellen verteilt:

Kostenstelle	Kostenanteil
Einkauf	**25 000**
Lager	**20 000**
Engrosverkauf	**30 000**
Detailverkauf	**125 000**
	200 000

Bei den *engros verkauften Waren* erfolgt die Lieferung an die Kunden direkt ab Fabrik.
Der *Bezugspreis* stellt sich für den Artikel 1 (Engrosverkauf) auf **1 000** und für den Artikel 2 (Detailverkauf) auf **100**.
Die *Erlöse* aus den Engrosverkäufen belaufen sich auf **600 000** und aus den Detailverkäufen auf **1 400 000**.

11 Vgl. Teil 2 S. 46 ff. und Teil 3 S. 97 f.

Lösung

Betriebsabrechnungsbogen

Text	Kostenartenrechnung			Kostenstellenrechnung					Kostenträgerrechnung
	Gesamt-kosten	Einzel-kosten	Gemein-kosten	Allgemeine Stelle Verwaltung	Hauptstellen				
					Ein-kauf	Lager	Engros-verkauf	Detail-verkauf	
Einzelkosten[1] Warenkosten	1 000 000	1 000 000					(400 000)	(600 000)	1 000 000
Gemeinkosten									
Raumkosten	50 000		50 000	10 000	2 000	3 000	5 000	30 000	
Personalkosten	450 000		450 000	110 000	40 000	30 000	90 000	180 000	
Abschreibungskosten	60 000		60 000	10 000	4 000	5 000	6 000	35 000	
Zinskosten	90 000		90 000	20 000	5 000	30 000	5 000	30 000	
Einkaufskosten	20 000		20 000		20 000				
Verkaufskosten	60 000		60 000				20 000	40 000	
Verwaltungskosten	40 000		40 000	40 000					
Übrige Betriebskosten	30 000		30 000	10 000	4 000	2 000	4 000	10 000	
	1 800 000	1 000 000	800 000	200 000	75 000	70 000	130 000	325 000	
Umlage Gemeinkosten Verwaltung					25 000	20 000	30 000	125 000	
					100 000	90 000	160 000	450 000	1 000 000
Umlage Gemeinkosten Einkauf									100 000
Umlage Gemeinkosten Lager									90 000
Umlage Gemeinkosten Engrosverkauf									160 000
Umlage Gemeinkosten Detailverkauf									450 000
Selbstkosten verkaufter Waren									1 800 000

[1] Siehe S. 112

Kalkulationszuschläge

Zuschlag für den Einkauf
Bezugsgrösse: Warenkosten des Gesamtbetriebes: 1 000 000
Gemeinkosten: **100 000**

Zuschlag: **100 000** : **10 000** = **10%**

Zuschlag für das Warenlager
Bezugsgrösse: Warenkosten des Detailverkaufs: **600 000**
Gemeinkosten: **90 000**

Zuschlag: **90 000** : **6 000** = **15%**

Zuschlag für den Engrosverkauf
Bezugsgrösse: Warenkosten des Engrosverkaufs: **400 000**
Gemeinkosten: **160 000**

Zuschlag: **160 000** : **4 000** = **40%**

Zuschlag für den Detailverkauf
Bezugsgrösse: Warenkosten des Detailverkaufs: **600 000**
Gemeinkosten: **450 000**

Zuschlag: **450 000** : **6 000** = **75%**

Einzelkalkulationen
Artikel 1, Engrosverkauf
Einzelkosten

Warenbezugspreis	**1 000**
Gemeinkosten	
Gemeinkostenanteil Einkauf	
10% von **1 000**	**100**
Gemeinkostenanteil Verkauf	
40% von **1 000**	**400**
Selbstkostenpreis	**1 500**

Artikel 2, Detailverkauf
Einzelkosten
Warenbezugspreis   100
Gemeinkosten
Gemeinkostenanteil Einkauf
10% von 100   **10**
Gemeinkostenanteil Lager
15% von 100   **15**
Gemeinkostenanteil Verkauf
75% von 100   **75**
                                               ─────
Selbstkostenpreis   **200**

Gruppenerfolgsrechnung

	Total	Engrosverkauf	Detailverkauf
Einzelkosten			
Warenkosten	1 000 000	**400 000**	**600 000**
Gemeinkosten			
Einkauf: 10% von 1 000 000	100 000	40 000	60 000
Lager: 15% von 600 000	90 000		90 000
Verkauf: 40% von 400 000	160 000	160 000	
75% von 600 000	450 000		450 000
Gesamtkosten	1 800 000	600 000	1 200 000
Erlöse	2 000 000	600 000	1 400 000
Gesamterfolg/Gruppenerfolge	+ 200 000	0	+ 200 000

Beispiel 2

Teil 9: Betriebsabrechnung mit allgemeinen, Hilfs- und Hauptstellen und Zuschlagskalkulation[12]

Aufgabe

Die Kostenrechnung der Familienaktiengesellschaft Y weist folgende Zahlen auf:

---

12 Vgl. Teil 6 S. 115f., Teil 7 S. 118f. und Teil 8 S. 121ff.

Kostenart	Einzelkosten	Gemeinkosten	Kostenstellen							Verkauf
			Verwaltung	Werkstatt-schreiberei	Materiallager	Fabrikation				
						A	B	C		
Einzelkosten										
Materialkosten	400 000					300 000	80 000	20 000		
Personalkosten	800 000					450 000	200 000	150 000		
Gemeinkosten										
Materialkosten		5 000			20 000	3 000	1 000	1 000		70 000
Personalkosten		325 000	85 000	25 000	10 000	75 000	20 000	30 000		7 000
Raumkosten		200 000	11 000	2 000	20 000	120 000	30 000	20 000		8 000
Abschreibungskosten		120 000	12 000		40 000	45 000	20 000	15 000		50 000
Zinskosten		180 000	30 000			30 000	20 000	10 000		80 000
Verkaufskosten		80 000	50 000							
Verwaltungskosten		50 000	12 000							
Übrige Betriebskosten		70 000		3 000	10 000	27 000	9 000	4 000		5 000
			200 000	30 000						

Bestandeszunahme der Halbfabrikate: 20 000
Bestandesabnahme der Fertigfabrikate: 40 000

[1] Diese Kosten sind zu unbedeutend und wurden deshalb vernachlässigt.

Die Dienste der *allgemeinen Stelle Verwaltung* kommen allen andern Kostenstellen zugute. Ihre Kosten werden im Verhältnis der erbrachten Leistungen auf die folgenden Kostenstellen verteilt:

Kostenstelle	Kostenanteil
Werkstattschreiberei	5 000
Materiallager	20 000
Fabrikation A	80 000
Fabrikation B	50 000
Fabrikation C	15 000
Verkauf	30 000
	200 000

Die *Hilfsstelle Werkstattschreiberei* arbeitet nur für die Fabrikationsstellen. Ihre Kosten werden im Verhältnis der erbrachten Leistungen auf die folgenden Kostenstellen verteilt:

Kostenstelle	Kostenanteil
Fabrikation A	20 000
Fabrikation B	10 000
Fabrikation C	5 000
	35 000

Der Berechnung der *Kalkulationszuschläge* werden folgende Bezugsgrössen zugrunde gelegt:

Kostenstelle	Bezugsgrösse
Materiallager	Materialeinzelkosten
Fabrikation A	Maschinenstunden: 10 000
Fabrikation B	Personaleinzelkosten
Fabrikation C	Arbeitsstunden: 10 000
Verkauf	Herstellungskosten der verkauften Fertigfabrikate

Für die *Herstellung des Fabrikates F,* an der alle drei Fabrikationsstellen beteiligt sind, werden folgende Einzelkosten und Stunden investiert:

Materialeinzelkosten		800
Personaleinzelkosten: Fabrikation A	600	
Fabrikation B	400	
Fabrikation C	200	1 200
Maschinenstunden, Fabrikation A		16
Arbeitsstunden, Fabrikation C		20

Lösung: Betriebsabrechnungsbogen

Text	Kostenartenrechnung			Kostenstellenrechnung								Kostenträgerrechnung
	Gesamtkosten	Einzelkosten	Gemeinkosten	Allgemeine Stelle Verwaltung	Hilfsstelle Werkstattschreiberei	Hauptstellen						
						Materiallager	Fabrikation A	Fabrikation B	Fabrikation C	Verkauf	
Einzelkosten[1]											
Materialkosten	400 000	400 000					(300 000	80 000	20 000		400 000
Personalkosten	800 000	800 000					450 000	200 000	150 000		800 000
Gemeinkosten											
Materialkosten	5 000		5 000				3 000	1 000	1 000		
Personalkosten	325 000		325 000	85 000	25 000	20 000	75 000	20 000	30 000	70 000	
Raumkosten	200 000		200 000	11 000	2 000	10 000	120 000	30 000	7 000	8 000	
Abschreibungskosten	120 000		120 000	12 000		20 000	45 000	20 000	15 000	50 000	
Zinskosten	180 000		180 000	30 000		40 000	30 000	20 000	10 000	80 000	
Verkaufskosten	80 000		80 000	50 000						5 000	
Verwaltungskosten	50 000		50 000	12 000	3 000	10 000	27 000	9 000	4 000		
Übrige Betriebskosten	70 000		70 000								
	2 230 000	1 200 000	1 030 000	200 000	30 000	100 000	300 000	100 000	80 000	220 000	1 200 000
Umlage Gemeinkosten Verwaltung					5 000	20 000	80 000	50 000	15 000	30 000	
Umlage Gemeinkosten Werkstattschreiberei					35 000		20 000	10 000	5 000		
Umlage Gemeinkosten Materiallager						120 000	380 000	150 000	95 000	250 000	
Umlage Gemeinkosten Fabrikation A											120 000
Fabrikation B							400 000	160 000	100 000	250 000	400 000
Fabrikation C											160 000
											100 000
Herstellungskosten Fabrikation											1 980 000
Zunahme Halbfabrikate	– 20 000										– 20 000
Herstellungskosten erzeugter Fabrikate											1 960 000
Abnahme Fertigfabrikate	40 000										40 000
Herstellungskosten verkaufter Fabrikate											2 000 000
Umlage Gemeinkosten Verkauf											250 000
Selbstkosten verkaufter Fabrikate	2 250 000										2 250 000

Kalkulationszuschläge

Zuschlag für das Materiallager
Bezugsgrösse: Materialeinzelkosten: 400 000
Gemeinkosten: **120 000**

Zuschlag: 120 000 : 4 000 = **30%**

Zuschlag für die Fabrikationsstellen
Fabrikation A
Bezugsgrösse: Maschinenstunden: 10 000
Gemeinkosten: **400 000**

Zuschlag: 400 000 : 10 000 = **Fr. 40.—**

Fabrikation B
Bezugsgrösse: Personaleinzelkosten: 200 000
Gemeinkosten: **160 000**

Zuschlag: 160 000 : 2 000 = **80%**

Fabrikation C
Bezugsgrösse: Arbeitsstunden: 10 000
Gemeinkosten: **100 000**

Zuschlag: 100 000 : 10 000 = **Fr. 10.—**

Zuschlag für den Verkauf
Bezugsgrösse: Herstellungskosten der verkauften Fertigfabrikate: **2 000 000**
Gemeinkosten: **250 000**

Zuschlag: 250 000 : 20 000 = **12,5%**

Einzelkalkulation

Fabrikat F

Einzelkosten

Materialeinzelkosten			800
Personaleinzelkosten: Fabrikation A	600		
Fabrikation B	400		
Fabrikation C	200	1 200	

Einzelkostenpreis   2 000

Gemeinkosten

Gemeinkostenanteil Materiallager
30% der Materialeinzelkosten = **30%** von 800   **240**

Gemeinkostenanteil Fabrikation

Fabrikation A
16 Maschinenstunden zu Fr. **40.** –   **640**

Fabrikation B
80% der Personaleinzelkosten = **80%** von 400   **320**

Fabrikation C
20 Arbeitsstunden zu Fr. **10.** –   **200**   **1 160**

Herstellungspreis   **3 400**

Gemeinkostenanteil Verkauf
12,5% des Herstellungspreises = **12,5%** von **3 400**   **425**

Selbstkostenpreis   **3 825**

Vgl. Übungsaufgabe 36, S. 165ff.

Hauptbuchhaltung

Klasse 1 Betriebsvermögen	Klasse 2 Nichtbetriebsvermögen	Klasse 3 Kapital	Klasse 4 Betriebsaufwand	Klasse 5 Betriebsertrag	Klasse 6 Nichtbetriebsaufwand	Klasse 7 Nichtbetriebsertrag	Klasse 8 Abschluss

Externe Betriebs ER | Aufwand | Ertrag

BUCHHALTUNG

Kostenartenrechnung
Kostenerfassung
Kostenartenbogen

Aufwandart	Abgrenzung	Kostenart

Anlagekartei
Materialkartei
Lohnkartei

Erfolgsrechnung
Interne Betriebs ER | Kosten | Ertrag

Kostenarten-, Kostenstellen- und Kostenträgerrechnung
Betriebsabrechnungsbogen

Kostenarten		Kostenstellen				Kostenträger
Art	Einzelkosten	Gemeinkosten	Allgemeine Stellen	Hilfsstellen	Hauptstellen	

BETRIEBSABRECHNUNG

Kalkulation
Kostenerfassung

Materialscheine
Lohnkarten

Kostenumlage
Gemeinkostenzuschläge

Zuschlag für Materiallager
Zuschläge für Fabrikationsstellen
Zuschlag für Verkauf

Einzelkalkulation

Artikel	
Kosten	Betrag
Einzelkosten Materialkosten Personalkosten	....
Einzelkostenpreis	......
Gemeinkosten Kostenanteil Materiallager Kostenanteile Fabrikationsstellen	....
Herstellungspreis	......
Kostenanteil Verkauf	......
Selbstkostenpreis	......

KALKULATION

135

3. Die Betriebsabrechnung und die Zuschlagskalkulation einer gemischten Unternehmung

Eine Unternehmung, die auf dem Markt ein reichhaltiges Warensortiment präsentiert, besitzt an der Verkaufsfront eine stärkere Stellung als die Konkurrenz, die nur eine beschränkte Auswahl anbieten kann. Eine Unternehmung, die zum Beispiel Velos herstellt, kommt besser ins Geschäft, wenn sie auch noch Motorfahrräder verkauft, die sie von einem andern Hersteller bezieht. Die Chance, dass sie einem Kunden etwas verkaufen kann, steigt damit.

In der Wirtschaft kommt es deshalb relativ häufig vor, dass eine Unternehmung noch Artikel, die sie selber nicht fabriziert, bei andern Lieferanten bestellt und zusammen mit ihren eigenen verkauft. In diesem Fall führt sie zwei Betriebe, einen Industrie- und einen Warenhandelsbetrieb.

Bei einer gemischten Unternehmung muss in der Betriebsabrechnung zwischen den beiden Kostenträgern unterschieden werden, den Fabrikaten, die vom Betrieb selber erzeugt werden, und den Waren, die von der Unternehmung fixfertig eingekauft werden. Die für die beiden Kostenträger investierten Kosten müssen so genau als möglich voneinander abgegrenzt werden. Das aber erfordert einen weiteren Ausbau des Betriebsabrechnungsbogens.

Beispiel 3

Die Kollektivgesellschaft Z + CO führt eine gemischte Unternehmung. Sie fabriziert nicht nur Fabrikate, sie kauft zur Abrundung ihres Verkaufssortiments auch noch Waren von andern Herstellern.

Betriebsabrechnungsbogen und Zuschlagskalkulation

Aufgabe

Die Kostenrechnung der Kollektivgesellschaft Z + CO weist folgende Zahlen auf:

Kostenarten	Einzel-kosten	Gemein-kosten	Kostenstellen								
			Verwaltung	Reparatur-werkstatt	Waren-einkauf	Material-einkauf	Material-lager	Fabrikation		Waren-lager	Fabrikate-lager	Verkauf
								A	B			
Einzelkosten												
Materialkosten	1 200 000											
Personalkosten	1 400 000											
Warenkosten	800 000											
Gemeinkosten												
Materialkosten		30 000										
Personalkosten		1 000 000	180 000	40 000	50 000	70 000	50 000	20 000	10 000	50 000	100 000	300 000
Raumkosten		200 000	10 000	4 000	3 000	3 000	10 000	90 000	70 000	10 000	10 000	10 000
Abschreibungskosten		300 000	10 000	6 000	2 000	2 000	10 000	80 000	60 000	5 000	15 000	10 000
Zinskosten		400 000	30 000	5 000	2 000	3 000	60 000	140 000	100 000	20 000	50 000	30 000
Einkaufskosten		40 000			20 000	20 000						
Verkaufskosten		330 000										330 000
Verwaltungskosten		50 000	50 000									
Übrige Betriebskosten		100 000	20 000	5 000	3 000	2 000	10 000	20 000	10 000	5 000	5 000	20 000

Bestandesabnahme der Halbfabrikate: 100 000
Bestandeszunahme der Fertigfabrikate: 200 000

Die Dienste der *allgemeinen Stelle Verwaltung* kommen allen andern Kostenstellen zugute. Ihre Kosten werden im Verhältnis der erbrachten Leistungen auf die folgenden Kostenstellen verteilt:

Kostenstelle	Kostenanteil
Reparaturwerkstatt	20 000
Wareneinkauf	20 000
Materialeinkauf	20 000
Materiallager	30 000
Fabrikation A	80 000
Fabrikation B	50 000
Warenlager	10 000
Fabrikatelager	20 000
Verkauf	50 000

Die *Hilfsstelle Reparaturwerkstatt* arbeitet nur für einzelne Kostenstellen. Ihre Kosten werden im Verhältnis der erbrachten Leistungen auf die folgenden Kostenstellen verteilt:

Kostenstelle	Kostenanteil
Materiallager	10 000
Fabrikation A	50 000
Fabrikation B	20 000

Der Berechnung der *Kalkulationszuschläge* werden folgende Bezugsgrössen zugrunde gelegt:

Kostenstelle	Bezugsgrösse
Wareneinkauf	Warenkosten
Materialeinkauf	Materialeinzelkosten
Materiallager	Materialeinzelkosten
Fabrikation A	Maschinenstunden: 20 000
Fabrikation B	Arbeitsstunden: 16 000
Warenlager	Warenkosten
Fabrikatelager	Herstellungskosten der erzeugten Fabrikate
Verkauf	Warenkosten der verkauften Waren
	Herstellungskosten der verkauften Fabrikate

Die *Erträge* belaufen sich für die Fabrikate auf 5 000 000 und für die Waren auf 1 200 000.
Der *Einkauf der Ware* W kostet 400.
Für die *Herstellung des Fabrikates F,* an der beide Fabrikationsstellen beteiligt sind, werden folgende Einzelkosten und Stunden investiert:

Materialeinzelkosten	600
Personaleinzelkosten	750
Fabrikation A, Maschinenstunden	10
Fabrikation B, Arbeitsstunden	8

Lösung: Betriebsabrechnungsbogen

Text	Kostenartenrechnung			Kostenstellenrechnung	
	Gesamt-kosten	Einzel-kosten	Gemein-kosten	Allgemeine Stelle	Hilfsstelle
				Verwaltung	Reparat-werkstat
Einzelkosten					
Materialkosten	1 200 000	1 200 000			
Personalkosten	1 400 000	1 400 000			
Warenkosten	800 000	800 000			
Gemeinkosten					
Materialkosten	30 000		30 000		
Personalkosten	1 000 000		1 000 000	180 000	40 000
Raumkosten	200 000		200 000	10 000	4 000
Abschreibungskosten	300 000		300 000	10 000	6 000
Zinskosten	400 000		400 000	30 000	5 000
Einkaufskosten	40 000		40 000		
Verkaufskosten	330 000		330 000		
Verwaltungskosten	50 000		50 000	50 000	
Übrige Betriebskosten	100 000		100 000	20 000	5 000
	5 850 000	3 400 000	2 450 000	300 000	60 000
Umlage Gemeinkosten Verwaltung				⟶	20 000
					80 000
Umlage Gemeinkosten Reparaturwerkstatt					⟵
Umlage Gemeinkosten Wareneinkauf					
Umlage Gemeinkosten Materialeinkauf					
Umlage Gemeinkosten Materiallager					
Umlage Gemeinkosten Fabrikation A					
Fabrikation B					
Herstellungskosten Fabrikation					
Abnahme Halbfabrikate					
Herstellungskosten erzeugter Fabrikate					
Umlage Gemeinkosten Warenlager					
Umlage Gemeinkosten Fabrikatelager					
Herstellungskosten gelagerter Fabrikate					
Zunahme Fertigfabrikate					
Herstellungskosten verkaufter Fabrikate					
Warenkosten verkaufter Waren					
Umlage Gemeinkosten Verkauf					
Selbstkosten verkaufter Fabrikate					
Selbstkosten verkaufter Waren					
Erlöse					
Betriebsgewinn					

	...uptstellen							Kostenträgerrechnung	
								Fabrikate	Waren
...reneinkauf	Material-einkauf	Material-lager	Fabrikation A	B	Waren-lager	Fabrikate-lager	Verkauf		
							1 200 000		
							1 400 000		
									800 000
			20 000	10 000					
) 000	70 000	50 000	90 000	70 000	50 000	100 000	300 000		
3 000	3 000	10 000	80 000	60 000	10 000	10 000	10 000		
2 000	2 000	10 000	140 000	100 000	5 000	15 000	10 000		
2 000	3 000	60 000	120 000	80 000	20 000	50 000	30 000		
) 000	20 000								
							330 000		
3 000	2 000	10 000	20 000	10 000	5 000	5 000	20 000		
) 000	100 000	140 000	470 000	330 000	90 000	180 000	700 000	2 600 000	800 000
) 000	20 000	30 000	80 000	50 000	10 000	20 000	50 000		
) 000	120 000	170 000	550 000	380 000	100 000	200 000	750 000		
		10 000	50 000	20 000					
) 000	120 000	180 000	600 000	400 000	100 000	200 000	750 000		100 000
							120 000		
							180 000		
							600 000		
							400 000		
							3 900 000		
							100 000		
							4 000 000		100 000
							200 000		
							4 200 000		
							− 200 000		
							4 000 000		1 000 000
							600 000		150 000
							4 600 000		1 150 000
							5 000 000		1 200 000
							400 000		50 000

Kalkulationszuschläge

Zuschlag für den Wareneinkauf
Bezugsgrösse: Warenkosten: 800 000
Gemeinkosten: 100 000

Zuschlag: 100 000 : 8 000 = *12,5%*

Zuschlag für den Materialeinkauf
Bezugsgrösse: Materialeinzelkosten: 1 200 000
Gemeinkosten: 120 000

Zuschlag: 120 000 : 12 000 = *10%*

Zuschlag für das Materiallager
Bezugsgrösse: Materialeinzelkosten: 1 200 000
Gemeinkosten: 180 000

Zuschlag: 180 000 : 12 000 = *15%*

Zuschlag für die Fabrikation A
Bezugsgrösse: Maschinenstunden: 20 000
Gemeinkosten: 600 000

Zuschlag: 600 000 : 20 000 = *Fr. 30.–*

Zuschlag für die Fabrikation B
Bezugsgrösse: Arbeitsstunden: 16 000
Gemeinkosten: 400 000

Zuschlag: 400 000 : 16 000 = *Fr. 25.–*

Zuschlag für das Warenlager
Bezugsgrösse: Warenkosten: 800 000
Gemeinkosten: 100 000

Zuschlag: 100 000 : 8 000 = *12,5%*

Zuschlag für das Fabrikatelager
Bezugsgrösse: Herstellungskosten der erzeugten Fabrikate: 4 000 000
Gemeinkosten: 200 000

Zuschlag: 200 000 : 40 000 = *5%*

Zuschlag für den Verkauf
Bezugsgrösse: Herstellungskosten der verkauften Fabrikate: 4 000 000
Warenkosten der verkauften Waren: 1 000 000
_____
5 000 000

Gemeinkosten: 750 000

Zuschlag: 750 000 : 50 000 = *15%*

Einzelkalkulationen

Ware W

Einzelkosten

Warenkosten	400

Gemeinkosten

Gemeinkostenanteil Wareneinkauf 12,5% von 400	50
Gemeinkostenanteil Warenlager 12,5% von 400	50
	500
Gemeinkostenanteil Verkauf 15% von 500	75
Selbstkostenpreis	575

Fabrikat F

Einzelkosten

Materialeinzelkosten	600
Personaleinzelkosten	750
Einzelkostenpreis	1 350

Gemeinkosten

Gemeinkostenanteil Materialeinkauf 10% von 600	60
Gemeinkostenanteil Materiallager 15% von 600	90
Gemeinkostenanteil Fabrikation A 10 Maschinenstunden zu Fr. 30.–	300
Gemeinkostenanteil Fabrikation B 8 Arbeitsstunden zu Fr. 25.–	200
Herstellungspreis	2 000
Gemeinkostenanteil Fabrikatelager 5% von 2 000	100
	2 100
Gemeinkostenanteil Verkauf 15% von 2 100	315
Selbstkostenpreis	2 415

Vgl. Übungsaufgabe 35, S. 162ff.

III. Die Würdigung der Zuschlagskalkulation

Die Zuschlagskalkulation ist das in der Praxis am weitesten verbreitete Kalkulationsverfahren, denn sie eignet sich für jeden Betrieb, wenn auch nicht für jeden gleich gut. Sie ist heute, trotz ihrer grossen Verbreitung, aber umstritten, denn sie bürgt nicht für ein genaues Ergebnis.
Die Zuschlagskalkulation weist zwei Fehlerquellen auf: Die erste liegt in der Erfassung der Einzelkosten, die zweite in der Zurechnung der Gemeinkosten.

1. Die Erfassung der Einzelkosten

Eine zuverlässige Zuschlagskalkulation ist nur bei einer genauen Ermittlung der Einzelkosten möglich und setzt deshalb die exakte Führung der Kalkulationsunterlagen, der Materialbezugsscheine, Lohnkarten usw. voraus. In der Praxis werden nun besonders die Lohnkarten häufig manipuliert. Wenn zum Beispiel eine Gruppe von Arbeitern für die Erledigung eines Auftrages weniger Zeit benötigt, als die Betriebsleitung berechnet hat, so gibt sie in ihrem Rapport vielfach die geplanten und nicht die wirklich gearbeiteten Stunden an und schafft sich so eine Zeitreserve. Braucht sie dann für einen andern Auftrag mehr Zeit, als die Betriebsleitung vorgegeben hat, so schreibt sie auch diesmal, vor allem wenn sie die Zeitüberschreitung selbst verschuldet hat, nur die geplanten und nicht die gearbeiteten Stunden auf. Solche Schiebungen sind in der Praxis an der Tagesordnung und verunmöglichen natürlich eine genaue Kalkulation, erstens weil die Einzelkosten falsch sind und zweitens weil auch die Zurechnung der Gemeinkosten, wenn diese aufgrund der Lohneinzelkosten oder Arbeitsstunden erfolgt, verfälscht wird.

2. Die Zurechnung der Gemeinkosten

Die genaue Erfassung der Einzelkosten ist praktisch möglich und nur eine Frage der Betriebsorganisation und -kontrolle. Die genaue Zurechnung der Gemeinkosten dagegen ist ein unlösbares Problem.

Die *summarische Zuschlagskalkulation,* die ohne die Aufteilung des Betriebes in Kostenstellen mit nur einem einzigen Zuschlag rechnet, führt nur zu einem richtigen Resultat, wenn alle Produkte oder Leistungen den Betrieb und seine verschiedenartigen Einrichtungen gleichmässig, sowohl gleich lang als auch gleich stark, beanspruchen. Diese Voraussetzung ist in der Regel sogar im Warenhandel nur teilweise erfüllt, denn es kommt zum Beispiel vor, dass nicht alle Waren gelagert, sondern zum Teil vom Lieferanten direkt an die Kunden spediert oder dass die Waren am Lager verschieden lang gehütet werden.

Aber auch die *differenzierte Zuschlagskalkulation,* die auf einer Kostenstellenrechnung aufbaut und mit mehreren Zuschlägen operiert, liefert kein exaktes Resultat.

Die *erste Schwierigkeit* besteht darin, dass die Verteilung der Gemeinkosten, die mit einem Schlüssel auf die Kostenstellen überwälzt werden müssen, und der Zuschlag der Gemeinkosten von den Kostenstellen auf die Kostenträger rechnerisch nicht genau gelöst werden können.

Der Aufschlüsselung der Gemeinkosten bei der Verteilung auf die Kostenstellen und dem Zuschlag auf die Kostenträger liegt die Annahme zugrunde, zwischen den Gemeinkosten und der Bezugsbasis bestehe Proportionalität, im gleichen Verhältnis wie die Bezugsgrösse zu- oder abnehme, würden sich auch die Gemeinkosten verändern. Diese Annahme ist ein Trugschluss, denn sie trifft in Wirklichkeit äusserst selten zu, weil zwischen den Gemeinkosten und der Bezugsgrösse regelmässig mehrere Kostenabhängigkeiten im Spiel sind, die nur zum Teil proportional verlaufen. Die angenommene Proportionalität ist besonders bei den fixen und sprungfixen Kosten, die bei wechselnder Beschäftigung nicht oder sprunghaft zu- oder abnehmen, nicht vorhanden und bildet denn auch die Hauptursache für die Ungenauigkeit der Zuschlagskalkulation.

Die *zweite Schwierigkeit* besteht darin, dass die in der Rechnungsperiode von der Betriebsabrechnung effektiv erfassten und die von der Kalkulation verrechneten Gemeinkosten zeitlich voneinander abweichen und dabei automatisch Unter- und Überdeckungen resultieren.

IV. Die Betriebsabrechnung mit effektiven und kalkulierten Kosten

Die *Betriebsabrechnung* erfasst die *effektiven Einzel- und Gemeinkosten der Rechnungsperiode* und stellt sie am Schluss der Periode im Betriebsabrechnungsbogen zusammen.

Die *Kalkulation* berücksichtigt demgegenüber Kosten aus zwei verschiedenen Perioden. Sie kalkuliert in die Selbstkostenpreise der Produkte oder Leistungen nur die *effektiven Einzel-, nicht aber die effektiven Gemeinkosten der Rechnungsperiode* ein.

Die *effektiven Einzelkosten kann sie während der Rechnungsperiode ermitteln,* denn diese kann sie den Materialscheinen, Lohnkarten usw. entnehmen. Die effektiven Gemeinkosten dagegen kennt sie erst am Schluss der Rechnungsperiode nach der Erstellung des Betriebsabrechnungsbogens. Die in der Rechnungsperiode effektiv anfallenden und von der Betriebsabrechnung erfassten Gemeinkosten kann sie erst am Anfang der neuen Rechnungsperiode auswerten und der Berechnung der neuen Zuschlagssätze zugrunde legen. Während der Rechnungsperiode ist sie auf Kalkulationszuschläge angewiesen, die sie aus früheren Gemeinkosten gewonnen hat.

Die Kalkulation schlägt somit Gemeinkosten zu, die zeitlich zurückliegen. Sie hinkt mit der Verrechnung der Gemeinkosten der Betriebsabrechnung immer nach. Die von ihr während der Rechnungsperiode verrechneten Gemeinkosten weichen deshalb von den effektiv in der Betriebsabrechnung erfassten Gemeinkosten mehr oder weniger stark ab.

Die Kalkulation kann bei der *Berechnung der Gemeinkostenzuschläge* nur auf die *Kosten der Vorperiode* oder aber auf die *Kosten mehrerer Vorperioden* abstellen. Im zweiten Fall kalkuliert sie *Durchschnittskosten* ein. Sie kann ferner alle oder nur die Kosten berücksichtigen, die durch den Betrieb normalerweise verursacht werden. Klammert sie die aussergewöhnlichen Kosten aus, kalkuliert sie *Normalkosten* ein.

Nach Abschluss der Rechnungsperiode werden auf dem Betriebsabrechnungsbogen die von der Betriebsabrechnung effektiv erfassten und die in derselben Periode von der Kalkulation in die verkauften Produkte oder Leistungen einkalkulierten Kosten einander gegenübergestellt. Für die Betriebsleitung ist dieser Vergleich sehr aufschlussreich, denn er bildet für sie den Gradmesser für die Genauigkeit der Kalkulationszuschläge. Sie kann aus ihm entnehmen, wie weit die effektiven durch die von der Kalkulation verrechneten Kosten beim Verkauf der Produkte oder Leistungen wieder ersetzt und damit gedeckt worden sind. Sind die kalkulierten Kosten grösser als die effektiven, liegt eine Überdeckung, und sind sie kleiner, eine Unterdeckung vor.

Beispiel 1

Teil 5: Betriebsabrechnung mit effektiven und kalkulierten Kosten[13]

Aufgabe

Die Kostenrechnung der Einzelfirma X weist folgende Zahlen auf:

Die *Kostenarten* und ihre *Verteilung auf die Kostenstellen* stimmen mit Teil 4 der Aufgabe auf S. 126 ff. überein.
Auch die Kosten der allgemeinen Stelle *Verwaltung* verteilen sich im gleichen Verhältnis auf die übrigen Kostenstellen.
Bei den *engros verkauften Waren* erfolgt die Lieferung an die Kunden wiederum direkt ab Fabrik.
Die *Kalkulation* legte in der Rechnungsperiode ihren Berechnungen die folgenden, aus den Kosten der Vorperiode ermittelten Kalkulationszuschläge zugrunde:

Kostenstelle	Gemeinkostenzuschlag
Einkauf	12 % auf den Warenkosten der verkauften Waren
Lager	14 % auf den Warenkosten der detail verkauften Waren
Engrosverkauf	37,5% auf den Warenkosten der engros verkauften Waren
Detailverkauf	76 % auf den Warenkosten der detail verkauften Waren

13 Vgl. Teil 4 S. 126 ff.

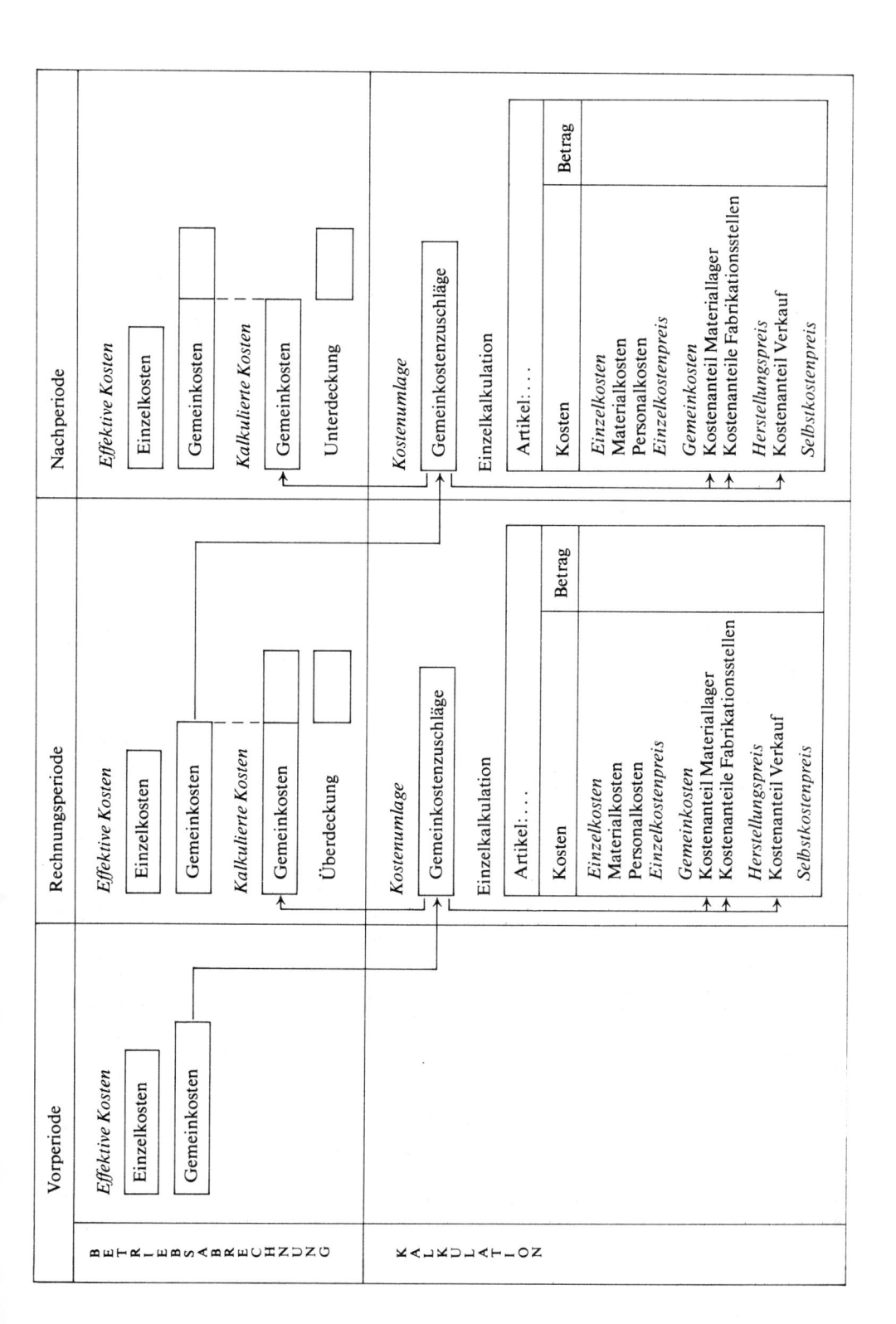

	Vorperiode	Rechnungsperiode	Nachperiode
B E T R I E B S A B R E C H N U N G	*Effektive Kosten* Einzelkosten Gemeinkosten	*Effektive Kosten* Einzelkosten Gemeinkosten *Kalkulierte Kosten* Gemeinkosten Überdeckung	*Effektive Kosten* Einzelkosten Gemeinkosten *Kalkulierte Kosten* Gemeinkosten Unterdeckung
K A L K U L A T I O N		*Kostenumlage* Gemeinkostenzuschläge Einzelkalkulation Artikel: ... | | Betrag | |---|---| Kosten *Einzelkosten* Materialkosten Personalkosten *Einzelkostenpreis* *Gemeinkosten* Kostenanteil Materiallager Kostenanteile Fabrikationsstellen *Herstellungspreis* Kostenanteil Verkauf *Selbstkostenpreis*	*Kostenumlage* Gemeinkostenzuschläge Einzelkalkulation Artikel: ... | | Betrag | |---|---| Kosten *Einzelkosten* Materialkosten Personalkosten *Einzelkostenpreis* *Gemeinkosten* Kostenanteil Materiallager Kostenanteile Fabrikationsstellen *Herstellungspreis* Kostenanteil Verkauf *Selbstkostenpreis*

Lösung: Betriebsabrechnungsbogen

Text	Kostenartenrechnung			Kostenstellenrechnung					Kostenträgerrechnung				
	Gesamt-kosten	Einzel-kosten	Ge-mein-kosten	Allgemeine Stelle Verwaltung	Hauptstellen				Kosten		Deckung		Differenz
					Ein-kauf	Lager	Engros-verkauf	Detail-verkauf	effektiv	kalku-liert	Unter	Über	
Einzelkosten[5]													
Warenkosten	1 000 000	1 000 000					(400 000)	(600 000)	1 000 000	1 000 000			
Gemeinkosten													
Raumkosten	50 000		50 000	10 000	2 000	3 000	5 000	30 000					
Personalkosten	450 000		450 000	110 000	40 000	30 000	90 000	180 000					
Abschreibungskosten	60 000		60 000	10 000	4 000	5 000	6 000	35 000					
Zinskosten	90 000		90 000	20 000	5 000	30 000	5 000	30 000					
Einkaufskosten	20 000		20 000		20 000								
Verkaufskosten	60 000		60 000				20 000	40 000					
Verwaltungskosten	40 000		40 000	40 000									
Übrige Betriebskosten	30 000		30 000	10 000	4 000	2 000	4 000	10 000					
	1 800 000	1 000 000	800 000	200 000	75 000	70 000	130 000	325 000	1 000 000	1 000 000			
Umlage Gemeinkosten													
Verwaltung					25 000	20 000	30 000	125 000					
Einkauf[1]						90 000	160 000	450 000	100 000	120 000		20 000	
Lager[2]									90 000	84 000	6 000		
Engrosverkauf[3]									160 000	150 000	10 000		
Detailverkauf[4]									450 000	456 000		6 000	
Selbstkosten									1 800 000	1 810 000	16 000	26 000	+ 10 000

[1] **12** % auf den Warenkosten der verkauften Waren von **1 000 000** = **120 000**
[2] **14** % auf den Warenkosten der detail verkauften Waren von **600 000** = **84 000**
[3] **37,5%** auf den Warenkosten der engros verkauften Waren von **400 000** = **150 000**
[4] **76** % auf den Warenkosten der detail verkauften Waren von **600 000** = **456 000**
[5] Siehe S. 112

Beispiel 2

Teil 10: Betriebsabrechnung mit effektiven und kalkulierten Kosten[14]

Aufgabe

Die Kostenrechnung der Familienaktiengesellschaft Y weist folgende Zahlen auf:
Die *Kostenarten* und ihre *Verteilung auf die Kostenstellen* stimmen mit Teil 9 der Aufgabe auf S. 129ff. überein.
Auch die Kosten der *Verwaltung* und der *Werkstattschreiberei* verteilen sich im gleichen Verhältnis auf die übrigen Kostenstellen.
Die *Kalkulation* legte in der Rechnungsperiode ihren Berechnungen die folgenden, aus den Kosten der Vorperiode ermittelten Kalkulationszuschläge zugrunde:

Kostenstelle	*Gemeinkostenzuschlag*
Materiallager	25% auf den Materialeinzelkosten
Fabrikation A	10 000 Maschinenstunden zu Fr. 45.–
Fabrikation B	90% auf den Personaleinzelkosten
Fabrikation C	10 000 Arbeitsstunden zu Fr. 10.–
Verkauf	10% auf den Herstellungskosten der verkauften Fertigfabrikate

Lösung

Die Kostenunter- und -überdeckungen werden vor allem durch Preisschwankungen und die Verbesserung oder Verschlechterung der Wirtschaftlichkeit des Betriebes verursacht. Die effektiven Kosten der Verkaufsstelle können im Vergleich zu den kalkulierten tiefer oder höher ausfallen, weil zum Beispiel die Löhne des Verkaufspersonals der Teuerung angepasst oder ein Teil des Personals abgebaut und damit Löhne eingespart wurden, weil mehr oder weniger für die Werbung ausgegeben wurde usw.
Nach dem Abschluss der Betriebsabrechnung und der Ermittlung der Kostenunter- und -überdeckungen stellt sich für die Unternehmungsleitung die Frage, ob sie neue Kalkulationszuschläge berechnen und ihrer Kalkulation die effektiven Kosten der abgelaufenen Rechnungsperiode zugrunde legen soll. In der Praxis wird sie damit möglichst lange zuwarten und erst eine Anpassung vornehmen, wenn die Kostenüber-, vor allem natürlich die Kostenunterdeckungen ein gewisses Ausmass erreicht haben.
Die Kostenunterdeckungen schmälern, die Kostenüberdeckungen verbreitern den Betriebsgewinn.

Vgl. Übungsaufgaben 37–42, S. 170ff.

---

14 Vgl. Teil 9 S. 129ff.

Betriebsabrechnungsbogen

Text	Kostenartenrechnung			Kostenstellenrechnung	
	Gesamt-kosten	Einzel-kosten	Gemein-kosten	Allgemeine Stelle	Hilfsstelle
				Verwaltung	Werkstatt-schreiber
Einzelkosten[7]					
Materialkosten	400 000	400 000			
Personalkosten	800 000	800 000			
Gemeinkosten					
Materialkosten	5 000		5 000		
Personalkosten	325 000		325 000	85 000	25 000
Raumkosten	200 000		200 000	11 000	2 000
Abschreibungskosten	120 000		120 000	12 000	
Zinskosten	180 000		180 000	30 000	
Verkaufskosten	80 000		80 000		
Verwaltungskosten	50 000		50 000	50 000	
Übrige Betriebskosten	70 000		70 000	12 000	3 000
	2 230 000	1 200 000	1 030 000	200 000	30 000
Umlage Gemeinkosten Verwaltung				⟶	5 000
					35 000
Umlage Gemeinkosten Werkstattschreiberei					⟶
Umlage Gemeinkosten Materiallager[1]					
Umlage Gemeinkosten Fabrikation A[2]					
Fabrikation B[3]					
Fabrikation C[4]					
Herstellungskosten Fabrikation					
Zunahme Halbfabrikate	− 20 000				
Herstellungskosten erzeugter Fabrikate					
Abnahme Fertigfabrikate	40 000				
Herstellungskosten verkaufter Fabrikate					
Umlage Gemeinkosten Verkauf[5]					
Selbstkosten verkaufter Fabrikate	2 250 000				

[1] **25%** auf Materialeinzelkosten von **400 000** = **100 000**
[2] **10 000** Maschinenstunden zu Fr. **45.−** = **450 000**
[3] **90%** auf den Personaleinzelkosten von **200 000** = **180 000**
[4] **10 000** Arbeitsstunden zu Fr. **10.−** = **100 000**
[5] **10%** auf den Herstellungskosten der verkauften Fabrikate von **2 050 000** = **205 000**
[6] Die Abweichungen zwischen den effektiven und kalkulierten Kosten wurden bei den Bestandesveränderungen vernachlässigt, weil sie hier nur minim sind.
[7] Siehe S. 112

auptstellen					Kostenträgerrechnung				
					Kosten		Deckung		
aterial- ;er	Fabrikation			Verkauf	effektiv	kalkuliert	Unter	Über	Differenz
	A	B	C						
	(300 000 450 000)	(80 000 200 000)	(20 000 150 000)		400 000 800 000	**400 000** **800 000**			
	3 000	1 000	1 000						
0 000	75 000	20 000	30 000	70 000					
0 000	120 000	30 000	20 000	7 000					
0 000	45 000	20 000	15 000	8 000					
0 000	30 000	20 000	10 000	50 000 80 000					
0 000	27 000	9 000	4 000	5 000					
0 000 0 000	300 000 80 000	100 000 50 000	80 000 15 000	220 000 30 000	1 200 000	**1 200 000**			
0 000	380 000 20 000	150 000 10 000	95 000 5 000	250 000					
0 000	400 000	160 000	100 000	250 000	120 000 400 000 160 000 100 000	**100 000** **450 000** **180 000** **100 000**	20 000 20 000	50 000	
					1 980 000 − 20 000[6]	**2 030 000** **− 20 000[6]**	20 000	70 000	50 000
					1 960 000 40 000[6]	**2 010 000** **40 000[6]**			
					2 000 000 250 000	2 050 000 205 000	**20 000** **45 000**	**70 000**	**50 000**
					2 250 000	2 255 000	**65 000**	**70 000**	**5 000**

Übungsaufgabe 31
Betriebsabrechnung ohne Bestandesveränderungen

Fall 31/1

Die Betriebsabrechnung der Fabrikationsunternehmung N beruht auf den folgenden Kosten- und Ertragszahlen:

Materialkosten	
Materialeinzelkosten	316 900
Materialgemeinkosten	17 650
Personalkosten	
Personaleinzelkosten	633 780
Personalgemeinkosten	291 720
Raumkosten	123 240
Abschreibungskosten	120 840
Zinskosten	144 850
Verkaufskosten	52 780
Verwaltungskosten	75 030
Übrige Betriebskosten	68 900
Nettoverkaufserlös	2 030 259

Verteilung der Gemeinkosten auf die Kostenstellen:

	Materiallager	Fabrikation	Verwaltung und Verkauf
Materialkosten		Total	
Personalkosten	27 610	105 640	Rest
Raumkosten	9 480	94 800	Rest
Abschreibungskosten	10 120	99 490	Rest
Zinskosten	36 970	64 700	Rest
Verkaufskosten			Total
Verwaltungskosten			Total
Übrige Betriebskosten	10 890	19 570	Rest

Aufgaben

1. Erstellung des BAB mit
   - Kostenartenrechnung: Gesamtkosten, Einzelkosten, Gemeinkosten
   - Kostenstellenrechnung: Kostenstellen Materiallager, Fabrikation, Verwaltung und Verkauf
   - Kostenträgerrechnung: Fabrikate

   Der BAB soll durch Gemeinkostenumlagen die Stufen Herstellungskosten und Selbstkosten sowie den internen Betriebsgewinn ausweisen.

2. Berechnung der Kalkulationszuschläge für die Gemeinkosten der Kostenstellen
   - Materiallager: in Prozenten der Materialeinzelkosten
   - Fabrikation: als Stundensatz je Fertigungsstunde. Es wurden in der Abrechnungsperiode 35 720 Fertigungsstunden geleistet.
   - Verwaltung und Verkauf: in Prozenten der Herstellungskosten der verkauften Fabrikate
   Berechnung des Reingewinnzuschlages
3. Einzelkalkulationen. Berechnung der auf 5 Franken gerundeten Listpreise für die folgenden Fabrikate:
   Fabrikat 17A: Materialeinzelkosten 250.–, Personaleinzelkosten: 24 Fertigungsstunden zu 24.–
   Fabrikat 17B: Materialeinzelkosten 340.–, Personaleinzelkosten: 36 Fertigungsstunden zu 24.–
   Fabrikat 17C: Materialeinzelkosten 15.–, Personaleinzelkosten: 2 Fertigungsstunden zu 26.–

Fall 31/2

Die Betriebsabrechnung der Fabrikationsunternehmung O beruht auf den folgenden Kosten- und Ertragszahlen:

Materialkosten	
Materialeinzelkosten	304 500
Materialgemeinkosten	16 830
Personalkosten	
Personaleinzelkosten	607 660
Personalgemeinkosten	270 890
Raumkosten	116 000
Abschreibungskosten	114 160
Zinskosten	134 260
Verkaufskosten	48 460
Verwaltungskosten	68 770
Übrige Betriebskosten	64 170
Nettoverkaufserlös	1 885 356

Verteilung der Gemeinkosten auf die Kostenstellen:

	Materiallager	Fabrikation	Verwaltung und Verkauf
Materialkosten		Total	
Personalkosten	24 730	100 600	Rest
Raumkosten	8 520	90 300	Rest
Abschreibungskosten	9 040	94 880	Rest
Zinskosten	33 170	61 600	Rest
Verkaufskosten			Total
Verwaltungskosten			Total
Übrige Betriebskosten	9 800	18 370	Rest

Aufgaben

1. Erstellung des BAB mit
   - Kostenartenrechnung: Gesamtkosten, Einzelkosten, Gemeinkosten
   - Kostenstellenrechnung: Kostenstellen Materiallager, Fabrikation, Verwaltung und Verkauf
   - Kostenträgerrechnung: Fabrikate

   Der BAB soll durch Gemeinkostenumlagen die Stufen Herstellungskosten und Selbstkosten sowie den internen Betriebsgewinn ausweisen.
2. Berechnung der Kalkulationszuschläge für die Gemeinkosten der Kostenstellen
   - Materiallager: in Prozenten der Materialeinzelkosten
   - Fabrikation: als Stundensatz je Fertigungsstunde. Es wurden in der Abrechnungsperiode 32 560 Fertigungsstunden geleistet.
   - Verwaltung und Verkauf: in Prozenten der Herstellungskosten der verkauften Fabrikate

   Berechnung des Reingewinnzuschlages
3. Einzelkalkulationen. Berechnung der auf 5 Franken gerundeten Listenpreise für die folgenden Fabrikate:

   Fabrikat 11A: Materialeinzelkosten 270.–, Personaleinzelkosten: 28 Fertigungsstunden zu 25.–

   Fabrikat 11B: Materialeinzelkosten 330.–, Personaleinzelkosten: 40 Fertigungsstunden zu 25.–

   Fabrikat 11C: Materialeinzelkosten 20.–, Personaleinzelkosten: 3 Fertigungsstunden zu 23.–

Übungsaufgabe 32
Summarische und differenzierte Zuschlagskalkulation in einer Fabrikationsunternehmung

Fall 32/1

Die Fabrikationsunternehmung E stellt verschiedene Haushaltgeräte her. Ihre Betriebsabrechnung beruht auf den folgenden Zahlen:

Materialkosten	1 400 000
davon Materialeinzelkosten	1 305 000
Lohnkosten	3 925 000
davon Lohneinzelkosten	2 140 000
Raumkosten	725 000
Abschreibungskosten	775 000
Zinskosten	1 000 000
Verkaufskosten	480 000
Verwaltungskosten	455 000
Übrige Betriebskosten	546 300

Bestandesveränderungen
  Halbfabrikatebestand   − 60 500
  Fertigfabrikatebestand   + 109 300
Nettoverkaufserlöse   9 627 800

Aufgaben

1. Es ist eine interne Betriebserfolgsrechnung mit getrenntem Ausweis der Einzelkosten und der Gemeinkosten zu erstellen.
2. Die Unternehmung hat sich bisher mit einer summarischen Zuschlagskalkulation begnügt. Es sind der Gemeinkostenzuschlag auf den Einzelkosten und der Reingewinnzuschlag auf den Selbstkosten zu berechnen.
3. Es sind die Einzelkalkulationen für zwei Erzeugnisse aufzustellen, die die folgenden Einzelkosten verursachen:
Gerät 11: Einzelmaterial 40, Einzellohn 150
Gerät 21: Einzelmaterial 125, Einzellohn 35
4. Die Absatzverhältnisse widersprechen den Erwartungen: Während sich das teurere Gerät 11 erstaunlich gut verkaufen lässt, stösst der Verkauf des Gerätes 21 offenbar konkurrenzbedingt auf Schwierigkeiten. Diese Erfahrung veranlasst die Unternehmungsleitung, die bisherigen Preise mit einer differenzierten Zuschlagskalkulation überprüfen zu lassen. Eine sorgfältige Analyse der Kostenarten ergibt die folgende Verteilung auf die Kostenstellen:

	Einkauf und Materiallagerung	Fabrikation	Verwaltung und Vertrieb
Materialkosten		95 000	
Lohnkosten	75 000	745 000	Rest
Raumkosten	51 000	556 000	Rest
Abschreibungskosten	40 000	663 000	Rest
Zinskosten	171 000	414 000	Rest
Verkaufskosten			Total
Verwaltungskosten			Total
Übrige Betriebskosten	54 500	351 800	Rest

Mit Hilfe eines BAB sind die differenzierten Zuschlagssätze zu ermitteln, und zwar für die Gemeinkosten der Kostenstellen
- Einkauf und Materiallagerung: in Prozenten des Einzelmaterials
- Fabrikation: in Prozenten der Einzellöhne
- Verwaltung und Vertrieb: in Prozenten der Herstellungskosten der verkauften Fertigfabrikate
5. Es sind die differenzierten Einzelkalkulationen für Gerät 11 und Gerät 21 zu erstellen. Das Ergebnis ist kurz zu kommentieren.

Fall 32/2

Die Fabrikationsunternehmung F stellt verschiedene Haushaltgeräte her. Ihre Betriebsabrechnung beruht auf den folgenden Zahlen:

Materialkosten	1 500 000
davon Materialeinzelkosten	1 400 000
Lohnkosten	4 240 000
davon Lohneinzelkosten	2 310 000
Raumkosten	785 000
Abschreibungskosten	835 000
Zinskosten	1 080 000
Verkaufskosten	520 000
Verwaltungskosten	490 000
Übrige Betriebskosten	590 000
Bestandesveränderungen	
Halbfabrikatebestand	+ 51 800
Fertigfabrikatebestand	− 284 300
Nettoverkaufserlös	10 786 125

Aufgaben

1. Es ist eine interne Betriebserfolgsrechnung mit getrenntem Ausweis der Einzelkosten und der Gemeinkosten zu erstellen.
2. Die Unternehmung hat sich bisher mit einer summarischen Zuschlagskalkulation begnügt. Es sind der Gemeinkostenzuschlag auf den Einzelkosten und der Reingewinnzuschlag auf den Selbstkosten zu berechnen.
3. Es sind die Einzelkalkulationen für zwei Erzeugnisse aufzustellen, die die folgenden Einzelkosten verursachen:
Gerät 12: Einzelmaterial 50, Einzellohn 160
Gerät 22: Einzelmaterial 150, Einzellohn 45
4. Die Absatzverhältnisse widersprechen den Erwartungen: Während sich das teurere Gerät 12 erstaunlich gut verkaufen lässt, stösst der Verkauf des Gerätes 22 offenbar konkurrenzbedingt auf Schwierigkeiten. Diese Erfahrung veranlasst die Unternehmungsleitung, die bisherigen Preise mit einer differenzierten Zuschlagskalkulation überprüfen zu lassen. Eine sorgfältige Analyse der Kostenarten ergibt die folgende Verteilung auf die Kostenstellen:

	Einkauf und Materiallagerung	Fabrikation	Verwaltung und Vertrieb
Materialkosten		100 000	
Lohnkosten	80 000	800 000	Rest
Raumkosten	55 000	605 000	Rest
Abschreibungskosten	42 000	700 000	Rest
Zinskosten	163 000	433 000	Rest
Verkaufskosten			Total
Verwaltungskosten			Total
Übrige Betriebskosten	52 000	365 000	Rest

Mit Hilfe eines BAB sind die differenzierten Zuschlagssätze zu ermitteln, und zwar für die Gemeinkosten der Kostenstellen
- Einkauf und Materiallagerung: in Prozenten des Einzelmaterials
- Fabrikation: in Prozenten der Einzellöhne
- Verwaltung und Vertrieb: in Prozenten der Herstellungskosten der verkauften Fertigfabrikate

5. Es sind die differenzierten Einzelkalkulationen für Gerät 12 und Gerät 22 zu erstellen. Das Ergebnis ist kurz zu kommentieren.

Übungsaufgabe 33
Betriebsabrechnung mit vier Fertigungsstellen

Fall 33/1

Die Betriebsabrechnung der Beleuchtungskörperfabrik R AG beruht auf den folgenden Zahlen:

	Kostenstellen					
	Material-lager	Fertigungsstellen				Verwaltung und Vertrieb
		Fg 1	Fg 2	Fg 3	Fg 4	
Einzelkosten						
Materialeinzelkosten		520 000	180 000	150 000	270 000	
Lohneinzelkosten		1 300 000	200 000	350 000	650 000	
Gemeinkosten						
Total	291 200	910 000	297 000	240 000	420 000	840 000
Investierte Stunden		65 000 Masch. Std.	10 000 Fert. Std.	14 000 Fert. Std.	40 000 Masch. Std.	

Bestandesveränderungen
Zunahme des Halbfabrikatebestandes   74 400
Abnahme des Fertigfabrikatebestandes   296 200

Aufgaben

1. Der BAB ist aufzustellen. Die Lösung setzt mit dem Eintrag des Kostentotals in die einzelnen Spalten der Kostenarten-, Kostenstellen- und Kostenträgerrechnung ein und führt bis zum Selbstkostentotal.

2. Kalkulationszuschläge für die Gemeinkosten der Kostenstellen:

Kostenstellen	*Zuschlagsbasis*
Materiallager	Materialeinzelkosten
Fertigung 1	Lohneinzelkosten der Stelle
Fertigung 2	Materialeinzelkosten der Stelle
Fertigung 3	Fertigungsstunden
Fertigung 4	Maschinenstunden
Verwaltung und Vertrieb	Herstellungskosten der verkauften Fertigfabrikate

3. Einzelkalkulationen für fünf Produkte, die die folgenden Einzelkosten verursachen:

	P 100	P 101	P 102	P 103	P 104
Materialeinzelkosten					
In Stelle Fg 1	45.–			110.–	35.–
In Stelle Fg 2		13.–			10.–
In Stelle Fg 3			50.–		12.–
In Stelle Fg 4				25.–	
Lohneinzelkosten					
In Stelle Fg 1	100.–			240.–	100.–
In Stelle Fg 2		15.–			10.–
In Stelle Fg 3			6 Fert. Std.		2 Fert. Std.
In Stelle Fg 4				4 Masch. Std.	

Es ist für jeden Artikel der zu einem Listenpreis gerundete Bruttoverkaufspreis zu berechnen, und zwar unter Berücksichtigung einer Reingewinnquote von 5%, eines Skontos von 2% und eines Rabattes von 5%.

Fall 33/2

Die Betriebsabrechnung der Beleuchtungskörperfabrik S AG beruht auf den folgenden Zahlen:

	Kostenstellen					
	Material-lager	Fertigungsstellen				Verwaltung und Vertrieb
		Fg 1	Fg 2	Fg 3	Fg 4	
Einzelkosten						
Materialeinzelkosten		280 000	190 000	140 000	490 000	
Lohneinzelkosten		672 000	185 000	377 000	1 200 000	
Gemeinkosten						
Total	253 000	430 500	275 500	239 200	870 000	814 500
Investierte Stunden		42 000 Masch. Std.	10 000 Fert. Std.	18 125 Fert. Std.	62 000 Masch. Std.	

Bestandesveränderungen
Abnahme des Halbfabrikatebestandes   23 600
Zunahme des Fertigfabrikatebestandes 195 800

Aufgaben

1. Der BAB ist aufzustellen. Die Lösung setzt mit dem Eintrag des Kostentotals in die einzelnen Spalten der Kostenarten-, Kostenstellen- und Kostenträgerrechnung ein und führt bis zum Selbstkostentotal.
2. Kalkulationszuschläge für die Gemeinkosten der Kostenstellen:

Kostenstellen	*Zuschlagsbasis*
Materiallager	Materialeinzelkosten
Fertigung 1	Maschinenstunden
Fertigung 2	Materialeinzelkosten der Stelle
Fertigung 3	Fertigungsstunden
Fertigung 4	Lohneinzelkosten der Stelle
Verwaltung und Vertrieb	Herstellungskosten der verkauften Fertigfabrikate

3. Einzelkalkulationen für fünf Produkte, die die folgenden Einzelkosten verursachen:

3. Einzelkalkulationen für fünf Produkte, die die folgenden Einzelkosten verursachen:

	P 200	P 201	P 202	P 203	P 204
Materialeinzelkosten					
In Stelle Fg 1	50.–			32.–	
In Stelle Fg 2		15.–			25.–
In Stelle Fg 3			70.–		10.–
In Stelle Fg 4				118.–	15.–
Lohneinzelkosten					
In Stelle Fg 1	8 Masch. Std.			5 Masch. Std.	
In Stelle Fg 2		14.–			23.–
In Stelle Fg 3			10 Fert. Std.		2 Fert. Std.
In Stelle Fg 4				270.–	38.–

Es ist für jeden Artikel der zu einem Listenpreis gerundete Bruttoverkaufspreis zu berechnen, und zwar unter Berücksichtigung eines Reingewinnzuschlages von 6%, eines Skontos von 2% und eines Rabattes von 10%.

Übungsaufgabe 34
Verschiedene Zuschlagsgrundlagen für die Fabrikationsgemeinkosten

Fall 34/1

Der BAB der A AG enthält die folgenden Zahlen:

Kostenarten		Kostenstellen		
		Materiallager	Fabrikation	Verwaltung und Verkauf
Einzelkosten				
Materialkosten	1 050 000			
Lohnkosten	3 570 000			
Gemeinkosten				
Total		189 000	1 927 800	1 420 440
Bestandesveränderungen				
Zunahme Halbfabrikate	111 700			
Zunahme Fertigfabrikate	241 100			

Aufgaben

1. Berechnung der Kalkulationszuschläge für die Gemeinkosten der drei Kostenstellen
   - Materiallager: in Prozenten der Materialeinzelkosten
   - Fabrikation:
     Variante 1: in Prozenten der Materialeinzelkosten
     Variante 2: in Prozenten der Lohneinzelkosten
     Variante 3: in Prozenten der Einzelkosten
   - Verwaltung und Verkauf: in Prozenten der Herstellungskosten der verkauften Fabrikate
2. Selbstkostenkalkulation für Fabrikat 050 nach den drei Varianten. Die Einzelkosten betragen für dieses Produkt: Material 110.–, Löhne 300.–.
3. Welche der drei Kalkulationsvarianten ist vorzuziehen?

Fall 34/2

Der BAB der B AG enthält die folgenden Zahlen:

Kostenarten		Kostenstellen		
		Materiallager	Fabrikation	Verwaltung und Verkauf
Einzelkosten				
Materialkosten	2 850 000			
Lohnkosten	2 574 500			
Gemeinkosten				
Total		342 000	3 861 750	1 921 725
Bestandesveränderungen				
Abnahme Halbfabrikate	145 800			
Abnahme Fertigfabrikate	80 950			

Aufgaben

1. Berechnung der Kalkulationszuschläge für die Gemeinkosten der drei Kostenstellen
   - Materiallager: in Prozenten der Materialeinzelkosten
   - Fabrikation:
     Variante 1: in Prozenten der Einzelkosten
     Variante 2: in Prozenten der Lohneinzelkosten
     Variante 3: in Prozenten der Materialeinzelkosten
   - Verwaltung und Verkauf: in Prozenten der Herstellungskosten der verkauften Fabrikate
2. Selbstkostenkalkulation für Fabrikat 060 nach den drei Varianten. Die Einzelkosten betragen für dieses Produkt: Material 200.–, Löhne 175.–.
3. Warum ergeben sich zwischen den drei Kalkulationsvarianten nur geringe Unterschiede?

Übungsaufgabe 35
Unternehmung mit Fabrikations- und Reparaturabteilung

Betriebsabrechnung mit Kurzzahlen (Beträge um 1000 gekürzt); Einzelkalkulationen mit ungekürzten Zahlen

Fall 35/1

Der Betrieb der L AG besteht aus einer Fabrik und einer Reparaturwerkstätte.

Aufwände und Erträge der externen Betriebserfolgsrechnung:

Materialaufwand	1 000
Personalaufwand	2 550
Raumaufwand	320
Energieaufwand	80
Abschreibungsaufwand	450
Zinsaufwand	120
Verkaufsaufwand	200
Verwaltungsaufwand	130
Übriger Betriebsaufwand	120
Fabrikateertrag	4 500
Reparaturertrag	800

Die objektive Bewertung bedingt die folgenden Abgrenzungen:

Materialaufwand	− 50
Abschreibungsaufwand	− 150
Zinsaufwand	+ 300

Aufgaben

1. Der Kostenartenbogen ist aufzustellen.
2. Der BAB ist aufzustellen. Er weist die vier Kostenstellen Einkauf, Fabrikation, Reparatur, Verwaltung und Vertrieb auf sowie die getrennten Kostenträgerrechnungen für Fabrikate und Reparaturen.
   Die Analyse der Kostenarten ergibt die folgende Verteilung:

   Einzelkosten:
Materialeinzelkosten:	für Fabrikate	800
	für Reparaturen	100
Personaleinzelkosten:	für Fabrikate	1450
	für Reparaturen	300

Gemeinkosten	Kostenstellen			
	Einkauf	Fabrikation	Reparatur	Verwaltung und Vertrieb
Materialkosten		40	Rest	
Personalkosten	50	225	120	Rest
Raumkosten	50	150	50	Rest
Energiekosten	1	65	12	Rest
Abschreibungskosten	20	190	40	Rest
Zinskosten	85	160	35	Rest
Verkaufskosten				Total
Verwaltungskosten				Total
Übrige Betriebskosten	19	40	33	Rest

Zu berücksichtigende Bestandesveränderungen:
Abnahme der Halbfabrikate 100
Zunahme der Reparaturen in Arbeit 5
Zunahme der Fertigfabrikate 20

Es sind die Selbstkosten und die internen Ergebnisse der verkauften Fertigfabrikate, der Reparaturen und des gesamten Betriebes zu ermitteln. Dabei sind die Kosten der Stelle Einkauf im Verhältnis der Materialeinzelkosten auf die beiden Kostenträger umzulegen. Von den Kosten der Stelle Verwaltung und Vertrieb entfallen 935 auf die Fabrikate und der Rest auf die Reparaturen.

3. Die Berechnung der Kalkulationszuschläge beruht auf den folgenden Bezugsgrössen:

Kostenstelle   *Zuschlagsbasis*
Einkauf   Materialeinzelkosten
Fabrikation   Lohneinzelkosten der Fabrikation
Reparatur   Reparaturarbeitsstunden: 12 500 Stunden
Verwaltung und Vertrieb   Herstellungskosten der verkauften Fertigfabrikate bzw. der fertigen Reparaturen

4. Einzelkalkulationen:
Es sind die Selbstkostenpreise zu berechnen für
4.1. Fabrikat 30: Materialeinzelkosten 80.–, Lohneinzelkosten: 8 Stunden zu 23.–
4.2. Reparatur 87: Materialeinzelkosten 40.–, Lohneinzelkosten: 5 Stunden zu 23.–

Fall 35/2

Der Betrieb der M AG besteht aus einer Fabrik und einer Reparaturwerkstätte.

Aufwände und Erträge der externen Betriebserfolgsrechnung:

Materialaufwand	1 500
Personalaufwand	3 805
Raumaufwand	490
Energieaufwand	132
Abschreibungsaufwand	736
Zinsaufwand	200
Verkaufsaufwand	285
Verwaltungsaufwand	180
Übriger Betriebsaufwand	195
Fabrikateertrag	6 900
Reparaturertrag	1 195

Die objektive Bewertung bedingt die folgenden Abgrenzungen:

Materialaufwand	− 65
Abschreibungsaufwand	− 250
Zinsaufwand	+ 429

Aufgaben

1. Der Kostenartenbogen ist aufzustellen.
2. Der BAB ist aufzustellen. Er weist die vier Kostenstellen Einkauf, Fabrikation, Reparatur, Verwaltung und Vertrieb auf sowie die getrennten Kostenträgerrechnungen für Fabrikate und Reparaturen.

Die Analyse der Kostenarten ergibt die folgende Verteilung:

Einzelkosten:
Materialeinzelkosten:	für Fabrikate	1200
	für Reparaturen	150
Personaleinzelkosten:	für Fabrikate	2150
	für Reparaturen	450

Gemeinkosten	Kostenstellen			
	Einkauf	Fabrikation	Reparatur	Verwaltung und Vertrieb
Materialkosten		70	Rest	
Personalkosten	60	390	180	Rest
Raumkosten	60	255	75	Rest
Energiekosten	1	110	18	Rest
Abschreibungskosten	24	330	60	Rest
Zinskosten	102	275	52	Rest
Verkaufskosten				Total
Verwaltungskosten				Total
Übrige Betriebskosten	23	75	50	Rest

Zu berücksichtigende Bestandesveränderungen:

Zunahme der Halbfabrikate	35
Abnahme der Reparaturen in Arbeit	20
Abnahme der Fertigfabrikate	140

Es sind die Selbstkosten und die internen Ergebnisse der verkauften Fertigfabrikate, der Reparaturen und des gesamten Betriebes zu ermitteln. Dabei sind die Kosten der Stelle Einkauf im Verhältnis der Materialeinzelkosten auf die beiden Kostenträger umzulegen. Von den Kosten der Stelle Verwaltung und Vertrieb entfallen 1352 auf die Fabrikate und der Rest auf die Reparaturen.

3. Die Berechnung der Kalkulationszuschläge beruht auf den folgenden Bezugsgrössen:

Kostenstelle	*Zuschlagsbasis*
Einkauf	Materialeinzelkosten
Fabrikation	Lohneinzelkosten der Fabrikation
Reparatur	Reparaturarbeitsstunden: 20 000 Stunden
Verwaltung und Vertrieb	Herstellungskosten der verkauften Fertigfabrikate bzw. der fertigen Reparaturen

4. Einzelkalkulationen:
   Es sind die Selbstkostenpreise zu berechnen für
   4.1. Fabrikat 25: Materialeinzelkosten 70.–, Lohneinzelkosten: $5^{1}/_{3}$ Stunden zu 23.25
   4.2. Reparatur 51: Materialeinzelkosten 10.–, Lohneinzelkosten: $1^{1}/_{3}$ Stunden zu 23.25

Übungsaufgabe 36
Betriebsabrechnung mit zweistufiger Gemeinkostenumlage

Fall 36/1

Für die Erstellung der Betriebsabrechnung der I & Co. sind die folgenden Kosten ermittelt worden:

Einzelkosten	Materialeinzelkosten	520 000
	Lohneinzelkosten	850 000
Gemeinkosten	Allgemeine Kostenstellen	
	– Gebäude	124 725
	– Allgemeine Verwaltung	191 400
	Hilfskostenstelle	
	– Fahrzeugpark	42 300
	Hauptkostenstellen	
	– Einkauf und Materiallager	41 035
	– Fabrikation I	172 780
	– Fabrikation II	109 050
	– Fabrikation III	44 940
	– Fabrikatelager und Verkauf	133 194

Die Finanzbuchhaltung hat die folgenden Bestandesveränderungen erfasst:

	verbucht	Veränderung stille Reserven
Halbfabrikatebestand	+75 000	0
Fertigfabrikatebestand	+95 000	+20 000

Aufgaben

1. Erstellung des BAB mit zweistufiger Gemeinkostenumlage:

    1. Stufe: Die Gemeinkosten der allgemeinen Kostenstellen und der Hilfskostenstelle sind den folgenden Angaben gemäss auf die Hauptkostenstellen umzulegen:

Gebäude

Beteiligte Kostenstellen	Quantitätskriterium: Rauminhalt in m³	Qualitätskriterium: Bauweise usw. Faktoren
Allgemeine Verwaltung	280	10
Fahrzeugpark	180	2
Einkauf und Materiallager	550	3
Fabrikation I	700	6
Fabrikation II	450	6
Fabrikation III	240	8
Fabrikatelager und Verkauf	300	10

Allgemeine Verwaltung

Empfangende Kostenstellen	Anteile in %
Einkauf und Materiallager	10
Fabrikation I	30
Fabrikation II	25
Fabrikation III	15
Fabrikatelager und Verkauf	20

Fahrzeugpark

Erbrachte Fahrleistungen für die Kostenstellen	km
Einkauf und Materiallager	17 100
Fabrikatelager und Verkauf	72 900

2. Stufe: Stufenweise Umlage der Gemeinkosten der Hauptkostenstellen bis zum Ergebnis der Selbstkosten der verkauften Fertigfabrikate

2. Berechnung der Kalkulationszuschläge für die Gemeinkosten der Hauptkostenstellen:

Kostenstelle	Zuschlagsbasis
Einkauf und Materiallager	Materialeinzelkosten
Fabrikation I	10 000 Maschinenstunden
Fabrikation II	12 000 Maschinenstunden
Fabrikation III	320 000 Lohneinzelkosten der Stelle
Fabrikatelager und Verkauf	Herstellungskosten der verkauften Fertigfabrikate

3. Kalkulation der Selbstkostenpreise für die folgenden Erzeugnisse:

		Produkte		
		201	202	203
Materialeinzelkosten		200	150	220
Lohneinzelkosten:	in Fabrikation I	300	0	0
	in Fabrikation II	0	170	50
	in Fabrikation III	0	80	420
Maschinenstunden:	in Fabrikation I	20	0	0
	in Fabrikation II	0	14	4

4. Frage zur allgemeinen Kostenstelle Gebäude: Es sind einige weitere Qualitätskriterien zu nennen, die neben der Bauweise für die Festlegung der angegebenen Rechnungsfaktoren eine Rolle spielen.

Fall 36/2

Für die Erstellung der Betriebsabrechnung der K & Co. sind die folgenden Kosten ermittelt worden:

Einzelkosten	Materialeinzelkosten	525 000
	Lohneinzelkosten	875 000
Gemeinkosten	Allgemeine Kostenstellen	
	– Gebäude	126 730
	– Allgemeine Verwaltung	194 050
	Hilfskostenstelle	
	– Fahrzeugpark	43 100
	Hauptkostenstellen	
	– Einkauf und Materiallager	48 260
	– Fabrikation I	179 760
	– Fabrikation II	120 325
	– Fabrikation III	32 380
	– Fabrikatelager und Verkauf	137 695

Die Finanzbuchhaltung hat die folgenden Bestandesveränderungen erfasst:

	verbucht	Veränderung stille Reserven
Halbfabrikatebestand	−35 200	0
Fertigfabrikatebestand	−50 100	+10 000

Aufgaben

1. Erstellung des BAB mit zweistufiger Gemeinkostenumlage:

   1. Stufe: Die Gemeinkosten der allgemeinen Kostenstellen und der Hilfskostenstelle sind den folgenden Angaben gemäss auf die Hauptkostenstellen umzulegen:

Gebäude

Beteiligte Kostenstellen	Quantitätskriterium: Rauminhalt in m³	Qualitätskriterium: Bauweise usw. Faktoren
Allgemeine Verwaltung	300	10
Fahrzeugpark	200	2
Einkauf und Materiallager	480	3
Fabrikation I	720	5
Fabrikation II	420	7
Fabrikation III	350	8
Fabrikatelager und Verkauf	330	10

Allgemeine Verwaltung

Empfangende Kostenstellen	Anteile in %
Einkauf und Materiallager	10
Fabrikation I	30
Fabrikation II	20
Fabrikation III	15
Fabrikatelager und Verkauf	25

Fahrzeugpark

Erbrachte Fahrleistungen für die Kostenstellen	km
Einkauf und Materiallager	19 500
Fabrikatelager und Verkauf	80 500

   2. Stufe: Stufenweise Umlage der Gemeinkosten der Hauptkostenstellen bis zum Ergebnis der Selbstkosten der verkauften Fertigfabrikate

2. Berechnung der Kalkulationszuschläge für die Gemeinkosten der Hauptkostenstellen:

Kostenstelle	*Zuschlagsbasis*
Einkauf und Materiallager	Materialeinzelkosten
Fabrikation I	10 250 Maschinenstunden
Fabrikation II	11 000 Maschinenstunden
Fabrikation III	270 000 Lohneinzelkosten der Stelle
Fabrikatelager und Verkauf	Herstellungskosten der verkauften Fertigfabrikate

3. Kalkulation der Selbstkostenpreise für die folgenden Erzeugnisse:

		Produkte		
		401	402	403
Materialeinzelkosten		300	120	210
Lohneinzelkosten:	in Fabrikation I	500	0	0
	in Fabrikation II	0	130	60
	in Fabrikation III	0	50	430
Maschinenstunden:	in Fabrikation I	35	0	0
	in Fabrikation II	0	12	5

4. Fragen:
   4.1. Welches Quantitätskriterium käme für die Umlage der Gemeinkosten der allgemeinen Kostenstelle Gebäude allenfalls auch in Frage?
   4.2. Es ist ein anderes Kriterium zu nennen, das für die Gemeinkostenverteilung der Hilfskostenstelle Fahrzeugpark ebenfalls in Frage käme.

Übungsaufgabe 37
Betriebsabrechnung mit kalkulierten Kosten

Fall 37/1

In der V & Co., Fabrikationsunternehmung für technische Elemente, bringt die Aufgliederung der Jahreskosten nach Kostenarten und Kostenstellen das folgende Ergebnis:

Einzelkosten:	Materialeinzelkosten	260 000
	Lohneinzelkosten	441 600

Gemeinkosten	Kostenstellen		
	Einkauf und Materiallager	Fabrikation	Verwaltung und Vertrieb
Materialkosten		5 500	
Lohnkosten	41 600	110 400	94 700
Raumkosten	10 500	76 500	18 000
Abschreibungskosten	5 600	91 000	12 400
Zinskosten	15 000	52 200	45 000
Verkaufskosten			42 700
Verwaltungskosten			48 900
Übrige Betriebskosten	5 300	39 760	32 300

Bestandesveränderung: Abnahme der Fertigfabrikate von 70 040
Der *Nettofabrikateertrag* beträgt 1 550 000.

Aufgaben

1. Erstellung des BAB mit
   - Kostenartenrechnung
   - Kostenstellenrechnung
   - Kostenträgerrechnung: Hier ist mit der Kostenumlage parallel eine Kostenträgerrechnung mit effektiven und kalkulierten Kosten zu führen, unter Ausweis der Kostenunterdeckungen und -überdeckungen. In der abgelaufenen Rechnungsperiode ist mit folgenden Gemeinkostensätzen kalkuliert worden:

   für die Stelle Einkauf und Materiallager: 25% von den Materialeinzelkosten
   für die Stelle Fabrikation: 100% von den Lohneinzelkosten
   für die Stelle Verwaltung und Vertrieb: 25% von den Herstellungskosten der verkauften Fabrikate
2. Berechnung der tatsächlichen Gemeinkostensätze für die abgelaufene Rechnungsperiode
3. Kalkulation der Herstellungspreise und der Selbstkostenpreise für zwei Produkte:

   Produkt 01: Materialeinzelkosten 16.–, Lohneinzelkosten 34.–
   Produkt 02: Materialeinzelkosten 4.50, Lohneinzelkosten 7.50
   Die Kalkulationen sind durchzuführen
   a) mit den bisherigen Gemeinkostensätzen
   b) mit den neuen Gemeinkostensätzen.

4. Die Differenz zwischen dem alten und dem neuen Selbstkostenpreis ist für beide Produkte in Prozenten auszudrücken.
5. Warum ist die unter 4. berechnete prozentuale Selbstkostendifferenz nicht bei beiden Produkten gleich gross?

Fall 37/2

In der W & Co., Fabrikationsunternehmung für technische Elemente, bringt die Aufgliederung der Jahreskosten nach Kostenarten und Kostenstellen das folgende Ergebnis:

Einzelkosten: Materialeinzelkosten   290 000
                   Lohneinzelkosten   493 000

Gemeinkosten	Kostenstellen		
	Einkauf und Materiallager	Fabrikation	Verwaltung und Vertrieb
Materialkosten		6 600	
Lohnkosten	34 000	130 500	80 500
Raumkosten	8 500	90 500	15 300
Abschreibungskosten	4 600	107 400	10 500
Zinskosten	12 300	61 700	38 200
Verkaufskosten			36 300
Verwaltungskosten			41 600
Übrige Betriebskosten	4 400	47 000	27 600

Bestandesveränderung: Zunahme der Fertigfabrikate von 40 500
Der *Nettofabrikateertrag* beträgt 1 480 000.

Aufgaben

1. Erstellen des BAB mit
   - Kostenartenrechnung
   - Kostenstellenrechnung
   - Kostenträgerrechnung: Hier ist mit der Kostenumlage parallel eine Kostenträgerrechnung mit effektiven und kalkulierten Kosten zu führen, unter Ausweis der Kostenunterdeckungen und -überdeckungen. In der abgelaufenen Rechnungsperiode ist mit folgenden Gemeinkostensätzen kalkuliert worden:

     für die Stelle Einkauf und Materiallager: 25% von den Materialeinzelkosten
     für die Stelle Fabrikation: 80% von den Lohneinzelkosten
     für die Stelle Verwaltung und Vertrieb: 20% von den Herstellungskosten der verkauften Fabrikate

2. Berechnung der tatsächlichen Gemeinkostensätze für die abgelaufene Rechnungsperiode

3. Kalkulation der Herstellungspreise und der Selbstkostenpreise für zwei Produkte:
   Produkt 11: Materialeinzelkosten 15.–, Lohneinzelkosten 26.–
   Produkt 12: Materialeinzelkosten 5.50, Lohneinzelkosten 9.50
   Die Kalkulationen sind durchzuführen
   a) mit den bisherigen Gemeinkostensätzen
   b) mit den neuen Gemeinkostensätzen.
4. Die Differenz zwischen dem alten und dem neuen Selbstkostenpreis ist für beide Produkte in Prozenten auszudrücken.
5. Eine Übereinstimmung zwischen altem und neuem Kalkulationssatz hat zur Folge, dass sich in der betreffenden Kostenstelle keine Über- oder Unterdeckung ergibt. Diese Behauptung ist auf ihre Richtigkeit zu prüfen.

Übungsaufgabe 38
Betriebsabrechnung mit kalkulierten Kosten

Fall 38/1

Kurzzahlen: Beträge um 1000 gekürzt
Die Betriebsabrechnung der Fabrik C AG umfasst die folgenden Kostenstellen:

Allgemeine Kostenstelle:	Allgemeine Verwaltung (Vw)
Hauptkostenstellen:	Materiallager (MLr)
	Fertigung (Fg)
	Verkauf (Vf)

Aufwände und Erträge gemäss Finanzbuchhaltung:

Materialaufwand	820
Lohnaufwand	1 500
Sozialaufwand	300
Raumaufwand	150
Abschreibungsaufwand	85
Zinsaufwand	15
Übriger Betriebsaufwand	251
Bruttofabrikationsertrag	3 400
Gewährte Skonti und Rabatte	50

Abgrenzung zwischen Aufwand und Kosten:

– Kostenmässige Abschreibung 70
– Kostenmässiger Zins: 6% vom verzinslichen Betriebskapital, das aus folgenden Angaben zu berechnen ist:

Anlagevermögen, Buchwert	540
Umlaufvermögen, Buchwert	450
davon nichtbetriebliche Wertschriften	20

Aktienkapital	500
Übriges Eigenkapital (Reserven, Gewinnvortrag)	60
Unterbewertung der Fabrikliegenschaft	50
Fremdkapital total	430
davon zinsfreies Fremdkapital	120

- Die andern Kostenarten entsprechen den Aufwänden.

Kostenverteilung

Einzelkosten: Materialeinzelkosten   800
               Lohneinzelkosten   1 000
               Sozialeinzelkosten   .[1]

Gemeinkosten	Kostenstellen			
	Vw	MLr	Fg	Vf
Materialkosten			Total	
Lohnkosten	200	30	150	Rest
Sozialkosten[1]	.	.	.	.
Raumkosten	7	20	90	Rest
Abschreibungskosten	2	5	60	Rest
Zinskosten	5	9	30	Rest
Übrige Betriebskosten	46	20	135	Rest

[1] Die Sozialkosten sind im Verhältnis der Lohnkosten zu verteilen.

Bestandesveränderungen:
Halbfabrikatebestand unverändert, Fertigfabrikatebestand Abnahme von 55

Aufgaben

1. Die Abgrenzung zwischen Aufwand und Kosten ist vorzunehmen und das Ergebnis in Form eines Kostenartenbogens darzustellen.
2. Der BAB ist aufzustellen:
   - Einzel- und Gemeinkostenverteilung
   - Gemeinkostenumlage:
   Umlage der allgemeinen Kostenstelle im Verhältnis 1 : 7 : 2
   Die Umlage der Hauptkostenstellen geschieht mit Hilfe der folgenden, aus der Betriebsabrechnung des Vorjahres berechneten Sätze:
   Materiallager: 15% des Einzelmaterials
   Fertigung: Fr. 14.– je Arbeitsstunde. Es wurden in der abzurechnenden Periode 50 000 Stunden registriert.
   Verkauf: 12,5% der Einzelkosten
   - Als Ergebnisse sind im BAB auszuweisen:
   der effektive interne Betriebsgewinn
   der kalkulierte interne Betriebsgewinn
   der externe Betriebsgewinn
   die Kostenüber- und -unterdeckungen.
3. Berechnung der neuen Kalkulationssätze gemäss den tatsächlichen Stellenkosten

4. Kalkulation der Selbstkostenpreise und der Nettoverkaufspreise mit 5% Reingewinnzuschlag für zwei Artikel
   4.1. mit den alten Kalkulationssätzen
   4.2. mit den neuen Kalkulationssätzen
   unter Berücksichtigung der folgenden Einzelkosten:
   Artikel X 31: Materialeinzelkosten 80.–, Lohneinzelkosten: 8 Arbeitsstunden zu 20.–, Sozialeinzelkosten
   Artikel X 32: Materialeinzelkosten 300.–, Lohneinzelkosten: 16 Arbeitsstunden zu 22.50, Sozialeinzelkosten
5. Für die Kostenstelle mit der grössten Über- oder Unterdeckung ist die Frage zu prüfen, ob das bisher angewandte Umlageverfahren sinnvoll ist, also beibehalten werden kann oder ersetzt werden sollte. Das Ergebnis der Überlegung ist kurz zu formulieren.

Fall 38/2

Kurzzahlen: Beträge um 1000 gekürzt
Die Betriebsabrechnung der Fabrik D AG umfasst die folgenden Kostenstellen:

Allgemeine Kostenstelle:	Allgemeine Verwaltung (Vw)
Hauptkostenstellen:	Materiallager (MLr)
	Fertigung (Fg)
	Verkauf (Vf)

Aufwände und Erträge gemäss Finanzbuchhaltung:

Materialaufwand	1 700
Lohnaufwand	2 700
Sozialaufwand	270
Raumaufwand	290
Abschreibungsaufwand	175
Zinsaufwand	25
Übriger Betriebsaufwand	448
Bruttoverkaufsertrag	6 200
Gewährte Skonti und Rabatte	150

Abgrenzung zwischen Aufwand und Kosten:

- Kostenmässige Abschreibung 140
- Kostenmässiger Zins: 6% vom verzinslichen Betriebskapital, das aus folgenden Angaben zu berechnen ist:

Anlagevermögen, Buchwert	850
Umlaufvermögen, Buchwert	950
davon nichtbetriebliche Wertschriften	50
Aktienkapital	1 000
Übriges Eigenkapital (Reserven, Gewinnvortrag)	100
Unterbewertung der Fabrikeinrichtungen	160
Fremdkapital total	700
davon zinsfreies Fremdkapital	210

- Die andern Kostenarten entsprechen den Aufwänden.

Kostenverteilung

Einzelkosten:	Materialeinzelkosten	1 650
	Lohneinzelkosten	2 000
	Sozialeinzelkosten	.[1]

Gemeinkosten	Kostenstellen			
	Vw	MLr	Fg	Vf
Materialkosten			Total	
Lohnkosten	100	30	450	Rest
Sozialkosten[1]	.	.	.	.
Raumkosten	20	50	140	Rest
Abschreibungskosten	7	5	120	Rest
Zinskosten	10	22	40	Rest
Übrige Betriebskosten	53	35	285	Rest

[1] Die Sozialkosten sind im Verhältnis der Lohnkosten zu verteilen.

Bestandesveränderungen:
Halbfabrikatebestand Zunahme 50, Fertigfabrikatebestand unverändert

Aufgaben

1. Die Abgrenzung zwischen Aufwand und Kosten ist vorzunehmen und das Ergebnis in Form eines Kostenartenbogens darzustellen.
2. Der BAB ist aufzustellen:
   - Einzel- und Gemeinkostenverteilung
   - Gemeinkostenumlage:
     Umlage der allgemeinen Kostenstelle im Verhältnis 1 : 6 : 3
     Die Umlage der Hauptkostenstellen geschieht mit Hilfe der folgenden, aus der Betriebsabrechnung des Vorjahres berechneten Sätze:
     Materiallager: 10% des Einzelmaterials
     Fertigung: Fr. 12.25 je Arbeitsstunde. Es wurden in der abzurechnenden Periode 100 000 Stunden registriert.
     Verkauf: 12% der Einzelkosten
   - Als Ergebnisse sind im BAB auszuweisen:
     der effektive interne Betriebsgewinn
     der kalkulierte interne Betriebsgewinn
     der externe Betriebsgewinn
     die Kostenüber- und -unterdeckungen.
3. Berechnung der neuen Kalkulationssätze gemäss den tatsächlichen Stellenkosten
4. Kalkulation der Selbstkostenpreise und der Nettoverkaufspreise mit 10% Reingewinnzuschlag für zwei Artikel
   4.1. mit den alten Kalkulationssätzen
   4.2. mit den neuen Kalkulationssätzen

   unter Berücksichtigung der folgenden Einzelkosten:

Artikel X 41: Materialeinzelkosten 175.–, Lohneinzelkosten: 6 Arbeitsstunden zu 25.–, Sozialeinzelkosten
Artikel X 42: Materialeinzelkosten 200.–, Lohneinzelkosten: 10 Arbeitsstunden zu 24.50, Sozialeinzelkosten

5. Für die Kostenstelle mit der grössten Über- oder Unterdeckung ist die Frage zu prüfen, ob das bisher angewandte Umlageverfahren sinnvoll ist, also beibehalten werden kann oder ersetzt werden sollte. Das Ergebnis der Überlegung ist kurz zu formulieren.

Übungsaufgabe 39
Engros- und Detailhandel

Fall 39/1

Die Kollektivgesellschaft T & Co. vertreibt Waren als Grossist und im eigenen Detailgeschäft.
Im Geschäftsjahr 19.1 erzielte sie folgende Umsätze:

- Engroswaren 1 801 275
- Detailwaren 4 931 150

Kostenartenrechnung:

Bezugswert der verkauften Waren
- Engroswaren 1 095 000
- Detailwaren 2 555 000
Raumkosten 215 000
Personalkosten 1 575 800
Abschreibungskosten 105 000
Zinskosten 319 500
Einkaufskosten 72 200
Verkaufskosten 291 400
Verwaltungskosten 111 700
Übrige Betriebskosten 200 200

Kostenstellenrechnung:
- Allgemeine Kostenstelle: Allgemeine Verwaltung (Vw)
- Hauptkostenstellen: Einkauf und Lager (Ef+Lr)
  Engrosverkauf (EnVf)
  Detailverkauf (DeVf)

Gemeinkosten	Vw	Ef+Lr	EnVf	DeVf
Raumkosten	35 700	17 800	25 700	Rest
Personalkosten	441 900	270 100	210 900	Rest
Abschreibungskosten	20 100	11 200	11 500	Rest
Zinskosten	71 200	111 000	30 900	Rest
Einkaufskosten		Total		
Verkaufskosten			69 500	Rest
Verwaltungskosten	Total			
Übrige Betriebskosten	36 900	49 450	32 200	Rest

Aufgaben

1. Erstellung des Betriebsabrechnungsbogens:
   Die Gemeinkosten der allgemeinen Kostenstelle Verwaltung sind im Verhältnis 7 : 6 : 22 auf die Hauptkostenstellen zu verteilen. Die Gemeinkosten der Stelle Einkauf und Lager sind im Verhältnis der Bezugswerte der verkauften Waren umzulegen.
   Es ist eine getrennte Kostenträgerrechnung für Engroswaren und Detailwaren sowie für die gesamten Waren zu führen unter Ausweis der Kostenüber- und -unterdeckungen.
   Die Kalkulation der abgelaufenen Periode beruhte auf den Gemeinkostensätzen der vorangegangenen Periode 19.0:
   - Einkauf- und Lagerstellengemeinkosten: 20% vom Bezugswert der verkauften Waren
   - Engrosverkaufsstellengemeinkosten: 42% vom Bezugswert der verkauften Engroswaren
   - Detailverkaufsstellengemeinkosten: 70% vom Bezugswert der im Laden verkauften Waren

   Im Betriebsabrechnungsbogen sind die effektiven und die kalkulierten Selbstkosten und Ergebnisse für die beiden Absatzbereiche sowie für den Gesamtbetrieb auszuweisen.
2. Für beide Absatzbereiche sind der alte und der neue Bruttogewinnzuschlagssatz zu ermitteln. Für diese Berechnung ist der bisher einkalkulierte prozentuale Reingewinn bezogen auf den Warenbezugswert beizubehalten.
3. Einzelkalkulationen
   Es sind für die folgenden Waren die Nettoverkaufspreise mit den neuen Kalkulationszuschlägen zu berechnen:

   3.1. Artikel 101 E: Bezugspreis 140.–, Engrosverkauf
   3.2. Artikel 110 D: Bezugspreis 24.–, Detailverkauf
   3.3. Artikel 117 ED: Bezugspreis 80.–
      a) Engrosverkauf
      b) Detailverkauf

Fall 39/2

Die Kollektivgesellschaft U & Co. vertreibt Waren als Grossist und im eigenen Detailgeschäft.
Im Geschäftsjahr 19.1 erzielte sie folgende Umsätze:

- Engroswaren 2 142 000
- Detailwaren 5 444 250

Kostenartenrechnung:
Bezugswert der verkauften Waren
- Engroswaren 1 275 000
- Detailwaren 2 975 000
Raumkosten 237 000
Personalkosten 1 814 800
Abschreibungskosten 120 000
Zinskosten 351 500
Einkaufskosten 80 400
Verkaufskosten 320 600
Verwaltungskosten 123 100
Übrige Betriebskosten 212 350

Kostenstellenrechnung:
- Allgemeine Kostenstelle: Allgemeine Verwaltung (Vw)
- Hauptkostenstellen: Einkauf und Lager (Ef + Lr)
  Engrosverkauf (EnVf)
  Detailverkauf (DeVf)

Gemeinkosten	Vw	Ef + Lr	EnVf	DeVf
Raumkosten	39 300	19 600	28 200	Rest
Personalkosten	508 100	310 300	243 200	Rest
Abschreibungskosten	22 800	12 900	13 200	Rest
Zinskosten	78 400	122 000	34 100	Rest
Einkaufskosten		Total		
Verkaufskosten			74 300	Rest
Verwaltungskosten	Total			
Übrige Betriebskosten	39 800	57 500	32 750	Rest

Aufgaben

1. Erstellung des Betriebsabrechnungsbogens:
   Die Gemeinkosten der allgemeinen Kostenstelle Verwaltung sind im Verhältnis 6 : 5 : 19 auf die Hauptkostenstellen zu verteilen. Die Gemeinkosten der Stelle Einkauf und Lager sind im Verhältnis der Bezugswerte der verkauften Waren umzulegen.
   Es ist eine getrennte Kostenträgerrechnung für Engroswaren und Detailwaren sowie für die gesamten Waren zu führen unter Ausweis der Kostenüber- und -unterdeckungen.
   Die Kalkulation der abgelaufenen Periode beruhte auf den Gemeinkostensätzen der vorangegangenen Periode 19.0:

- Einkauf- und Lagerstellengemeinkosten: 17% vom Bezugswert der verkauften Waren
- Engrosverkaufsstellengemeinkosten: 48% vom Bezugswert der verkauften Engroswaren
- Detailverkaufsstellengemeinkosten: 62% vom Bezugswert der im Laden verkauften Waren

Im Betriebsabrechnungsbogen sind die effektiven und die kalkulierten Selbstkosten und Ergebnisse für die beiden Absatzbereiche sowie für den Gesamtbetrieb auszuweisen.

2. Für beide Absatzbereiche sind der alte und der neue Bruttogewinnzuschlagssatz zu ermitteln. Für diese Berechnung ist der bisher einkalkulierte prozentuale Reingewinn bezogen auf den Warenbezugswert beizubehalten.
3. Einzelkalkulationen
Es sind für die folgenden Waren die Nettoverkaufspreise mit den neuen Kalkulationszuschlägen zu berechnen:

3.1. Artikel 201 E: Bezugspreis 34.–, Engrosverkauf
3.2. Artikel 210 D: Bezugspreis 150.–, Detailverkauf
3.3. Artikel 217 ED: Bezugspreis 60.–
   a) Engrosverkauf
   b) Detailverkauf

Übungsaufgabe 40
Betriebsabrechnung eines gemischten Gewerbe- und Warenhandelsbetriebes

Fall 40/1

Die Firma P & Co. betreibt in ländlichen Verhältnissen einen Laden mit Papeteriewaren und Büchern und eine Druckerei für die Herstellung von Prospekten und Geschäftsaufdrucken.

Die Betriebsabrechnung beruht auf den folgenden Kosten und Erträgen:

Materialkosten	440 000
Handelswarenkosten	840 000
Personalkosten	290 000
Raumkosten	30 000
Abschreibungskosten	37 000
Zinskosten	85 000
Übrige Betriebskosten	118 000
Druckereiertrag	810 000
Handelswarenertrag	1 100 000

Kostenstellen

Allgemeine Kostenstelle: Allgemeine Verwaltung (Vw)
Hauptkostenstellen: Material- und Warenlager (M+WaLr)
Druckerei (Dr)
Laden (La)

Kostenverteilung

Einzelkosten der Druckerei: Materialkosten 420 000
Personalkosten 100 000

Gemeinkosten	Kostenstellen			
	Vw	M+WaLr	Dr	La
Materialkosten			Total	
Personalkosten	100 000	20 000	25 000	Rest
Raumkosten	4 000	6 000	10 000	Rest
Abschreibungskosten	2 000	1 000	30 000	Rest
Zinskosten	13 000	20 000	48 000	Rest
Übrige Betriebskosten	31 000	13 600	47 000	Rest

Bestandesveränderung
Der Bestand fertiger Erzeugnisse der Druckerei ist immer = 0, da die Aufträge sofort nach der Fertigstellung den Kunden abgeliefert oder von diesen abgeholt werden.
Bestand an Aufträgen in Arbeit: am 1.1.= 1 000, am 31.12.= 5 000

Aufgaben

1. Erstellen des Betriebsabrechnungsbogens mit Kostenarten-, Kostenstellen- und Kostenträgerrechnung. Die Kostenträgerrechnung ist für Druckereierzeugnisse und Handelswaren getrennt zu führen, und zwar zu effektiven und zu kalkulierten Kosten und mit einer Kontrollrechnung über die Kostendeckung.

   Gemeinkostenumlage:
   Umlage der Gemeinkosten der allgemeinen Kostenstelle im Verhältnis 1 : 6 : 3
   Die Kostenträgerrechnung mit den kalkulierten Kosten beruht auf den Kalkulationssätzen des Vorjahres:
   Material- und Warenlager: 7,5% des Bezugswertes der verkauften Handelswaren und des verarbeiteten Einzelmaterials
   Druckerei: 250% der Druckerei-Einzellöhne
   Laden: 15% des Bezugswertes der verkauften Handelswaren
   Als Resultate sind im Betriebsabrechnungsbogen die kalkulierten und die effektiven Ergebnisse von Druckerei und Papeterieladen auszuweisen.
2. Berechnung der neuen Kalkulationssätze gemäss den tatsächlichen Hauptstellenkosten

3. Einzelkalkulationen für einen Druckauftrag und einen Ladenartikel, und zwar
   3.1. mit den alten Kalkulationssätzen
   3.2. mit den neuen Kalkulationssätzen
   Druckauftrag Nr. 156: Materialeinzelkosten 800.–, Personaleinzelkosten 200.–; gesucht ist der Offertpreis unter Einrechnung von 5% Reingewinnzuschlag.
   Füllfeder Pen 11: Bezugspreis 20.–, Richtpreis des Fabrikanten für Detailverkauf 26.–. Berechnung des Selbstkostenpreises, der Reingewinnquote und der Bruttogewinnquote

Fall 40/2

Die Firma Q. & Co. betreibt in ländlichen Verhältnissen einen Laden mit Papeteriewaren und Büchern und eine Druckerei für die Herstellung von Prospekten und Geschäftsaufdrucken.

Die Betriebsabrechnung beruht auf den folgenden Kosten und Erträgen:

Materialkosten	475 000
Handelswarenkosten	900 000
Personalkosten	310 000
Raumkosten	32 000
Abschreibungskosten	40 000
Zinskosten	92 000
Übrige Betriebskosten	114 000
Druckereiertrag	930 000
Handelswarenertrag	1 082 000

Kostenstellen

Allgemeine Kostenstelle:	Allgemeine Verwaltung (Vw)
Hauptkostenstellen:	Material- und Warenlager (M + WaLr)
	Druckerei (Dr)
	Laden (La)

Kostenverteilung

Einzelkosten der Druckerei:	Materialkosten	450 000
	Personalkosten	110 000

Gemeinkosten	Kostenstellen			
	Vw	M + WaLr	Dr	La
Materialkosten			Total	
Personalkosten	107 000	21 000	26 000	Rest
Raumkosten	4 000	6 000	11 000	Rest
Abschreibungskosten	2 000	1 000	32 000	Rest
Zinskosten	14 000	22 000	51 000	Rest
Übrige Betriebskosten	33 000	15 000	42 500	Rest

Bestandesveränderung
Der Bestand fertiger Erzeugnisse der Druckerei ist immer = 0, da die Aufträge sofort nach der Fertigstellung den Kunden abgeliefert oder von diesen abgeholt werden.
Bestand an Aufträgen in Arbeit: am 1.1. = 5 000, am 31.12. = 2 000

Aufgaben

1. Erstellen des Betriebsabrechnungsbogens mit Kostenarten-, Kostenstellen- und Kostenträgerrechnung. Die Kostenträgerrechnung ist für Druckereierzeugnisse und Handelswaren getrennt zu führen, und zwar zu effektiven und zu kalkulierten Kosten und mit einer Kontrollrechnung über die Kostendeckung.

   Gemeinkostenumlage:
   Umlage der Gemeinkosten der allgemeinen Kostenstelle im Verhältnis 2 : 13 : 5
   Die Kostenträgerrechnung mit den kalkulierten Kosten beruht auf den Kalkulationssätzen des Vorjahres:
   Material- und Warenlager: 7% des Bezugswertes der verkauften Handelswaren und des verarbeiteten Einzelmaterials
   Druckerei: 270% der Druckerei-Einzellöhne
   Laden: 13% des Bezugswertes der verkauften Handelswaren
   Als Resultate sind im Betriebsabrechnungsbogen die kalkulierten und die effektiven Ergebnisse von Druckerei und Papeterieladen auszuweisen.

2. Berechnung der neuen Kalkulationssätze gemäss den tatsächlichen Hauptstellenkosten

3. Einzelkalkulationen für einen Druckauftrag und einen Ladenartikel, und zwar
   3.1. mit den alten Kalkulationssätzen
   3.2. mit den neuen Kalkulationssätzen

   Druckauftrag Nr. 265: Materialeinzelkosten 1200.–, Personaleinzelkosten 300.–; gesucht ist der Offertpreis unter Einrechnung von 5% Reingewinnzuschlag.
   Taschenrechner Pi 22: Bezugspreis 30.–, Richtpreis des Fabrikanten für Detailverkauf 38.–. Berechnung des Selbstkostenpreises, der Reingewinnquote und der Bruttogewinnquote

Übungsaufgabe 41
Betriebsabrechnung und Kalkulationen. Kostenträgerrechnung mit effektiven und kalkulierten Kosten

Betriebsabrechnung mit Kurzzahlen (Beträge um 1000 gekürzt); Einzelkalkulationen mit ungekürzten Zahlen

Fall 41/1

Die Betriebsabrechnung der G AG geht von den folgenden *Kosten- und Ertragszahlen* aus:

Materialkosten	403
Personalkosten	865
Raumkosten	121
Abschreibungskosten	98
Zinskosten	144
Verkaufskosten	31
Verwaltungskosten	38
Übrige Betriebskosten	84
Fabrikateertrag A	1100
Fabrikateertrag B	720

Bestandesveränderungen	Verbuchte Bestandes- zu- und abnahmen	Veränderung der stillen Reserven
Halbfabrikate A	+ 2	0
Halbfabrikate B	– 18	+ 6
Fertigfabrikate A	– 2	+ 14
Fertigfabrikate B	– 13	– 2

Kostenverteilung:
Einzelkosten: Materialeinzelkosten für Produkte A   200
            Materialeinzelkosten für Produkte B   176
            Personaleinzelkosten für Produkte A   387
            Personaleinzelkosten für Produkte B   190

Gemeinkosten:
Die Kostenstellenrechnung ist wie folgt zu gliedern:
Allgemeine Kostenstelle: Allgemeine Verwaltung (Vw)
Hilfskostenstelle: Unterhalt und Reparatur (Ut + Rep)
Hauptkostenstellen: Einkauf und Materiallager (Ef + MLr)
Fertigung A (Fg A)
Fertigung B (Fg B)
Fabrikatelager und Vertrieb (FLr + Vt)

	Vw	Ut + Rep	Ef + MLr	Fg A	Fg B	FLr + Vt
Materialkosten		12		10	Rest	
Personalkosten	66	31	45	54	36	Rest
Raumkosten	8	6	7	60	20	Rest
Abschreibungskosten	9	4	5	42	32	Rest
Zinskosten	12	5	29	33	21	Rest
Verkaufskosten						Total
Verwaltungskosten	Total					
Übrige Betriebskosten	13	3	12	27	16	Rest

Aufgaben

1. Der BAB mit einer vollständigen Kostenarten-, Kostenstellen- und Kostenträgerrechnung ist aufzustellen. Dezimalen sind konsequent *auf ganze Zahlen (= Fr. 1000) auf- oder abzurunden.*
   - Die Kostenträgerrechnung ist zu effektiven und zu kalkulierten Kosten zu führen unter Ausweis der Kostenüber- und -unterdeckungen, und zwar für die Produktgruppe A und die Produktgruppe B getrennt und mit einer Gesamtrechnung für den ganzen Betrieb. In den drei Spalten der Kostendeckungsrechnung sind die entsprechenden Eintragungen bei jeder Stellengemeinkostenumlage, bei jeder Zwischenaddition und auf der Stufe der Gruppen- und Betriebsergebnisse vorzunehmen.
   - *Gemeinkostenumlage:*
   Umlage der Gemeinkosten der allgemeinen Kostenstelle im Verhältnis 2 : 7 : 29 : 18 : 17
   Umlage der Gemeinkosten der Hilfskostenstelle nach Massgabe der geleisteten Stunden: für Fertigung A 800 Stunden, für Fertigung B 800 Stunden, für Fabrikatelager und Vertrieb 400 Stunden. Die Umlage der Gemeinkosten der Hauptkostenstellen auf die beiden Produktgruppen beruht auf den Kalkulationssätzen des Vorjahres:
   Einkauf und Materiallager: 25% des Einzelmaterials
   Fertigung A: 100% der Personaleinzelkosten der Produktgruppe A
   Fertigung B: 50% der Einzelkosten der Produktgruppe B
   Fabrikatelager und Vertrieb: 12,5% der Herstellungskosten der verkauften Produkte
   - *Im BAB sind auszuweisen:*
   die verschiedenen Stufen der Herstellungskosten der Fabrikate A und B und des Gesamtbetriebes
   die Selbstkosten der verkauften Fabrikate A und B und des Gesamtbetriebes
   die Gruppenergebnisse A und B und das Betriebsergebnis
2. Berechnung der neuen Kalkulationssätze gemäss den tatsächlichen Hauptstellenkosten

3. Kalkulation der Selbstkostenpreise für zwei Artikel
   3.1. mit den alten Kalkulationssätzen
   3.2. mit den neuen Kalkulationssätzen

   Artikel A 21: Materialeinzelkosten 100.–, Personaleinzelkosten: 10 Stunden zu 20.–
   Artikel B 25: Materialeinzelkosten 230.–, Personaleinzelkosten: 12 Stunden zu 22.50
4. Die Differenz zwischen altem und neuem Selbstkostenpreis gemäss den Ergebnissen von Ziffer 3 ist für die beiden Artikel in Franken und in Prozenten auszudrücken.
5. Fragen zum BAB:
   5.1. Warum werden bei der Berechnung der effektiven und der kalkulierten Selbstkosten die gleichen Personaleinzelkostenbeträge eingesetzt?
   5.2. Warum wird die Allgemeine Verwaltung als allgemeine Kostenstelle und nicht als Hauptkostenstelle geführt?
   5.3. Welches Kriterium könnte in der Praxis für die Gewinnung des Verteilungsschlüssels der Allgemeinen Verwaltung gewählt werden?
   5.4. Es sind zwei mögliche Ursachen für die in der Einkaufs- und Materiallagerstelle aufgetretene Kostendeckungsdifferenz zu nennen.

Fall 41/2

Die Betriebsabrechnung der H AG geht von den folgenden *Kosten- und Ertragszahlen* aus:

Materialkosten	611
Personalkosten	1 300
Raumkosten	182
Abschreibungskosten	147
Zinskosten	216
Verkaufskosten	47
Verwaltungskosten	57
Übrige Betriebskosten	126
Fabrikateertrag A	1 700
Fabrikateertrag B	1 050

Bestandesveränderungen	Verbuchte Bestandes- zu- und abnahmen	Veränderung der stillen Reserven
Halbfabrikate A	– 8	– 2
Halbfabrikate B	+ 15	0
Fertigfabrikate A	– 50	+ 7
Fertigfabrikate B	– 5	+ 15

Kostenverteilung:
Einzelkosten: Materialeinzelkosten für Produkte A 310
Materialeinzelkosten für Produkte B 260
Personaleinzelkosten für Produkte A 580
Personaleinzelkosten für Produkte B 290

Gemeinkosten:
Die Kostenstellenrechnung ist wie folgt zu gliedern:
Allgemeine Kostenstelle: Allgemeine Verwaltung (Vw)
Hilfskostenstelle: Unterhalt und Reparatur (Ut + Rep)
Hauptkostenstellen: Einkauf und Materiallager (Ef + MLr)
Fertigung A (Fg A)
Fertigung B (Fg B)
Fabrikatelager und Vertrieb (FLr + Vt)

	Vw	Ut + Rep	Ef + MLr	Fg A	Fg B	FLr + Vt
Materialkosten		18		16	Rest	
Personalkosten	100	45	67	80	54	Rest
Raumkosten	11	8	10	78	45	Rest
Abschreibungskosten	14	7	7	60	50	Rest
Zinskosten	18	7	44	48	39	Rest
Verkaufskosten						Total
Verwaltungskosten	Total					
Übrige Betriebskosten	25	9	17	28	25	Rest

Aufgaben

1. Der BAB mit einer vollständigen Kostenarten-, Kostenstellen- und Kostenträgerrechnung ist aufzustellen. Dezimalen sind konsequent *auf ganze Zahlen (= Fr. 1000) auf- oder abzurunden.*
   – Die Kostenträgerrechnung ist zu effektiven und zu kalkulierten Kosten zu führen unter Ausweis der Kostenüber- und -unterdeckungen, und zwar für die Produktgruppe A und die Produktgruppe B getrennt und mit einer Gesamtrechnung für den ganzen Betrieb. In den drei Spalten der Kostendeckungsrechnung sind die entsprechenden Eintragungen bei jeder Stellengemeinkostenumlage, bei jeder Zwischenaddition und auf der Stufe der Gruppen- und Betriebsergebnisse vorzunehmen.
   – *Gemeinkostenumlage:*
   Umlage der Gemeinkosten der allgemeinen Kostenstelle im Verhältnis 2 : 8 : 27 : 21 : 17
   Umlage der Gemeinkosten der Hilfskostenstelle nach Massgabe der geleisteten Stunden: für Fertigung A 900 Stunden, für Fertigung B 1650 Stunden, für Fabrikatelager und Vertrieb 450 Stunden. Die Umlage der Gemeinkosten der Hauptkostenstellen auf die beiden Produktgruppen beruht auf den Kalkulationssätzen des Vorjahres:
   Einkauf und Materiallager: 30% des Einzelmaterials
   Fertigung A: 80% der Personaleinzelkosten der Produktgruppe A
   Fertigung B: 54% der Einzelkosten der Produktgruppe B
   Fabrikatelager und Vertrieb: 14% der Herstellungskosten der verkauften Produkte

- *Im BAB sind auszuweisen:*
  die verschiedenen Stufen der Herstellungskosten der Fabrikate A und B und des Gesamtbetriebes
  die Selbstkosten der verkauften Fabrikate A und B und des Gesamtbetriebes
  die Gruppenergebnisse A und B und das Betriebsergebnis
2. Berechnung der neuen Kalkulationssätze gemäss den tatsächlichen Hauptstellenkosten
3. Kalkulation der Selbstkostenpreise für zwei Artikel

    3.1. mit den alten Kalkulationssätzen
    3.2. mit den neuen Kalkulationssätzen

    Artikel A 51: Materialeinzelkosten 80.–, Personaleinzelkosten: 9 Stunden zu 19.–
    Artikel B 65: Materialeinzelkosten 135.–, Personaleinzelkosten: $7^{1}/_{3}$ Stunden zu 22.50

4. Die Differenz zwischen altem und neuem Selbstkostenpreis gemäss den Ergebnissen von Ziffer 3 ist für die beiden Artikel in Franken und in Prozenten auszudrücken.
5. Fragen zum BAB:

    5.1. Warum werden bei der Berechnung der effektiven und der kalkulierten Selbstkosten die gleichen Materialeinzelkostenbeträge eingesetzt?
    5.2. Warum wird die Kostenstelle Unterhalt und Reparatur als Hilfskostenstelle und nicht als Hauptkostenstelle geführt?
    5.3. Mit welcher rechnerischen Methode werden die Kosten für Unterhalt und Reparatur auf die empfangenden Kostenstellen umgelegt?
    5.4. Es sind zwei mögliche Ursachen für die in der Fabrikatelager- und Vertriebsstelle aufgetretene Kostendeckungsdifferenz zu nennen.

Übungsaufgabe 42
Buchhaltungsabschluss, Betriebsabrechnung und Kalkulation

Fall 42/1

Die Buchhaltung der Fabrikationsunternehmung X AG zeigt die folgenden Bestandes- und Erfolgszahlen:

	Eröffnungs-bilanz 19.1	provisorische Abschluss-bilanz 19.1[1]
Anlagevermögen		
Betriebliches Anlagevermögen		
Maschinen	730 000	730 000
Werkzeuge	7 000	8 000
Büro- und Lagereinrichtung	90 000	90 000
Fahrzeuge	90 000	110 000
Nicht betriebliches Anlagevermögen		
Anlagewertschriften	0	140 000
Umlaufvermögen		
Rohstoffe	118 000	123 000
Halbfabrikate	6 000	10 000
Fertigfabrikate	140 000	160 000
Debitoren	90 000	130 000
Flüssige Mittel	139 000	135 000
	1 410 000	1 636 000
Eigenkapital		
Aktienkapital	1 000 000	1 000 000
Reserven	140 000	160 000
Gewinnvortrag	100 000 [2]	0
Fremdkapital		
Darlehensschuld	75 000	150 000
Bank	45 000	44 000
Kreditoren	50 000	32 000
Unternehmungsgewinn vor Abschreibungen		250 000
	1 410 000	1 636 000
Stille Reserven		
in Maschinen	100 000	100 000
in Fahrzeugen	10 000	10 000
im Umlaufvermögen	0	0

[1] Vor der Vornahme der Jahresabschreibungen auf dem Anlagevermögen
[2] Gewinnvortrag alt   50 000
   Ausgewiesener Gewinn 19.0   50 000

   Gewinnvortrag EBZ 19.1   100 000

Provisorische Unternehmungserfolgsrechnung 19.1

Materialaufwand	280 000	
Personalaufwand	700 000	
Raumaufwand	85 000	
Maschinen- und Werkzeugaufwand[1]	37 000	
Büro- und Lagereinrichtungsaufwand[1]	1 000	
Fahrzeugaufwand[1]	20 000	
Zinsaufwand	12 000	
Verkaufsaufwand	90 000	
Energieaufwand	15 000	
Verwaltungsaufwand	80 000	
Übriger Betriebsaufwand	67 000	
Bestandesveränderungen:		
Abnahme: Fertigfabrikate B	5 000	
Zunahmen: Halbfabrikate A	− 3 000	
Halbfabrikate B	− 1 000	
Fertigfabrikate A	− 25 000	
Fabrikateertrag A		956 000
Fabrikateertrag B		650 000
Wertschriftenertrag		7 000
Unternehmungsgewinn vor Abschreibungen	250 000	
	1 613 000	1 613 000

[1] noch ohne Abschreibungsaufwand

Aufgaben

1. Die Abschreibungen für die Betriebsabrechnung und die Unternehmungserfolgsrechnung sind zu berechnen und übersichtlich darzustellen. Es gelten die folgenden Abschreibungsrichtlinien:

   1.1. Die durch die Produktion bedingte, möglichst objektiv bemessene Wertverminderung der Anlagen beträgt im Jahre 19.1:
   Maschinen: Summe der Einzelabschreibungen 120 000
   Werkzeuge: Globalabschreibung 50% des Schlussbestandes
   Büro- und Lagereinrichtung: Die Anlagen sind vor 3 Jahren zu 100 000 angeschafft worden. Die lineare Abschreibung soll 20 Jahre nach der Anschaffung auf 0 führen.
   Fahrzeuge: Einzelabschreibung von 30% vom kostenmässigen Restwert der früher angeschafften Wagen und 25% vom Anschaffungspreis des neuen Wagens

1.2. Die buchmässige Abschreibung geht von den unter 1.1. berechneten Wertverminderungen aus; dabei wird der Abschreibungsbetrag auf *Maschinen* um 20%, jener auf der *Büro- und Lagereinrichtung* um 100% erhöht. Es ist wie im Vorjahr wiederum ein Unternehmungsgewinn von höchstens 50 000 auszuweisen. Eine allfällige zusätzliche stille Reserve ist auf den *Fahrzeugen* zu bilden.

2. Erstellung der definitiven Abschlussbilanzen 19.1, und zwar
   2.1. der externen Abschlussbilanz mit stillen Reserven
   2.2. der internen Abschlussbilanz ohne stille Reserven
3. Berechnung von 7,5% Zinskosten auf dem durchschnittlichen verzinslichen Betriebskapital
4. Erstellung eines vollständigen Kostenartenbogens mit der Abgrenzung zwischen Aufwand und Kosten
5. Der Betriebsabrechnungsbogen mit der vollständigen Kostenarten-, Kostenstellen- und Kostenträgerrechnung ist aufzustellen. Die Kostenträgerrechnung ist für den Gesamtbetrieb zu führen, und zwar zu effektiven und zu kalkulierten Kosten unter Ausweis der Kostenüber- und -unterdeckungen.

Kostenverteilung:

Einzelkosten		
	Materialeinzelkosten für Produkte A	105 000
	Materialeinzelkosten für Produkte B	160 000
	Personaleinzelkosten für Produkte A	170 000
	Personaleinzelkosten für Produkte B	300 000

Gemeinkosten

Kostenstellenrechnung:
Allgemeine Kostenstelle: Allgemeine Verwaltung (Vw)
Hauptkostenstellen: Einkauf und Materiallager (Ef + MLr)
                     Fertigung A (Fg A)
                     Fertigung B (Fg B)
                     Fabrikatelager und Vertrieb (FLr + Vt)

	Vw	Ef + MLr	Fg A	Fg B	FLr + Vt
Materialkosten			9 000	Rest	
Personalkosten	53 000	36 000	55 000	40 000	Rest
Raumkosten	6 000	5 000	44 000	17 000	Rest
Maschinen- und Werkzeugkosten			105 000	Rest	
Büro- und Lagereinrichtungskosten	2 500	1 000			Rest
Fahrzeugkosten	10 000	5 000			Rest
Zinskosten	9 000	17 000	38 000	20 000	Rest
Verkaufskosten					Total
Energiekosten	300	700	8 500	4 000	Rest
Verwaltungskosten	Total				
Übrige Betriebskosten	11 200	2 800	12 500	18 000	Rest

Gemeinkostenumlage:
Umlage der Gemeinkosten der allgemeinen Kostenstelle im Verhältnis 3 : 17 : 13 : 10
Die Kostenträgerrechnung zu kalkulierten Kosten beruht auf den Kalkulationssätzen des Vorjahres:

> Einkauf und Materiallager: 28% des Einzelmaterials
> Fertigung A: 170% der Personaleinzelkosten A
> Fertigung B: 75% der Personaleinzelkosten B
> Fabrikatelager und Vertrieb: 18,5% der Herstellungskosten der verkauften Produkte

In den beiden Kostenträgerrechnungen zu effektiven und zu kalkulierten Kosten sind zu ermitteln:

- die verschiedenen Stufen der Herstellungskosten
- die Selbstkosten der verkauften Produkte
- das effektive und das kalkulierte Betriebsergebnis.

6. Berechnung der neuen Kalkulationssätze gemäss den tatsächlichen Hauptstellenkosten
7. Kalkulation der Selbstkostenpreise für drei Produkte
    7.1. mit den alten Kalkulationssätzen
    7.2. mit den neuen Kalkulationssätzen
    Produkt A 10: Materialeinzelkosten A 60.–, Personaleinzelkosten A 100.–
    Produkt B 15: Materialeinzelkosten B 55.–, Personaleinzelkosten B 100.–
    Produkt AB 06: Materialeinzelkosten A 12.–, Materialeinzelkosten B 6.–, Personaleinzelkosten A 20.–, Personaleinzelkosten B 10.–
8. Die Differenz zwischen altem und neuem Selbstkostenpreis gemäss den Ergebnissen von Ziffer 7 ist für jedes der drei Produkte in Franken und in Prozenten auszudrücken.

Fall 42/2

Die Buchhaltung der Fabrikationsunternehmung Y AG zeigt die folgenden Bestandes- und Erfolgszahlen:

	Eröffnungsbilanz 19.1	provisorische Abschlussbilanz 19.1[1]
Anlagevermögen		
Betriebliches Anlagevermögen		
Maschinen	810 000	810 000
Werkzeuge	8 000	10 000
Büro- und Lagereinrichtung	95 000	95 000
Fahrzeuge	100 000	122 000
Nicht betriebliches Anlagevermögen		
Anlagewertschriften	0	155 000
Umlaufvermögen		
Rohstoffe	113 000	133 000
Halbfabrikate	14 000	8 000
Fertigfabrikate	177 000	161 000
Debitoren	97 000	140 000
Flüssige Mittel	139 000	168 000
	1 553 000	1 802 000
Eigenkapital		
Aktienkapital	1 100 000	1 100 000
Reserven	150 000	170 000
Gewinnvortrag	120 000 [2]	0
Fremdkapital		
Darlehensschuld	80 000	160 000
Bank	48 000	57 000
Kreditoren	55 000	35 000
Unternehmungsgewinn vor Abschreibungen		280 000
	1 553 000	1 802 000
Stille Reserven		
in Maschinen	120 000	120 000
in Fahrzeugen	15 000	15 000
im Umlaufvermögen	0	0

[1] Vor der Vornahme der Jahresabschreibungen auf dem Anlagevermögen
[2] Gewinnvortrag alt 60 000
Ausgewiesener Gewinn 19.0 60 000

Gewinnvortrag EBZ 19.1 120 000

Provisorische Unternehmungserfolgsrechnung 19.1

Materialaufwand	310 000	
Personalaufwand	766 500	
Raumaufwand	91 700	
Maschinen- und Werkzeugaufwand[1]	43 000	
Büro- und Lagereinrichtungsaufwand[1]	3 000	
Fahrzeugaufwand[1]	21 000	
Zinsaufwand	13 000	
Verkaufsaufwand	115 000	
Energieaufwand	17 000	
Verwaltungsaufwand	100 000	
Übriger Betriebsaufwand	70 000	
Bestandesveränderungen:		
Abnahmen: Halbfabrikate A	2 000	
Halbfabrikate B	4 000	
Fertigfabrikate B	19 000	
Zunahme: Fertigfabrikate A	− 3 000	
Fabrikateertrag A		1 143 400
Fabrikateertrag B		700 800
Wertschriftenertrag		8 000
Unternehmungsgewinn vor Abschreibungen	280 000	
	1 852 200	1 852 200

[1] noch ohne Abschreibungsaufwand

Aufgaben

1. Die Abschreibungen für die Betriebsabrechnung und die Unternehmungserfolgsrechnung sind zu berechnen und übersichtlich darzustellen. Es gelten die folgenden Abschreibungsrichtlinien:

    1.1. Die durch die Produktion bedingte, möglichst objektiv bemessene Wertverminderung der Anlagen beträgt im Jahre 19.1:
    Maschinen: Summe der Einzelabschreibungen 130 000
    Werkzeuge: Globalabschreibung 50% des Schlussbestandes
    Büro- und Lagereinrichtung: Die Anlagen sind vor 2 Jahren zu 100 000 angeschafft worden. Die lineare Abschreibung soll 20 Jahre nach der Anschaffung auf 0 führen.
    Fahrzeuge: Einzelabschreibung von 30% vom kostenmässigen Restwert der früher angeschafften Wagen und 25% vom Anschaffungspreis des neuen Wagens

1.2. Die buchmässige Abschreibung geht von den unter 1.1. berechneten Wertverminderungen aus; dabei wird der Abschreibungsbetrag auf *Maschinen* um 20%, jener auf der *Büro- und Lagereinrichtung* um 80% erhöht. Es ist wie im Vorjahr wiederum ein Unternehmungsgewinn von höchstens 60 000 auszuweisen. Eine allfällige zusätzliche stille Reserve ist auf den *Fahrzeugen* zu bilden.

2. Erstellung der definitiven Abschlussbilanzen 19.1, und zwar
   2.1. der externen Abschlussbilanz mit stillen Reserven
   2.2. der internen Abschlussbilanz ohne stille Reserven
3. Berechnung von 8% Zinskosten auf dem durchschnittlichen verzinslichen Betriebskapital
4. Erstellung eines vollständigen Kostenartenbogens mit der Abgrenzung zwischen Aufwand und Kosten
5. Der Betriebsabrechnungsbogen mit der vollständigen Kostenarten-, Kostenstellen- und Kostenträgerrechnung ist aufzustellen. Die Kostenträgerrechnung ist für den Gesamtbetrieb zu führen, und zwar zu effektiven und zu kalkulierten Kosten unter Ausweis der Kostenüber- und -unterdeckungen.

Kostenverteilung:

Einzelkosten
Materialeinzelkosten für Produkte A	120 000
Materialeinzelkosten für Produkte B	170 000
Personaleinzelkosten für Produkte A	190 000
Personaleinzelkosten für Produkte B	330 000

Gemeinkosten

Kostenstellenrechnung:
Allgemeine Kostenstelle: Allgemeine Verwaltung (Vw)
Hauptkostenstellen: Einkauf und Materiallager (Ef+MLr)
Fertigung A (Fg A)
Fertigung B (Fg B)
Fabrikatelager und Vertrieb (FLr+Vt)

	Vw	Ef+MLr	Fg A	Fg B	FLr+Vt
Materialkosten			12 000	Rest	
Personalkosten	58 000	36 500	60 000	44 000	Rest
Raumkosten	7 000	4 700	47 000	19 000	Rest
Maschinen- und Werkzeugkosten			110 000	Rest	
Büro- und Lagereinrichtungskosten	3 500	1 000			Rest
Fahrzeugkosten	13 000	7 000			Rest
Zinskosten	10 000	20 000	45 000	24 000	Rest
Verkaufskosten					Total
Energiekosten	400	800	9 500	4 700	Rest
Verwaltungskosten	Total				
Übrige Betriebskosten	12 100	1 000	22 000	15 800	Rest

Gemeinkostenumlage:
Umlage der Gemeinkosten der allgemeinen Kostenstelle im Verhältnis 4 : 21 : 16 : 10
Die Kostenträgerrechnung zu kalkulierten Kosten beruht auf den Kalkulationssätzen des Vorjahres:

>Einkauf und Materiallager: 32% des Einzelmaterials
>Fertigung A: 200% der Personaleinzelkosten A
>Fertigung B: 80% der Personaleinzelkosten B
>Fabrikatelager und Vertrieb: 21% der Herstellungskosten der verkauften Produkte

In den beiden Kostenträgerrechnungen zu effektiven und zu kalkulierten Kosten sind zu ermitteln:

- die verschiedenen Stufen der Herstellungskosten
- die Selbstkosten der verkauften Produkte
- das effektive und das kalkulierte Betriebsergebnis.

6. Berechnung der neuen Kalkulationssätze gemäss den tatsächlichen Hauptstellenkosten
7. Kalkulation der Selbstkostenpreise für drei Produkte
    7.1. mit den alten Kalkulationssätzen
    7.2. mit den neuen Kalkulationssätzen
    Produkt A 20: Materialeinzelkosten A 60.–, Personaleinzelkosten A 90.–
    Produkt B 25: Materialeinzelkosten B 65.–, Personaleinzelkosten B 120.–
    Produkt AB 08: Materialeinzelkosten A 14.–, Materialeinzelkosten B 5.–, Personaleinzelkosten A 22.–, Personaleinzelkosten B 9.–
8. Die Differenz zwischen altem und neuem Selbstkostenpreis gemäss den Ergebnissen von Ziffer 7 ist für jedes der drei Produkte in Franken und in Prozenten auszudrücken.

3. Kapitel
Der Zusammenhang zwischen Betriebsabrechnung und Deckungsbeitragskalkulation

Die Deckungsbeitragskalkulation, englisch als Direct costing bezeichnet, ist erst in jüngerer Zeit entwickelt und bekannt geworden und damit das jüngste Kalkulationsverfahren.

I. Das Prinzip der Deckungsbeitragskalkulation

Bei der Deckungsbeitragskalkulation werden die Kosten des Betriebes in variable und fixe Kosten unterteilt. Das *wichtigste Problem* besteht bei ihr deshalb in der *Zerlegung der Kostenarten in ihre variablen und fixen Bestandteile.*

Die *fixen Kosten* ändern sich bei unterschiedlicher Beschäftigung, solange die Betriebsgrösse gleich bleibt, nicht, im Gegensatz zu den *variablen Kosten,* die bei zunehmender Beschäftigung steigen und bei abnehmender sinken.

Die *Deckungsbeitragskalkulation* versucht, den Hauptfehler der Zuschlagskalkulation zu vermeiden. Sie rechnet den Kostenträgern nur die variablen, nicht aber die fixen Kosten zu, weil diese mit der Beschäftigung nicht proportional verlaufen und darum nicht proportionalisiert werden dürfen. Es handelt sich daher bei ihr auch nur um eine *Teilkosten- und nicht,* wie bei der Divisions- und der Zuschlagskalkulation, um eine *Vollkostenrechnung.*

Die Deckungsbeitragskalkulation unterscheidet sich von den zwei andern Kalkulationsverfahren aber auch durch das *rechnerische Ziel.* Sie berechnet von den Kostenträgern nicht den Selbstkostenpreis, sondern den sog. *Deckungsbeitrag.* Bei diesem handelt es sich um den Betrag, der der Unternehmung nach Abzug der variablen Kosten vom Verkaufspreis zur Deckung der fixen Kosten und zur Erzielung des Gewinnes noch verbleibt.

Die Deckungsbeitragskalkulation wählt den umgekehrten Weg der Zuschlagskalkulation. Während die Zuschlagskalkulation zu den Einzelkosten die Gemeinkosten hinzuzählt, zieht sie die variablen, besonders die Einzelkosten, vom Verkaufspreis ab. Sie setzt dabei die Verkaufspreise der Kostenträger als bekannt voraus. Diese Voraussetzung ist jedoch nur erfüllt, wenn die Verkaufspreise entweder vom Staat oder einem Kartell fixiert oder von der Konkurrenz diktiert werden und für die Unternehmung ein Datum bilden. Falls die Unternehmung dagegen die Verkaufspreise selber bestimmen kann, muss sie auch ihre Selbstkostenpreise berechnen können, wobei sie auf eine Zuschlagskalkulation angewiesen ist.

Die Deckungsbeitragskalkulation baut, im Gegensatz zur differenzierten Zuschlagskalkulation, auf der Kostenträger- und nicht auf der Kostenstellenrechnung auf. Als *Grundlage* kommt dabei eine ausgebaute, nach verschiedenen Trägergruppen unterteilte *Kostenträgerrechnung* in Frage.

II. Die Arten der Deckungsbeitragskalkulation

Die Deckungsbeitragskalkulation kommt in verschiedenen Arten vor, von denen hier nur zwei dargestellt werden.

1. Die Deckungsbeitragskalkulation mit Einzelkosten

Sie geht von den beiden Gleichungen aus: variable Kosten = Einzelkosten, fixe Kosten = Gemeinkosten und erfasst deshalb nur die Einzelkosten gesondert.

Bei ihr erfordert die Aufteilung der Kostenarten in variable und fixe Kosten *keine Kostenauflösung.* Sie ist darum sehr einfach und stellt bei der praktischen Durchführung keine Probleme.

Bei der Deckungsbeitragskalkulation mit Einzelkosten wird nur ein *einziger Deckungsbeitrag* ermittelt. Aus diesem Grund handelt es sich bei ihr rechnerisch um ein *einstufiges Verfahren.*

Im Warenhandel sind bei der Deckungsbeitragskalkulation mit Einzelkosten der Deckungsbeitrag mit dem Bruttogewinn und der Deckungsbeitragssatz mit der Bruttogewinnquote identisch.

Beispiel 1

Teil 6: Die Deckungsbeitragskalkulation mit Einzelkosten[15]

Aufgabe

Die Kostenrechnung der Einzelfirma X weist folgende Zahlen auf:

Erlöse Kostenarten	Erlöse	Gesamt- kosten	variable Kosten	Warengruppe A		Warengruppe B	
				engros	detail	engros	detail
Erlöse	2 000 000			200 000	1 000 000	400 000	400 000
Einzelkosten Warenkosten		1 000 000	1 000 000	100 000	400 000	300 000	200 000
Gemeinkosten		800 000					

Für die Ware A 1 und A 2 und B 1 und B 2 betragen die Verkaufs- und Bezugspreise:

Ware	Verkaufspreis	Bezugspreis
A 1, Engrosverkauf	1 000	500
A 2, Detailverkauf	2 000	1 200
B 1, Engrosverkauf	600	450
B 2, Detailverkauf	200	80

Lösung

Gruppenerfolgsrechnung

Erlöse Kostenarten	Erlöse variable Kosten	Warengruppe A		Warengruppe B	
		Engrosverkauf	Detailverkauf	Engrosverkauf	Detailverkauf
Erlöse	2 000 000	200 000	1 000 000	400 000	400 000
Einzelkosten Warenkosten	1 000 000	100 000	400 000	300 000	200 000
Deckungsbeitrag in Franken in % des Erlöses	1 000 000 50%	100 000 50%	600 000 60%	100 000 25%	200 000 50%

15 Vgl. Teil 2 S. 46ff., Teil 3 S. 97f., Teil 4 S. 126ff. und Teil 5 S. 146, 148

Einzelkalkulation

Erlös Kosten	Ware A 1	Ware A 2	Ware B 1	Ware B 2
	Engrosverkauf	Detailverkauf	Engrosverkauf	Detailverkauf
Verkaufspreis	1 000	2 000	600	200
Einzelkosten	500	1 200	450	80
Deckungsbeitrag				
in Franken	500	800	150	120
in % des Erlöses	50%	40%	25%	60%

Beispiel 2

Teil 11: Die Deckungsbeitragskalkulation mit Einzelkosten[16]

Aufgabe

Die Kostenrechnung der Familienaktiengesellschaft Y weist folgende Zahlen auf:

Erlöse Kostenarten	Erlöse	Gesamt- kosten	variable Kosten	Fabrikate			
				Gruppe 1	Gruppe 2	Gruppe 3	Gruppe 4
Erlöse	2 500 000			1 000 000	500 000	800 000	200 000
Einzelkosten							
Materialkosten		400 000	400 000	160 000	100 000	100 000	40 000
Personalkosten		800 000	800 000	240 000	200 000	300 000	60 000
		1 200 000	1 200 000	400 000	300 000	400 000	100 000
Gemeinkosten		1 030 000					

Für die Fabrikate F 1 bis F 4 betragen die Verkaufspreise und Einzelkosten:

Fabrikat	Verkaufspreis	Materialeinzelkosten	Personaleinzelkosten
F 1	1 000	200	300
F 2	400	100	160
F 3	500	80	120
F 4	200	50	70

---

16 Vgl. Teil 2 S. 52 ff., Teil 9 S. 129 ff. und Teil 10 S. 149 ff.

Lösung

Gruppenerfolgsrechnung

Erlöse Kostenarten	Erlöse variable Kosten	Fabrikate			
		Gruppe 1	Gruppe 2	Gruppe 3	Gruppe 4
Erlöse	2 500 000	1 000 000	500 000	800 000	200 000
Einzelkosten					
Materialkosten	400 000	160 000	100 000	100 000	40 000
Personalkosten	800 000	240 000	200 000	300 000	60 000
	1 200 000	400 000	300 000	400 000	100 000
Deckungsbeitrag					
in Franken	1 300 000	600 000	200 000	400 000	100 000
in % des Erlöses	52%	60%	40%	50%	50%

Einzelkalkulation

Erlös Kosten	Fabrikat			
	F 1	F 2	F 3	F 4
Verkaufspreis	1 000	400	500	200
Einzelkosten				
Materialkosten	200	100	80	50
Personalkosten	300	160	120	70
total	500	260	200	120
Deckungsbeitrag				
in Franken	500	140	300	80
in % des Erlöses	50%	35%	60%	40%

In der *Gruppenerfolgsrechnung* werden die *mittleren Deckungsbeiträge* für die verschiedenen Waren- und Fabrikategruppen berechnet. Sie stimmen mit den Deckungsbeiträgen der Einzelkalkulationen in der Regel nicht überein, weil die Einzelkosten und die Gewinnmargen der einzelnen Waren und Fabrikate dem Gruppendurchschnitt nur ausnahmsweise entsprechen.

2. Die Deckungsbeitragskalkulation mit Einzel- und Gemeinkosten

Die Deckungsbeitragskalkulation mit Einzel- und Gemeinkosten geht von der Gleichung aus: variable Kosten = Einzel- und variable Gemeinkosten und berücksichtigt neben den Einzelkosten auch noch die Gemeinkosten, soweit sie mit dem Beschäftigungsgrad zu- oder abnehmen.

Bei ihr erfordert die Kostenauflösung der Gemeinkosten in variable und fixe Kosten bei den gemischten Kostenarten eine *spezielle Kostenanalyse,* die praktisch nicht einwandfrei durchgeführt werden kann und darum zu keinem genauen Ergebnis führt.

Die Kostenanalyse ist mit mathematischen Verfahren, die hier nicht dargestellt werden können, weil dies zu weit führen würde, und mit der buchhalterischen Methode möglich. Bei dieser untersucht die Betriebsleitung, gestützt auf die Belege der Buchhaltung, wie sich die einzelnen Kostenarten bei verschiedenen Beschäftigungsgraden verhalten, ob und wie weit sie zu- oder abnehmen.

Bei der Deckungsbeitragskalkulation mit Einzelkosten und variablen Gemeinkosten werden *zwei Deckungsbeiträge* ermittelt. Aus diesem Grund handelt es sich bei ihr rechnerisch um ein *zweistufiges Verfahren.*

Beispiel 1

Teil 7: Deckungsbeitragskalkulation mit Einzel- und Gemeinkosten[17]

Aufgabe

Die Kostenrechnung der Einzelfirma X weist folgende Zahlen auf:

Erlöse / Kostenarten	Erlöse	Gesamt-kosten	variable Kosten	Warengruppe A		Warengruppe B	
				engros	detail	engros	detail
Erlöse	2 000 000			200 000	1 000 000	400 000	400 000
Einzelkosten							
Warenkosten		1 000 000	1 000 000	100 000	400 000	300 000	200 000
Gemeinkosten							
Raumkosten		50 000					
Personalkosten		450 000	80 000[1]	7 000	34 000	9 000	30 000
Abschreibungskosten		60 000					
Zinskosten		90 000	20 000[2]		15 000		5 000
Einkaufskosten		20 000	10 000	1 000	4 000	3 000	2 000
Verkaufskosten		60 000	10 000[3]		7 000		3 000
Verwaltungskosten		40 000					
Übrige Betriebskosten		30 000					
		800 000	120 000	8 000	60 000	12 000	40 000

[1] Personalkosten für Aushilfspersonal
[2] Zinskosten auf den Vorräten
[3] Verpackungs- und Versandkosten

Für die Waren A 1 und A 2 und B 1 und B 2 betragen die Verkaufs- und Bezugspreise:

Ware	Verkaufspreis	Bezugspreis
A 1, Engrosverkauf	1 000	500
A 2, Detailverkauf	2 000	1 200
B 1, Engrosverkauf	600	450
B 2, Detailverkauf	200	80

Der *Verrechnung der variablen Gemeinkosten* werden als Bezugsgrösse die Einzelkosten zugrunde gelegt.

[17] Vgl. Teil 2 S. 46ff. und Teil 6 S. 198f.

Lösung

Gruppenerfolgsrechnung

Erlöse Kostenarten	Erlöse variable Kosten	fixe Kosten	Warengruppe A		Warengruppe B	
			engros	detail	engros	detail
Erlöse	2 000 000		200 000	1 000 000	400 000	400 000
Einzelkosten						
Warenkosten	1 000 000		100 000	400 000	300 000	200 000
Deckungsbeitrag I						
in Franken	1 000 000		100 000	600 000	100 000	200 000
in % des Erlöses	50%		50%	60%	25%	50%
Gemeinkosten						
Raumkosten		50 000				
Personalkosten	80 000	370 000	7 000	34 000	9 000	30 000
Abschreibungskosten		60 000				
Zinskosten	20 000	70 000		15 000		5 000
Einkaufskosten	10 000	10 000	1 000	4 000	3 000	2 000
Verkaufskosten	10 000	50 000		7 000		3 000
Verwaltungskosten		40 000				
Übrige Betriebskosten		30 000				
	120 000	680 000	8 000	60 000	12 000	40 000
Deckungsbeitrag II						
in Franken	**880 000**		**92 000**	**540 000**	**88 000**	**160 000**
in % des Erlöses	**44%**		**46%**	**54%**	**22%**	**40%**

Kalkulationszuschläge

Zuschläge für Waren A

Engrosverkäufe
Bezugsgrösse: Warenkosten Engrosverkäufe Gruppe A: 100 000
variable Gemeinkosten: **8 000**

Zuschlag: 8 000 : 1 000 = **8%**

Detailverkäufe
Bezugsgrösse: Warenkosten Detailverkäufe Gruppe A: 400 000
variable Gemeinkosten: **60 000**

Zuschlag: 60 000 : 4 000 = **15%**

Zuschläge für Waren B

Engrosverkäufe
Bezugsgrösse: Warenkosten Engrosverkäufe Gruppe B: 300 000
variable Gemeinkosten: **12 000**

Zuschlag: **12 000** : **3 000** = **4%**

Detailverkäufe
Bezugsgrösse: Warenkosten Detailverkäufe Gruppe B: 200 000
variable Gemeinkosten: **40 000**

Zuschlag: **40 000** : **2 000** = **20%**

Einzelkalkulation

Erlös Kosten	Ware A 1	Ware A 2	Ware B 1	Ware B 2
	Engrosverkauf	Detailverkauf	Engrosverkauf	Detailverkauf
Verkaufspreis	1 000	2 000	600	200
Einzelkosten	500	1 200	450	80
Deckungsbeitrag I				
in Franken	500	800	150	120
in % des Erlöses	50%	40%	25%	60%
Variable Gemeinkosten				
8% von 500	40			
15% von 1 200		180		
4% von 450			18	
20% von 80				16
Deckungsbeitrag II				
in Franken	460	620	132	104
in % des Erlöses	46%	31%	22%	52%

Beispiel 2

Teil 12: Deckungsbeitragskalkulation mit Einzel- und Gemeinkosten[18]

Aufgabe

Die Kostenrechnung der Familienaktiengesellschaft Y weist folgende Zahlen auf:

Erlöse Kostenarten	Erlöse	Gesamtkosten	variable Kosten	Fabrikate			
				Gruppe 1	Gruppe 2	Gruppe 3	Gruppe 4
Erlöse	2 500 000			1 000 000	500 000	800 000	200 000
Einzelkosten							
Materialkosten		400 000	400 000	160 000	100 000	100 000	40 000
Personalkosten		800 000	800 000	240 000	200 000	300 000	60 000
		1 200 000	1 200 000	400 000	300 000	400 000	100 000
Gemeinkosten							
Materialkosten		5 000	**5 000**	2 000	1 000	2 000	
Personalkosten		325 000	**75 000**	30 000	15 000	18 000	12 000
Raumkosten		200 000					
Abschreibungskosten		120 000					
Zinskosten		180 000	**30 000**	12 000	6 000	8 000	4 000
Verkaufskosten		80 000	**20 000**	8 000	4 000	6 000	2 000
Verwaltungskosten		50 000					
Übrige Betriebskosten		70 000	**20 000**	8 000	4 000	6 000	2 000
		1 030 000	**150 000**	60 000	30 000	40 000	20 000

Für die Fabrikate F 1 bis F 4 betragen die Verkaufspreise und Einzelkosten:

Fabrikat	Verkaufspreise	Materialeinzelkosten	Personaleinzelkosten
F 1	1 000	200	300
F 2	400	100	160
F 3	500	80	120
F 4	200	50	70

Der *Verrechnung der variablen Gemeinkosten* werden als Bezugsgrösse die Einzelkosten zugrunde gelegt.

---

18 Vgl. Teil 2 S. 52ff. und Teil 11 S. 199f.

Lösung

Gruppenerfolgsrechnung

Erlöse Kostenarten	Erlöse variable Kosten	fixe Kosten	Fabrikate			
			Gruppe 1	Gruppe 2	Gruppe 3	Gruppe 4
Erlöse	2 500 000		1 000 000	500 000	800 000	200 000
Einzelkosten						
Materialkosten	400 000		160 000	100 000	100 000	40 000
Personalkosten	800 000		240 000	200 000	300 000	60 000
Total I	1 200 000		400 000	300 000	400 000	100 000
Deckungsbeitrag I						
in Franken	1 300 000		600 000	200 000	400 000	100 000
in % des Erlöses	52%		60%	40%	50%	50%
Gemeinkosten						
Materialkosten	5 000		2 000	1 000	2 000	
Personalkosten	75 000	250 000	30 000	15 000	18 000	12 000
Raumkosten		200 000				
Abschreibungskosten		120 000				
Zinskosten	30 000	150 000	12 000	6 000	8 000	4 000
Verkaufskosten	20 000	60 000	8 000	4 000	6 000	2 000
Verwaltungskosten		50 000				
Übrige Betriebskosten	20 000	50 000	8 000	4 000	6 000	2 000
Total II	150 000	880 000	60 000	30 000	40 000	20 000
Deckungsbeitrag II						
in Franken	1 150 000		540 000	170 000	360 000	80 000
in % des Erlöses	46%		54%	34%	45%	40%

Kalkulationszuschläge

Zuschlag für Fabrikategruppe 1
Bezugsgrösse: Einzelkosten der Fabrikategruppe 1: 400 000
variable Gemeinkosten: **60 000**

Zuschlag: **60 000 : 4 000 = 15%**

Zuschlag für Fabrikategruppe 2
Bezugsgrösse: Einzelkosten für Fabrikategruppe 2: 300 000
variable Gemeinkosten: **30 000**

Zuschlag: **30 000 : 3 000 = 10%**

Zuschlag für Fabrikategruppe 3
Bezugsgrösse: Einzelkosten der Fabrikategruppe 3: 400 000
variable Gemeinkosten: **40 000**

Zuschlag: **40 000 : 4 000 = 10%**

Zuschlag für Fabrikategruppe 4
Bezugsgrösse: Einzelkosten der Fabrikategruppe 4: 100 000
variable Gemeinkosten: **20 000**

Zuschlag: **20 000 : 1 000 = 20%**

Einzelkalkulation

Erlös Kosten	Fabrikat			
	F 1	F 2	F 3	F 4
Verkaufspreis	1 000	400	500	200
Einzelkosten				
Materialkosten	200	100	80	50
Personalkosten	300	160	120	70
	500	260	200	120
Deckungsbeitrag I				
in Franken	500	140	300	80
in % des Erlöses	50%	35%	60%	40%
Variable Gemeinkosten				
15% von 500	75			
10% von 260		26		
10% von 200			20	
20% von 120				24
Deckungsbeitrag II				
in Franken	**425**	**114**	**280**	**56**
in % des Erlöses	**42,5%**	**28,5%**	**56%**	**28%**

III. Die Würdigung der Deckungsbeitragskalkulation

Die Deckungsbeitragskalkulation gewinnt immer mehr an Boden, ist aber noch lange nicht so weit verbreitet wie die Zuschlagskalkulation.

Allein auch sie ist nicht vollkommen. Sie ist für die *Preisstellung nur beschränkt anwendbar,* denn die Unternehmung muss nicht nur über die Deckungsbeiträge I und allenfalls II, sondern auch über die *Selbstkosten und Gewinnmargen* ihrer Produkte oder Leistungen im Bild sein, und zwar gleichgültig, ob sie einen Einfluss auf die Preisgestaltung ausüben und die Verkaufspreise selber bestimmen kann oder nicht.

Die Unternehmung kann ihre finanzielle Zukunft nur sichern, wenn sie einen Gewinn herauswirtschaftet, und das kann sie nur, wenn sie auf dem Markt ihre Produkte oder Leistungen über den Selbstkosten absetzen kann. Der *Selbstkostenpreis* bildet für sie die *Preisuntergrenze,* mindestens bei *guter Beschäftigung,* solange sie voll ausgelastet ist.

Erst bei einem Beschäftigungseinbruch, wenn sie über freie Kapazitäten verfügt, wird sie auf dem Markt ihre Produkte oder Leistungen vorübergehend unter den Selbst-, aber noch über den variablen Kosten anbieten. Sie verkauft dabei zwar mit Verlust, gewinnt im Erlös aber neben den variablen Kosten immer noch einen Teil der fixen Kosten zurück und erzielt damit einen kleineren Jahresverlust, als wenn sie ihre Preise nicht herabsetzen und dafür weniger verkaufen würde. Die *variablen Kosten* bilden für sie nur bei *schlechter Beschäftigung* die *Preisuntergrenze.*

Die Deckungsbeitragsrechnung eignet sich besonders für die Kalkulation von Zusatzaufträgen, welche die Selbstkosten nicht decken, von der Unternehmung bei einem Beschäftigungsrückgang aber zur besseren Ausnützung des Betriebes übernommen werden.

Der Deckungsbeitragskalkulation haften aber noch weitere Mängel an.

1. Die Deckungsbeitragskalkulation mit Einzelkosten

Die Deckungsbeitragskalkulation, die sich mit der gesonderten Erfassung der Einzelkosten begnügt, bildet für die Unternehmung unter Umständen eine zu schmale Basis für ihre Entscheide. Die Unternehmung kann aus dem *Deckungsbeitrag I nur genügend* sichere Schlüsse ziehen, wenn die Einzelkosten, so wie das zum Beispiel im Warenhandel gewöhnlich der Fall ist, *einen entsprechend grossen Anteil an den Gesamtkosten ausmachen.* In den andern Fällen ist der Deckungsbeitrag I zu wenig differenziert und damit zu wenig aussagefähig.

Die Deckungsbeitragskalkulation mit Einzelkosten übersieht aber auch, dass die *Gleichung Einzelkosten = variable Kosten in Wirklichkeit nicht immer stimmt*, weil nicht nur die Gemein-, sondern auch die Einzelkosten fixe Kosten enthalten können. Solche Kosten entstehen zum Beispiel, wenn eine Unternehmung für einen bestimmten Artikel eine spezielle Werbung durchführt.

Diese Einschränkung ist praktisch allerdings bedeutungslos, denn die Unternehmungen in der Industrie berücksichtigen bei der Berechnung des Deckungsbeitrages I ohnehin nur die Material- und die Lohneinzelkosten, bei denen es sich immer um variable Kosten handelt.

2. Die Deckungsbeitragskalkulation mit Einzel- und Gemeinkosten

Die Deckungsbeitragskalkulation, welche neben den Einzelkosten auch die variablen Gemeinkosten erfasst und sich nicht nur mit der Ermittlung eines einzigen Deckungsbeitrages begnügt, bildet für die Unternehmung und ihre Entscheide normalerweise eine genügend breite und damit zuverlässige Grundlage. Sie stösst nun aber bei der praktischen Durchführung auf zwei erhebliche Schwierigkeiten:

Die *Hauptschwierigkeit* bildet die *Auflösung der gemischten Kostenarten* in variable und fixe Kosten. Die Probleme, die sich dabei stellen, können weder mathematisch noch mit der buchhalterischen Methode auch nur annähernd genau gelöst werden. Viele Unternehmungen verzichten deshalb auf die Kostenauflösung und berücksichtigen für die Berechnung des Deckungsbeitrages II nur die variablen Gemeinkostenarten, zum Beispiel die Materialgemeinkosten, die Verpackungskosten usw.

Die zweite Schwierigkeit ergibt sich beim Zuschlag der variablen Gemeinkosten auf die Kostenträger. Eine *exakte Zurechnung wäre nur möglich, wenn die variablen Gemeinkosten und die Bezugsgrössen proportional zur Beschäftigung zu- oder abnehmen würden*. Diese Bedingung ist in Wirklichkeit nur teilweise erfüllt. Sowohl die variablen Gemeinkosten als auch die Bezugsgrössen schwanken zwar mit dem Beschäftigungsgrad, sie verändern sich aber mehrheitlich sprunghaft oder dann unter- oder überproportional. Da bei der Deckungsbeitragskalkulation jedoch nur variable und keine fixen Gemeinkosten auf die Kostenträger umgelegt und damit proportionalisiert werden, ist bei ihr die Ungenauigkeit, die durch die Zurechnung der Gemeinkosten entsteht, weniger gross als bei der Zuschlagskalkulation.

Übungsaufgabe 43
Deckungsbeitragskalkulation im Warenhandel

Fall 43/1

Firma E betreibt einen Engros- und Detailhandel mit Teppichen und gliedert ihr Sortiment in die beiden Warengruppen A und B.
Die Deckungsbeitragsrechnung des Jahres 19.1 beruht auf den folgenden Umsätzen und Kosten:

	Warengruppe A		Warengruppe B	
	engros	detail	engros	detail
Nettoverkaufserlös	480 000	770 000	820 000	360 000
Einzelkosten des Warenbezugs	288 000	308 000	574 000	180 000
Gemeinkosten: total 940 000 davon sind den einzelnen Warengruppen direkt zurechenbar	20 160	61 600	43 050	28 080

Aufgaben

1. Erstellung der zweistufigen Deckungsbeitragsrechnung für die vier Kostenträgergruppen in Franken und in Prozenten
2. Berechnung der Kalkulationszuschläge für die variablen Gemeinkosten
3. Berechnung der Deckungsbeiträge I und II in Franken und in Prozenten für
    3.1. Artikel A 15: Bezugspreis 210.–, Engrosverkaufspreis 350.–, Detailverkaufspreis 400.–
    3.2. Artikel B 37: Bezugspreis 3 000.–, Engrosverkaufspreis 5 000.–, Detailverkaufspreis 6 000.–

Fall 43/2

Firma F betreibt einen Engros- und Detailhandel mit Büromaschinen und gliedert ihr Sortiment in die beiden Warengruppen A und B.
Die Deckungsbeitragsrechnung des Jahres 19.1 beruht auf den folgenden Umsätzen und Kosten:

	Warengruppe A		Warengruppe B	
	engros	detail	engros	detail
Nettoverkaufserlös	700 000	545 000	480 000	900 000
Einzelkosten des Warenbezugs	420 000	272 500	264 000	360 000
Gemeinkosten: total 1 143 500 davon sind den einzelnen Warengruppen direkt zurechenbar	33 600	43 600	26 400	81 000

Aufgaben

1. Erstellung der zweistufigen Deckungsbeitragsrechnung für die vier Kostenträgergruppen in Franken und in Prozenten
2. Berechnung der Kalkulationszuschläge für die variablen Gemeinkosten
3. Berechnung der Deckungsbeiträge I und II in Franken und in Prozenten für
   3.1. Artikel A 25: Bezugspreis 400.–, Engrosverkaufspreis 640.–, Detailverkaufspreis 800.–
   3.2. Artikel B 47: Bezugspreis 110.–, Engrosverkaufspreis 200.–, Detailverkaufspreis 220.–

Übungsaufgabe 44
Deckungsbeitragskalkulation im Fabrikationsbetrieb

Fall 44/1

Die I & Co., Fabrik für Haushaltapparate, gliedert ihr Sortiment in die vier Produktgruppen A, B, C und D. Die Deckungsbeitragsrechnung des letzten Jahres beruht auf den folgenden Umsätzen und Kosten:

	Produktgruppen			
	A	B	C	D
Nettoverkaufserlös	870 000	440 000	700 000	190 000
Materialeinzelkosten	115 000	105 000	130 000	25 000
Personaleinzelkosten	233 000	159 000	255 000	70 000
Gemeinkosten: total 892 000 davon sind den einzelnen Produktgruppen als direkt proportional zurechenbar	62 640	25 080	61 600	10 830

Aufgaben

1. Erstellung der zweistufigen Deckungsbeitragsrechnung für die vier Produktgruppen in Franken und in Prozenten
2. Berechnung der Kalkulationszuschläge für die variablen Gemeinkosten
3. Berechnung der Deckungsbeiträge I und II in Franken und in Prozenten für die folgenden vier Produkte:

Produkt	Material- einzelkosten	Personal- einzelkosten	Netto- verkaufspreis
A 06	80.–	160.–	600.–
B 17	70.–	110.–	300.–
C 11	250.–	500.–	1 500.–
D 28	17.–	43.–	100.–

Fall 44/2

Die K & Co., Fabrik für Landwirtschaftsgeräte, gliedert ihr Sortiment in die vier Produktgruppen A, B, C und D. Die Deckungsbeitragsrechnung des letzten Jahres beruht auf den folgenden Umsätzen und Kosten:

	Produktgruppen			
	A	B	C	D
Nettoverkaufserlös	800 000	330 000	700 000	270 000
Materialeinzelkosten	125 000	46 000	174 000	60 000
Personaleinzelkosten	235 000	86 000	211 000	102 000
Gemeinkosten: total 871 000 davon sind den einzelnen Produktgruppen als direkt proportional zurechenbar	50 400	22 440	46 200	17 010

Aufgaben

1. Erstellung der zweistufigen Deckungsbeitragsrechnung für die vier Produktgruppen in Franken und in Prozenten
2. Berechnung der Kalkulationszuschläge für die variablen Gemeinkosten
3. Berechnung der Deckungsbeiträge I und II in Franken und in Prozenten für die folgenden vier Produkte:

Produkt	Material- einzelkosten	Personal- einzelkosten	Netto- verkaufspreis
A 08	220.–	410.–	1 400.–
B 19	75.–	125.–	500.–
C 15	28.–	32.–	100.–
D 38	70.–	130.–	400.–

Übungsaufgabe 45
Deckungsbeitragskalkulation für einen Nebenbetrieb

Fall 45/1

Die Fabrikationsunternehmung C AG erzeugt in einem Nebenbetrieb, der als Profit Center geführt wird, ein einheitliches Produkt. Die Herstellung von 100 000 Einheiten, die zum Preise von je 10 verkauft werden können, verursachte in der letzten Rechnungsperiode Kosten von insgesamt 1 100 000, davon 600 000 fixe.

Fall 45/2

Die Fabrikationsunternehmung D AG erzeugt in einem Nebenbetrieb, der als Profit Center geführt wird, ein einheitliches Produkt. Die Herstellung von 50 000 Einheiten, die zum Preise von je 20 verkauft werden können, verursachte in der letzten Rechnungsperiode Kosten von insgesamt 1 080 000, davon 480 000 fixe.

Aufgaben zu 45/1 und 45/2

1. Wie lauten die Deckungsbeitragsrechnung und das Betriebsergebnis für den Nebenbetrieb in der abgelaufenen Periode?
2. Welcher Mindestabsatz sollte pro Rechnungsperiode bei unverändertem Verkaufspreis und unveränderter Kostenstruktur langfristig erreicht werden?
3. Welcher Absatz müsste bei unverändertem Verkaufspreis für einen Gewinn von 50 000 im Nebenbetrieb erreicht werden? Die dazu erforderliche Kapazitätsreserve kann vorausgesetzt werden.
4. Der Zusammenhang zwischen Umsatz (Nettoverkaufserlös) und Kosten ist graphisch darzustellen:
   Abszisse: Absatzmenge in 1 000 Einheiten
   Ordinate: Umsatz und Kosten in 1 000 Franken
   a) Im Koordinatensystem sind als Kurven einzuzeichnen:
      – die proportional variablen Kosten
      – die Selbstkosten (durch Aufstocken der fixen auf die variablen Kosten)
      – der Umsatz (Nettoverkaufserlös)
   b) Fixkosten, Gewinnzone und Verlustzone sind zu bezeichnen.
   c) Der Mindestabsatz M ist einzuzeichnen und der massgebliche Schnittpunkt mit dem Symbol G (= Gewinnschwelle) zu markieren.
   d) Die Zone des Deckungsbeitrages bei variablem Absatz ist durch Schraffierung hervorzuheben.
5. Algebraische Kontrolle zum Ergebnis von Ziffer 2 (Mindestabsatz)

Übungsaufgabe 46
Deckungsbeiträge und Umsätze

Fall 46/1

Die Warenhandelsunternehmung R erfasste im letzten Geschäftsjahr bei einem Umsatz von 1 900 000 die folgenden Kosten: Warenkosten 1 197 000, Gemeinkosten 589 000, davon 494 000 fixe.

Fall 46/2

Die Warenhandelsunternehmung S erfasste im letzten Geschäftsjahr bei einem Umsatz von 2 500 000 die folgenden Kosten: Warenkosten 1 600 000, Gemeinkosten 718 000, davon 518 000 fixe.

Aufgaben zu 46/1 und 46/2

1. Berechnung der prozentualen Deckungsbeiträge I und II und des Reingewinnes
2. a) Berechnung des Mindestumsatzes zur Deckung der Fixkosten (= Gewinnschwelle)
   b) Durchführung einer Kontrollrechnung zum Resultat von a)
3. a) Berechnung der prozentualen Umsatzsteigerung, die bei gleichbleibender Kostenstruktur im nächsten Jahr für eine Erhöhung des Reingewinnes um 50% erforderlich ist
   b) Durchführung einer Kontrollrechnung zum Resultat von a)

Übungsaufgabe 47
Zweistufige Deckungsbeitragsrechnung

Fall 47/1

Die Fabrikationsunternehmung L AG ermittelt für ihre beiden Produktgruppen die folgenden Kosten- und Erlöszahlen:

	Total		Produkte Gruppe A	Produkte Gruppe B
Einzelkosten				
Materialeinzelkosten	675 000		375 000	300 000
Personaleinzelkosten	1 325 000		725 000	600 000
		davon proportional variabel		
Gemeinkosten				
Materialkosten	15 000	15 000	10 000	5 000
Personalkosten	400 000	115 000	75 000	40 000
Raumkosten	105 000			
Abschreibungskosten	300 000			
Zinskosten	250 000	48 000	30 000	18 000
Verkaufskosten	95 000	23 000	15 000	8 000
Verwaltungskosten	200 000			
Übrige Betriebskosten	130 000	43 000	24 000	19 000
Nettoverkaufserlös	3 700 000		2 200 000	1 500 000

Aufgaben

1. Berechnung der Deckungsbeiträge I und II in Franken und in Prozenten für die beiden Produktgruppen
2. Berechnung des Betriebsergebnisses

3. Die Unternehmung als Ganzes wies in der abgelaufenen Periode eine unausgenützte Produktionskapazität von 20% auf. Ihre technischen Anlagen können wahlweise für die Produktgruppe A oder B eingesetzt werden. Für die nächste Produktionsperiode ist bei beiden Produktgruppen mit einer ungesättigten Nachfrage zu rechnen. Die Unternehmungsleitung überlegt, für welche Produktgruppe die freie Kapazität zu verwenden ist, wenn angenommen werden kann, dass Produktionswert und Nettoverkaufserlös pro Fertigungsstunde bei den Gruppen A und B übereinstimmen und im übrigen die Produkte der beiden Gruppen sich gegenseitig auf dem Absatzmarkt nicht konkurrenzieren.

a) Wie lautet die grundsätzliche Antwort zum gestellten Problem von den Ergebnissen der Deckungsbeitragsrechnung aus betrachtet?
b) Wie lautet der rechnerische Nachweis zur Antwort von a)?

Fall 47/2

Die Fabrikationsunternehmung M AG ermittelt für ihre beiden Produktgruppen die folgenden Kosten- und Erlöszahlen:

	Total		Produkte Gruppe A	Produkte Gruppe B
Einzelkosten				
Materialeinzelkosten	690 000		420 000	270 000
Personaleinzelkosten	1 395 000		900 000	495 000
		davon proportional variabel		
Gemeinkosten				
Materialkosten	17 000	17 000	11 000	6 000
Personalkosten	450 000	150 000	100 000	50 000
Raumkosten	120 000			
Abschreibungskosten	325 000			
Zinskosten	270 000	50 000	34 000	16 000
Verkaufskosten	108 000	33 000	24 000	9 000
Verwaltungskosten	220 000			
Übrige Betriebskosten	135 000	44 000	23 000	21 000
Nettoverkaufserlös	4 100 000		2 400 000	1 700 000

Aufgaben

1. Berechnung der Deckungsbeiträge I und II in Franken und in Prozenten für die beiden Produktgruppen
2. Berechnung des Betriebsergebnisses

3. Die Verkaufsvertreter der Unternehmung erhalten neben einem monatlichen Fixum eine Provision von 10% des Deckungsbeitrages II.
   a) Für welche Produktgruppe bedeutet diese Vereinbarung einen stärkeren Verkaufsstimulus?
   b) Wie sind die Arbeitsverträge der Vertreter zu ändern, wenn in Zukunft der Absatz der andern Produktgruppe gefördert werden soll, um eine unausgeschöpfte Kapazitätsreserve in deren Fertigungsbereich wenigstens teilweise auszunützen? Es sind zwei mögliche Lösungen anzugeben.

Übungsaufgabe 48
Vollkostenkalkulation und Deckungsbeitragskalkulation

Fall 48/1

Die Industrieunternehmung N AG fertigt in einem Zweigbetrieb, der als Profit Center geführt wird, ein einziges Serienprodukt. Für das Jahr 19.1 sind folgende Werte ermittelt worden:

Produktion und Verkauf:		40 000	Stück
Kapazitätsauslastung:		80%	
Kosten:	Materialeinzelkosten	408 000	
	Personaleinzelkosten	600 000	
	Gemeinkosten fix	558 000	
	Gemeinkosten variabel	126 000	
Ertrag:	Nettoverkaufspreis	42	pro Stück

Für das Jahr 19.2 ist grundsätzlich mit unveränderten Kosten-, Absatz- und Preisverhältnissen zu rechnen. Der Hauptabnehmer des Produkts will allerdings weitere 7 500 Stück in Auftrag geben, falls der Produzent sich bereit findet, diese Zusatzlieferung mit einem Mengenrabatt von 25% auszuführen.

Fall 48/2

Die Industrieunternehmung O AG fertigt in einem Zweigbetrieb, der als Profit Center geführt wird, ein einziges Serienprodukt. Für das Jahr 19.1 sind folgende Werte ermittelt worden:

Produktion und Verkauf:		50 000	Stück
Kapazitätsauslastung:		85%	
Kosten:	Materialeinzelkosten	320 000	
	Personaleinzelkosten	463 000	
	Gemeinkosten fix	479 000	
	Gemeinkosten variabel	108 000	
Ertrag:	Nettoverkaufspreis	27	pro Stück

Für das Jahr 19.2 ist grundsätzlich mit unveränderten Kosten-, Absatz- und Preisverhältnissen zu rechnen. Der Hauptabnehmer des Produkts will allerdings weitere 8 500 Stück in Auftrag geben, falls der Produzent sich bereit findet, diese Zusatzlieferung mit einem Mengenrabatt von 20% auszuführen.

Aufgaben zu 48/1 und 48/2

1. Ist der Zweigbetrieb kapazitätsmässig in der Lage, den Zusatzauftrag auszuführen?
2. Wie lauten
   a) die Betriebsabrechnung
   b) die Einzelkalkulation
   für das Jahr 19.1 bei der Vollkostenrechnung?
3. Wie lauten
   a) die Betriebsabrechnung
   b) die Einzelkalkulation
   für das Jahr 19.1 bei der Deckungsbeitragsrechnung?
4. Wird die Unternehmung den Zusatzauftrag annehmen oder ablehnen, wenn sie als Grundlage für ihren Entscheid
   a) auf die Vollkostenkalkulation
   b) auf die Deckungsbeitragskalkulation
   abstellt?
5. Welches wären, falls die Unternehmung bei ihrem Entscheid auf das Ergebnis der Deckungsbeitragskalkulation abstellt, für sie
   a) die Vorteile
   b) die möglichen Nachteile?

Übungsaufgabe 49
Deckungsbeitragsrechnung einer Ausstellungsgenossenschaft

Fall 49/1

Die Ausstellungsgenossenschaft W erwägt, ihre bestehende, vollständig abgeschriebene Ausstellungshalle durch einen Neubau zu ersetzen. Den Abbruch der alten Halle offeriert eine Abbruchfirma zum Materialwert, so dass daraus keine Kosten entstehen.
Die geplante Ausstellungshalle hat einen Bauwert von 20 000 000 und einen geschätzten amtlichen Wert von 13 000 000. Vorgesehen sind drei Ausstellungsgeschosse mit total 12 000 m² Ausstellungsfläche.

Finanzierung

Banken haben Hypotheken von insgesamt 13 000 000 zugesagt, nämlich 9 800 000 zu 6% und 3 200 000 zu 6½%. Die Rückzahlung der zweiten Hypothek soll erst im dritten Jahr beginnen. Öffentliche Gemeinwesen (Kanton, Gemeinde) leisten insgesamt Beiträge à fonds perdu von 5 000 000, weshalb die Ausstellungshalle in der Buchhaltung der Genossenschaft von Anfang an mit einem Wert von 15 000 000 erscheint. Der Kanton leistet ferner ein zinsloses Darlehen von 1 000 000 auf 10 Jahre fest. Die Restfinanzierung geschieht mit Eigenkapital der Genossenschaft. Den Boden stellt die Gemeinde im Baurecht zur Verfügung.

Belegungsplan

Gestützt auf die bisherigen Erfahrungen kann im ersten Betriebsjahr mit der folgenden Belegung durch Ausstellungen gerechnet werden: 80 Tage zu 100%, 50 Tage zu 60%, 33 Tage zu 50%, 10 Tage zu 35%. Die Ausstellungsfläche wird pro m² und Tag zum Preis von 1.25 vermietet.

Kostenbudget

Für das erste Betriebsjahr wird mit 8% Zins auf dem durchschnittlichen in der Liegenschaft gebundenen verzinslichen Kapital und mit folgenden weiteren Kosten gerechnet:

	Kostentotal	davon variabel (proportional zur Belegung)
Baurechtszins	14 400	
Objektiv bemessene Abschreibung: 2½% vom Buchwert		
Brandversicherung: 0,8‰ vom Bauwert		
Gebäudehaftpflichtprämie	2 500	
Liegenschaftssteuer: 1,2‰ vom amtlichen Wert		
Gebäudeunterhalt	50 000	15 000
Beleuchtung	12 000	10 500
Wartung und Reinigung	64 000	53 000
Heizung und Klimatisierung	22 000	20 000
Verwaltung und übriger Betrieb	233 000	96 500

Aufgaben

1. a) Berechnung des in der Liegenschaft gebundenen verzinslichen Kapitals
   – zu Beginn des ersten Betriebsjahres
   – am Ende des ersten Betriebsjahres
   b) Berechnung der Zinskosten für das erste Betriebsjahr
   c) Berechnung des Zinsaufwandes für das erste Betriebsjahr
   d) Berechnung der Differenz zwischen Zinsaufwand und Zinskosten
2. Erstellung der internen Plan-Erfolgsrechnung für das erste Betriebsjahr durch Gegenüberstellung der erwarteten Kosten und Erträge
3. Erstellung der Plan-Deckungsbeitragsrechnung für das erste Betriebsjahr
4. Gewinnschwelle: Für die folgende Überlegung sind die erwarteten Belegungen der Ausstellungshalle zu 100%, 60% und 35% als feste Rechnungsgrössen anzunehmen.
   a) Berechnung des Mindesterlöses aus 50-Prozent-Belegung und
   b) Berechnung der entsprechenden minimalen 50-Prozent-Belegung in Tagen

5. Welche 50-Prozent-Belegung in Tagen ist unter der gleichen Annahme wie bei Aufgabe 4 für einen Reingewinn von mindestens 150 000 erforderlich?
6. Welchen Deckungsbeitrag in Franken bringt ein Ausstellungstag bei Ausnutzung der Ausstellungsfläche zu 100%, 60%, 50% und 35%?

Fall 49/2

Die Ausstellungsgenossenschaft X erwägt, ihre bestehende, vollständig abgeschriebene Ausstellungshalle durch einen Neubau zu ersetzen. Den Abbruch der alten Halle offeriert eine Abbruchfirma zum Materialwert, so dass daraus keine Kosten entstehen.
Die geplante Ausstellungshalle hat einen Bauwert von 20 000 000 und einen geschätzten amtlichen Wert von 14 000 000. Vorgesehen sind drei Ausstellungsgeschosse mit total 10 000 m² Ausstellungsfläche.

Finanzierung

Banken haben Hypotheken von insgesamt 14 000 000 zugesagt, nämlich 8 400 000 zu 5½% und 5 600 000 zu 6%. Die Rückzahlung der zweiten Hypothek soll erst im dritten Jahr beginnen. Öffentliche Gemeinwesen (Kanton, Gemeinde) leisten insgesamt Beiträge à fonds perdu von 4 000 000, weshalb die Ausstellungshalle in der Buchhaltung der Genossenschaft von Anfang an mit einem Wert von 16 000 000 erscheint. Der Kanton leistet ferner ein zinsloses Darlehen von 1 000 000 auf 10 Jahre fest. Die Restfinanzierung geschieht mit Eigenkapital der Genossenschaft. Den Boden stellt die Gemeinde im Baurecht zur Verfügung.

Belegungsplan

Gestützt auf die bisherigen Erfahrungen kann im ersten Betriebsjahr mit der folgenden Belegung durch Ausstellungen gerechnet werden: 60 Tage zu 100%, 60 Tage zu 75%, 22 Tage zu 50%, 10 Tage zu 40%. Die Ausstellungsfläche wird pro m² und Tag zum Preis von 1.41 vermietet.

Kostenbudget

Für das erste Betriebsjahr wird mit 7% Zins auf dem durchschnittlichen in der Liegenschaft gebundenen verzinslichen Kapital und mit folgenden weiteren Kosten gerechnet:

	Kostentotal	davon variabel (proportional zur Belegung)
Baurechtszins	12 000	
Objektiv bemessene Abschreibung: 2% vom Buchwert		
Brandversicherung: 0,7‰ vom Bauwert		
Gebäudehaftpflichtprämie	2 000	
Liegenschaftssteuer: 1,2‰ vom amtlichen Wert		
Gebäudeunterhalt	55 000	15 000
Beleuchtung	10 000	6 500
Wartung und Reinigung	60 500	40 500
Heizung und Klimatisierung	20 000	18 000
Verwaltung und übriger Betrieb	103 138	21 520

Aufgaben

1. a) Berechnung des in der Liegenschaft gebundenen verzinslichen Kapitals
   – zu Beginn des ersten Betriebsjahres
   – am Ende des ersten Betriebsjahres
   b) Berechnung der Zinskosten für das erste Betriebsjahr
   c) Berechnung des Zinsaufwandes für das erste Betriebsjahr
   d) Berechnung der Differenz zwischen Zinsaufwand und Zinskosten
2. Erstellung der internen Plan-Erfolgsrechnung für das erste Betriebsjahr durch Gegenüberstellung der erwarteten Kosten und Erträge
3. Erstellung der Plan-Deckungsbeitragsrechnung für das erste Betriebsjahr
4. Gewinnschwelle: Für die folgende Überlegung sind die erwarteten Teilbelegungen der Ausstellungshalle als feste Rechnungsgrössen anzunehmen.
   a) Berechnung des Mindesterlöses aus Vollbelegung und
   b) Berechnung der entsprechenden minimalen Vollbelegung in Tagen
5. Welche Vollbelegung in Tagen ist unter der gleichen Annahme wie bei Aufgabe 4 für einen Reingewinn von mindestens 100 000 erforderlich?
6. Welchen Deckungsbeitrag in Franken bringt ein Ausstellungstag bei Ausnutzung der Ausstellungsfläche zu 100%, 75%, 50% und 40%?

Übungsaufgabe 50
Deckungsbeitragsrechnung zu einer Einführungsaktion

Fall 50/1

Die Fabrikationsunternehmung V plant die Einführungsaktion für ein kleines Haushaltgerät. Auf Testmärkten sind die bei verschiedenen Preisen zu erwartenden Nachfragemengen ermittelt worden.
Es stehen die folgenden vier Varianten zur Diskussion:

	A	B	C	D
Nettoverkaufspreis je Stück	7.–	6.–	5.–	4.–
Nachfragemenge in Stück	30 000	70 000	120 000	160 000

Die Fabrikationsunternehmung V muss mit den folgenden Produktionskosten rechnen:
- Variable Kosten (Einzelkosten und variable Gemeinkosten): 2.– je Stück
- Fixe Kosten: 275 000 total

Die Einführungsaktion soll einen geplanten Reingewinn von mindestens 25 000 abwerfen.

Aufgaben

1.1. Erstellung der Deckungsbeitragsrechnung für jede der vier Varianten und Ermittlung des zu erwartenden Aktionsergebnisses (Aktionsgewinn oder Aktionsverlust)
1.2. Ermittlung des Deckungsbeitrages je nachgefragtes Stück für jede der vier Varianten
1.3. Berechnung der Mindestabsatzmengen in Stück für jede der vier Varianten, die zur Erreichung des Gewinnzieles erforderlich sind
2. Welcher der vier Varianten ist der Vorzug zu geben? Die Antwort ist kurz zu begründen.
3. Die zahlenmässigen Zusammenhänge, die sich aus der Lösung von Aufgabe 1 und 2 ergeben, sind in einer graphischen Darstellung festzuhalten:
   x-Achse: Absatz in 1000 Stück
   y-Achse: Nettoverkaufspreis je Stück
3.1. Durch lineare Punkteverbindungen sind einzuzeichnen:
   Kurve N: Absatzkurve gemäss Nachfragemengen
   Kurve M: Absatzkurve gemäss Mindestmengen
   Bei den folgenden Aufzeichnungen ist *nur noch die gewinngünstigste Variante der Lösung* zu berücksichtigen:
3.2. Für die Mindestmenge: Umsatz, variable Kosten, fixe Kosten und Gewinn
3.3. Für die Zusatzmenge: Umsatz, Kosten und Gewinn
3.4. Die eingezeichneten Flächen sind klar zu umgrenzen und zu bezeichnen. Der Gesamtgewinn ist zu schraffieren.
4. Der Gesamtgewinn aus dem Verkauf der Mindest- und der Zusatzmenge ist zu berechnen und die Übereinstimmung mit dem Ergebnis unter 1.1. nachzuweisen.
5. Was bedeutet der Schnittpunkt der beiden Absatzkurven?

Fall 50/2

Die Fabrikationsunternehmung W plant die Einführungsaktion für ein kleines Haushaltgerät. Auf Testmärkten sind die bei verschiedenen Preisen zu erwartenden Nachfragemengen ermittelt worden.
Es stehen die folgenden vier Varianten zur Diskussion:

	A	B	C	D
Nettoverkaufspreis je Stück	12.–	10.–	9.–	8.–
Nachfragemenge in Stück	60 000	100 000	110 000	120 000

Die Fabrikationsunternehmung W muss mit den folgenden Produktionskosten rechnen:
- Variable Kosten (Einzelkosten und variable Gemeinkosten): 6.– je Stück
- Fixe Kosten: 280 000 total

Die Einführungsaktion soll einen geplanten Reingewinn von mindestens 40 000 abwerfen.

Aufgaben

1.1. Erstellung der Deckungsbeitragsrechnung für jede der vier Varianten und Ermittlung des zu erwartenden Aktionsergebnisses (Aktionsgewinn oder Aktionsverlust)
1.2. Ermittlung des Deckungsbeitrages je nachgefragtes Stück für jede der vier Varianten
1.3. Berechnung der Mindestabsatzmengen in Stück für jede der vier Varianten, die zur Erreichung des Gewinnzieles erforderlich sind
2. Welcher der vier Varianten ist der Vorzug zu geben? Die Antwort ist kurz zu begründen.
3. Die zahlenmässigen Zusammenhänge, die sich aus der Lösung von Aufgabe 1 und 2 ergeben, sind in einer graphischen Darstellung festzuhalten:
x-Achse: Absatz in 1000 Stück
y-Achse: Nettoverkaufspreis je Stück
3.1. Durch lineare Punkteverbindungen sind einzuzeichnen:
Kurve N: Absatzkurve gemäss Nachfragemengen
Kurve M: Absatzkurve gemäss Mindestmengen
Bei den folgenden Aufzeichnungen ist *nur noch die gewinngünstigste Variante der Lösung* zu berücksichtigen:
3.2. Für die Mindestmenge: Umsatz, variable Kosten, fixe Kosten und Gewinn
3.3. Für die Zusatzmenge: Umsatz, Kosten und Gewinn
3.4. Die eingezeichneten Flächen sind klar zu umgrenzen und zu bezeichnen. Der Gesamtgewinn ist zu schraffieren.
4. Der Gesamtgewinn aus dem Verkauf der Mindest- und der Zusatzmenge ist zu berechnen und die Übereinstimmung mit dem Ergebnis unter 1.1. nachzuweisen.
5. Was bedeutet der Horizontalabstand der beiden Absatzkurven?

Übungsaufgabe 51
Deckungsbeitragsrechnung und Betriebskonzept

Fall 51/1

Restaurateur H, der bisher verschiedene Betriebe als Gerant geführt hat, plant die Übernahme eines Restaurationsbetriebes auf eigene Rechnung im Zentrum einer grossen Schweizer Stadt. Das Betriebskonzept soll der Nachfrage nach Mahlzeitenverpflegung wie auch derjenigen nach reiner Getränkekonsumation entsprechen.
H kann die geeigneten Räumlichkeiten im Rohbau zu einer Jahresmiete von 100 000 übernehmen. Die Inneneinrichtungen muss er als Mieter auf eigene Rechnung beschaffen.
Unter Zuzug des erfahrenen Branchenexperten E stellt H für ein Selbstbedienungsrestaurant (SR) und für ein Bedienungsrestaurant mittlerer Preisklasse (BR) Plan-Betriebsrechnungen und weitere Entscheidungsdaten bereit:

Planungsgrössen	Selbstbedienungsrestaurant		Bedienungsrestaurant	
	Daten 1. Jahr	variable Kosten	Daten 1. Jahr	variable Kosten
Investitionssumme Einrichtungen	450 000		850 000	
Erwarteter Umsatz	1 000 000		1 500 000	
Erwartete Kosten				
• Warenkosten	50% des Umsatzes	100%	33⅓% des Umsatzes	100%
• Personalkosten	300 000	60%	600 000	70%
• Mietkosten	100 000	0%	100 000	0%
• Abschreibungskosten	10% linear der Investitionssumme	0%	10% linear der Investitionssumme	0%
• Zinskosten	8% auf dem durchschnittlichen Wert der Einrichtungen, bezogen auf deren Lebensdauer	0%	8% auf dem durchschnittlichen Wert der Einrichtungen, bezogen auf deren Lebensdauer	0%
• Übrige Betriebskosten	100 000	20%	200 000	15%
Erwarteter Betriebsverlust	− 63 000		− 19 000	
Betriebskennzahlen				
• Anzahl Betriebstage	300		300	
• Anzal Plätze	70		50	
• Platz-Belegung pro Tag durchschnittl.	9 ×		5 ×	

Umsatzerwartungen vom 3. Jahr an:
Selbstbedienungsrestaurant 1 500 000
Bedienungsrestaurant 1 800 000

Zur Entscheidfindung über die Betriebsvarianten zieht H neben den Ergebnissen der Deckungsbeitragsrechnung weitere *Rahmenbedingungen und Trends* in Betracht:

- Das Stadtzentrum weist in den letzten Jahren einen alarmierenden Bevölkerungsrückgang auf.
- Das Restaurant kommt am Rande einer im Vorjahr geschaffenen Fussgängerzone zu liegen.
- Grössere Dienstleistungsbetriebe (Banken, Versicherungen, Kaderschulen) expandieren laufend im Stadtzentrum.
- Im gleichen Gebäude wie das Restaurant befinden sich verschiedene Praxen von Juristen, Treuhändern, Ärzten und Zahnärzten.
- Der geplante Restaurationsbetrieb liegt 10 Fussminuten von Bahnhof und Universität und 15 Fussminuten vom Stadttheater entfernt.
- In der verkehrsfreien Innenstadt sind in letzter Zeit eine ganze Reihe von Gaststätten sehr unterschiedlicher Leistungs- und Preisklasse eröffnet worden, wobei der Haupttrend stärker in Richtung McDonald als in Richtung Gourmet-Restaurant zielt.
- Die Touristenzahlen der Stadt weisen steigende Tendenz auf: Es handelt sich in erster Linie um Tages-Besucher (Städteausflug als Schlechtwetterprogramm der Ferienorte) und weniger um Logiergäste.

Aufgaben

1. Zu den Betriebsergebnissen des 1. Jahres:
    1.1. Nachprüfung der angegebenen Betriebsergebnisse SR und BR mit Hilfe einer zweistufigen Deckungsbeitragsrechnung
    1.2. Nachweis der Zinskostenberechnung für die Variante SR oder BR
2. Aufstellung der zweistufigen Deckungsbeitragsrechnung für die Varianten SR und BR gemäss den Umsatzerwartungen für das 3. Jahr. Die variablen Kosten sind dabei als direkt proportional zu behandeln.
3. Berechnung der für eine volle Kostendeckung des Betriebes erforderlichen durchschnittlichen Mindest-Konsumationssumme pro Gast für die beiden Varianten SR und BR
4. Aufstellung und Ausfüllen einer Matrix als Entscheidungshilfe für die Wahl des Betriebskonzeptes (Variante SR und Variante BR). Beim Aufbau der Matrix sollen als Kriterien berücksichtigt werden:
    4.1. Die Umsatzentwicklung, die Kostenstruktur und die Entwicklung des Gewinnes und des Mindestumsatzes
    4.2. Zwei Kriterien aus den skizzierten Rahmenbedingungen
    4.3. Zwei zusätzliche, selbständig zu bestimmende Kriterien aus der Arbeits- oder Konsumsphäre der Grossstadt, die beim Entscheid über das Betriebskonzept ebenfalls zu beachten sind

Fall 51/2

Restaurateur I, der bisher verschiedene Betriebe als Gerant geführt hat, plant die Übernahme eines Restaurationsbetriebes auf eigene Rechnung im Zentrum einer grossen Schweizer Stadt. Das Betriebskonzept soll der Nachfrage nach Mahlzeitenverpflegung wie auch derjenigen nach reiner Getränkekonsumation entsprechen.
I kann die geeigneten Räumlichkeiten im Rohbau zu einer Jahresmiete von 360 000 übernehmen. Die Inneneinrichtungen muss er als Mieter auf eigene Rechnung beschaffen.
Unter Zuzug des erfahrenen Branchenexperten E stellt I für ein Selbstbedienungsrestaurant (SR) und für ein Bedienungsrestaurant mittlerer Preisklasse (BR) Plan-Betriebsrechnungen und weitere Entscheidungsdaten bereit:

Planungsgrössen	Selbstbedienungsrestaurant		Bedienungsrestaurant	
	Daten 1. Jahr	variable Kosten	Daten 1. Jahr	variable Kosten
Investitionssumme Einrichtungen	700 000		800 000	
Erwarteter Umsatz	2 000 000		2 100 000	
Erwartete Kosten				
• Warenkosten	50% des Umsatzes	100%	33⅓% des Umsatzes	100%
• Personalkosten	375 000	66⅔%	750 000	66⅔%
• Mietkosten	360 000	0%	360 000	0%
• Abschreibungskosten	12½% linear der Investitionssumme	0%	12½% linear der Investitionssumme	0%
• Zinskosten	9% auf dem durchschnittlichen Wert der Einrichtungen, bezogen auf deren Lebensdauer	0%	9% auf dem durchschnittlichen Wert der Einrichtungen, bezogen auf deren Lebensdauer	0%
• Übrige Betriebskosten	200 000	25%	250 000	60%
Erwarteter Betriebsverlust	– 54 000		– 96 000*	
Betriebskennzahlen				
• Anzahl Betriebstage	310		310	
• Anzahl Plätze	75		55	
• Platz-Belegung pro Tag durchschnittl.	10×		5×	

Umsatzerwartungen vom 3. Jahr an:
Selbstbedienungsrestaurant   2 400 000
Bedienungsrestaurant   2 940 000

Zur Entscheidfindung über die Betriebsvarianten zieht I neben den Ergebnissen der Deckungsbeitragsrechnung weitere *Rahmenbedingungen und Trends* in Betracht. Sie sind in 7 Punkten unter Fall 51/1 zusammengefasst.

Aufgaben

1. Zu den Betriebsergebnissen des 1. Jahres:
   1.1. Nachprüfung der angegebenen Betriebsergebnisse SR und BR mit Hilfe einer zweistufigen Deckungsbeitragsrechnung
   1.2. Nachweis der Zinskostenberechnung für die Variante SR oder BR
2. Aufstellung der zweistufigen Deckungsbeitragsrechnung für die Varianten SR und BR gemäss den Umsatzerwartungen für das 3. Jahr. Die variablen Kosten sind dabei als direkt proportional zu behandeln.
3. Berechnung der für eine volle Kostendeckung des Betriebes erforderlichen durchschnittlichen Mindest-Konsumationssumme pro Gast für die beiden Varianten SR und BR
4. Aufstellung und Ausfüllen einer Matrix als Entscheidungshilfe für die Wahl des Betriebskonzeptes (Variante SR und Variante BR). Beim Aufbau der Matrix sollen als Kriterien berücksichtigt werden:
   4.1. Die Umsatzentwicklung, die Kostenstruktur und die Entwicklung des Gewinnes und des Mindestumsatzes
   4.2. Zwei Kriterien aus den skizzierten Rahmenbedingungen
   4.3. Zwei zusätzliche, selbständig zu bestimmende Kriterien aus der Arbeits- oder Konsumsphäre der Grossstadt, die beim Entscheid über das Betriebskonzept ebenfalls zu beachten sind

3. Teil
Die Betriebsanalyse

Die Betriebsabrechnung erfasst in erster Linie die Höhe und nicht die Struktur des Vermögens und Kapitals und der Kosten und Erträge des Betriebes. Die Durchleuchtung der Betriebsstruktur ist Sache der *Betriebsanalyse*.

Die Betriebsanalyse berechnet die für die Betriebsführung und -kontrolle wichtigen Kennzahlen und bildet neben der Buchhaltung, Betriebsabrechnung und Kalkulation einen weiteren Teil des Rechnungswesens.

Unternehmungsrechnung

Rechnung	Rechnungsobjekt	Rechnungszweck
Buchhaltung	Unternehmung	Ermittlung des Vermögens und Kapitals und des Unternehmungserfolges
Betriebsabrechnung	Betrieb	Ermittlung des Betriebsvermögens und Betriebskapitals und des Betriebserfolges
Kalkulation	Produkt oder Leistung	Ermittlung der Selbstkostenpreise und der Deckungsbeiträge
Betriebsanalyse	Betrieb	Ermittlung der betrieblichen Kennzahlen

I. Die Kennzahlen des Lagerbereiches

Der Lagerbereich spielt praktisch bei den Warenhandels- und den Industriebetrieben eine grosse Rolle.

1. Der mittlere Lagerbestand

Der mittlere Lagerbestand entspricht nach der *einfachen Formel* dem arithmetischen Mittel zwischen dem Bestand am Anfang und am Ende der Rechnungsperiode.

$$\text{Mittlerer Lagerbestand} = \frac{\text{Anfangsbestand} + \text{Endbestand}}{2}$$

Diese Formel liefert nur in bestimmten Fällen ein brauchbares Resultat, wenn zum Beispiel der Lagerbestand im Laufe der Rechnungsperiode gleichmässig steigt oder sinkt oder wenn er nur geringen oder nach oben und unten ungefähr gleich starken Schwankungen unterworfen ist. In den andern Fällen muss die *Formel erweitert,* müssen neben dem Anfangs- und dem Endbestand mindestens noch der Höchst- und der Tiefstbestand berücksichtigt werden.

$$\text{Mittlerer Lagerbestand} = \frac{\text{Anfangs- + Höchst- + Tiefst- + Endbestand}}{4}$$

Die Lagerhaltung ist für die Unternehmung mit bedeutenden Vor- und Nachteilen verbunden. Die Nachteile bestehen darin, dass mit der Grösse des Lagers auch die Kosten, die Raum-, Personal-, Zinskosten usw. steigen und das Verlustrisiko zunimmt, die Gefahr, dass die Gegenstände am Lager an Wert verlieren, sei es, dass sie an Qualität einbüssen und verderben, sei es, dass sie veralten, weil sie aus der Mode kommen oder technisch überholt werden. Diesen Nachteilen stehen aber auch Vorteile gegenüber. Bei einem grossen Lager kann die Unternehmung die Preisentwicklung auf dem Beschaffungsmarkt besser ausnützen und erst noch in grösseren Mengen und damit günstiger einkaufen. Sie hat aber auch, da sie über ein reichhaltigeres Sortiment verfügt und eher in der Lage ist, prompt zu liefern, grössere Chancen beim Verkauf.

Der mittlere Lagerbestand bildet die *Bezugsgrösse für die Berechnung der durchschnittlichen Umschlagshäufigkeit.*

2. Die mittlere Umschlagshäufigkeit

Die mittlere Umschlagshäufigkeit gibt darüber Aufschluss, wie oft der mittlere Lagerbestand in der Rechnungsperiode im Betriebsablauf umgesetzt worden ist. Um sie zu berechnen, wird der Lagerabgang durch den mittleren Lagerbestand dividiert. Wichtig ist dabei, dass Lagerabgang und mittlerer Lagerbestand nicht nur für dieselbe Rechnungsperiode erfasst, sondern auch zu denselben Preisen bewertet werden.

$$\text{Umschlag des Warenlagers} = \frac{\text{Warenkosten}^1}{\text{mittlerer Warenbestand}^1}$$

[1] bewertet zu Bezugspreisen

Die Warenerträge kommen nicht in Frage, weil sie zu Verkaufspreisen bewertet werden.

$$\text{Umschlag des Materiallagers} = \frac{\text{Materialkosten}^1}{\text{mittlerer Materialbestand}^1}$$

[1] bewertet zu Bezugspreisen

$$\text{Umschlag des Fabrikatelagers} = \frac{\text{Herstellungskosten der verkauften Fabrikate}}{\text{mittlerer Fabrikatebestand}}$$

Von der Umschlagshäufigkeit hängt nicht zuletzt das Betriebsergebnis ab. Je schneller das Lager umgesetzt wird, desto kleiner ist das Verlustrisiko und auch das Kapital, das im Lager gebunden ist, desto häufiger erfolgt aber auch die Realisierung der einkalkulierten Gewinne.

Die Umschlagshäufigkeit bildet den *Ausgangspunkt für die Berechnung* der mittleren Lagerdauer.

3. Die mittlere Lagerdauer

Die Tage der Rechnungsperiode, dividiert durch die Umschlagshäufigkeit, ergibt die mittlere Lagerdauer. Aus ihr geht hervor, wieviele Tage ein Gegenstand durchschnittlich am Lager liegt.

$$\text{Mittlere Lagerdauer} = \frac{\text{Tage der Rechnungsperiode}}{\text{Umschlagshäufigkeit}}$$

II. Die Kennzahlen des Arbeitsbereiches

Die Personalkosten fallen heute bei der grossen Mehrheit der Unternehmungen sehr stark ins Gewicht. Eine qualifizierte Betriebsführung und -kontrolle setzt deshalb auch eine Überwachung des Arbeitsbereiches voraus.

1. Die Arbeitsintensität

Die Arbeitsintensität ist der Massstab für die Bedeutung der Personalkosten, gemessen an den Gesamtkosten.

$$\text{Arbeitsintensität} = \frac{\text{Personalkosten}}{1\% \text{ der Gesamtkosten}}$$

2. Die Personalkosten

Für die Betriebsführung sind besonders die *Personalkosten je Arbeitnehmer und je Arbeitsplatz* aufschlussreich. Sie führen ihr vor Augen, wie hoch die Lohn- und die Sozialkosten sind, die für einen Arbeitnehmer anfallen, und welche finanziellen Konsequenzen es für die Unternehmung hat, wenn sie Arbeitskräfte einstellt oder entlässt.

$$\text{Personalkosten je Arbeitnehmer} = \frac{\text{Personalkosten des Betriebes oder Betriebsbereiches}}{\text{Anzahl Arbeitnehmer des Betriebes oder Betriebsbereiches}}$$

$$\text{Personalkosten je Arbeitsstunde} = \frac{\text{Personalkosten des Betriebes oder Betriebsbereiches}}{\text{bezahlte oder geleistete Arbeitsstunden}}$$

Die Unternehmung zahlt den Arbeitnehmern mehr Arbeitsstunden als sie leisten, denn sie vergütet ihnen in begründeten Fällen den Lohn auch bei Abwesenheit, zum Beispiel in den Ferien, bei Krankheit und Unfall, während des Militärdienstes.

3. Die Sozialkosten

Die Sozialleistungen machen heute bei vielen Unternehmungen mehr als 10% und bei zahlreichen sogar mehr als 20% der Lohnsumme aus und bilden neben den Lohnkosten einen wichtigen Kostenfaktor. Sie setzen sich zusammen aus den *Zulagen* (Familien-, Kinderzulagen usw.), den *Versicherungsbeiträgen* (für die AHV, IV, ALV, die betriebseigene Pensionskasse usw.) und den *Vergünstigungen* (für verbilligte Ferien, preisgünstige Mahlzeiten usw.).
Von besonderer Bedeutung für die Betriebsführung ist der Anteil der Sozialleistungen an den Personalkosten und je Arbeitnehmer.

$$\text{Anteil der Sozialkosten an den Personalkosten} = \frac{\text{Sozialkosten}}{1\% \text{ der Personalkosten}}$$

$$\text{Anteil der Sozialkosten je Arbeitnehmer} = \frac{\text{Sozialkosten}}{\text{Zahl der Arbeitnehmer}}$$

4. Der Arbeitsgrad

Der Arbeitsgrad gibt über das Verhältnis der bezahlten zu den geleisteten Arbeitsstunden Auskunft.

$$\text{Arbeitsgrad} = \frac{\text{geleistete Arbeitsstunden}}{\text{bezahlte Arbeitsstunden}}$$

III. Die Kennzahlen des Anlagebereiches

Der Anlagebereich erfordert vor allem bei den Industriebetrieben grosse finanzielle Investitionen.

1. Die Anlageintensität

Die Anlageintensität ist der Massstab für die Bedeutung der Anlagekosten, gemessen an den Gesamtkosten.
Die Anlagekosten bestehen aus den Abschreibungs-, den Zins- und den Unterhalts- und Reparaturkosten.

$$\text{Anlageintensität} = \frac{\text{Anlagekosten}}{1\% \text{ der Gesamtkosten}}$$

2. Das Anlagevermögen

Die Grösse des Anlagevermögens für den einzelnen Arbeitsplatz bildet bei den Unternehmungen in der Industrie ein zuverlässiges Mass für den Grad der Maschinisierung und Automation des Betriebes.

$$\text{Anlagevermögen je Arbeitnehmer} = \frac{\text{Anlagevermögen}}{\text{Zahl der Arbeitnehmer}}$$

$$\text{Anlagevermögen je Arbeitsplatz} = \frac{\text{Anlagevermögen}}{\text{Zahl der Arbeitsplätze}}$$

3. Die Anlagekosten

Bei den Anlagekosten handelt es sich um gemischte, hauptsächlich um fixe Kosten. Fix sind die Zinskosten, in der Regel aber auch die Abschreibungskosten, weil heute bei dem immer schneller werdenden technischen Fortschritt für die Berechnung der Lebensdauer der Anlagen normalerweise die wirtschaftliche Überholung und nicht die technische Abnutzung ausschlaggebend ist. Variabel sind praktisch nur die Reparatur- und Unterhaltskosten.

Die Kostenstruktur ist, sobald sich die Konjunktur entscheidend abkühlt, für die Unternehmung und ihre finanzielle Standfestigkeit von existentieller Bedeutung. Je grösser die fixen Kosten sind, desto grösser ist die Krisenanfälligkeit und desto wichtiger die Auslastung der Unternehmung. Bei hohen Anlagekosten für den einzelnen Arbeitnehmer und Arbeitsplatz gerät die Unternehmung bei einem Umsatzrückgang viel schneller in die roten Zahlen.

$$\text{Anlagekosten je Arbeitnehmer} = \frac{\text{Anlagekosten}}{\text{Zahl der Arbeitnehmer}}$$

$$\text{Anlagekosten je Arbeitsplatz} = \frac{\text{Anlagekosten}}{\text{Zahl der Arbeitsplätze}}$$

4. Der Abschreibungsgrad

Der Abschreibungsgrad gibt an, in welchem Ausmass die abnutzbaren Anlagen in der Buchhaltung und in der Betriebsabrechnung abgeschrieben sind.

$$\text{Buchmässiger Abschreibungsgrad} = \frac{\text{Buchrestwert}}{1\% \text{ des Anschaffungswertes}}$$

$$\text{Kostenmässiger Abschreibungsgrad} = \frac{\text{Kostenrestwert}}{1\% \text{ des Anschaffungswertes}}$$

Bei dem Vergleich zwischen dem buch- und dem kostenmässigen Abschreibungsgrad wird ersichtlich, wie stark die Anlagen unterbewertet und wie umfangreich die stillen Reserven der Unternehmung auf den abnutzbaren Anlagen sind.

5. Die Abschreibungssätze

Für die Ermittlung der Abschreibungssätze werden die Abschreibungskosten durch ein Prozent des Anschaffungswertes der betrieblichen Anlagen oder durch eine Zeiteinheit, zum Beispiel die Betriebsstunden, dividiert.

$$\text{Abschreibungssatz} = \frac{\text{Abschreibungskosten}}{1\% \text{ des Anschaffungswertes der betrieblichen Anlagen}}$$

$$\text{Abschreibungssatz} = \frac{\text{Abschreibungskosten}}{\text{Betriebsstunden}}$$

Die Abschreibungssätze sind für die Unternehmungsleitung sehr aufschlussreich. Aus dem ersten Abschreibungssatz kann sie auf die mittlere Lebensdauer der Anlagen schliessen und aus dem zweiten ersieht sie, wie gross der Abschreibungsbetrag ist, den sie in einer Betriebsstunde beim Verkauf ihrer Produkte oder Leistungen hereinbringen muss.

IV. Die Kennzahlen des Kapitalbereiches

1. Die Kapitalintensität

Die Kapitalintensität ist der Massstab für die Bedeutung der Zinskosten, gemessen an den Gesamtkosten.

$$\text{Kapitalintensität} = \frac{\text{Zinskosten}}{1\% \text{ der Gesamtkosten}}$$

Die Kapitalintensität hängt weitgehend von der Anlageintensität der Unternehmung ab.

2. Das Betriebskapital

Der Finanzbedarf der Unternehmung wird, vor allem in der Industrie, von der Grösse des Betriebskapitals bestimmt, das von der Unternehmung für die Beschäftigung eines Arbeitnehmers und damit für die Schaffung und Erhaltung eines Arbeitsplatzes investiert werden muss.

$$\text{Betriebskapital je Arbeitnehmer} = \frac{\text{Betriebskapital}}{\text{Zahl der Arbeitnehmer}}$$

$$\text{Betriebskapital je Arbeitsplatz} = \frac{\text{Betriebskapital}}{\text{Zahl der Arbeitsplätze}}$$

3. Return on Investment

Die Kennzahl Return on Investment, abgekürzt ROI, vermittelt ein Bild von der *Rentabilität des Betriebes*. Die Unternehmungsleitung kann aus ihr entnehmen, wieviele Prozente des investierten Kapitals in der Rechnungsperiode durch den Betrieb wieder zurückgewonnen und als Gewinn erwirtschaftet worden sind. Im Gegensatz zur üblichen Rentabilitätsberechnung wird beim ROI nicht der Betriebsgewinn durch das mittlere Betriebskapital dividiert, sondern die Umsatzrentabilität mit dem Kapitalumschlag multipliziert.

$$\text{Return on Investment (ROI)} = \text{Umsatzrentabilität} \cdot \text{Kapitalumschlag}$$

Die *Umsatzrentabilität* gibt darüber Auskunft, wieviele Prozente Betriebsgewinn die Unternehmung auf ihrem Umsatz erzielt. Für ihre Berechnung wird der Betriebsgewinn mit 100 multipliziert und durch den Umsatz dividiert.

$$\text{Umsatzrentabilität} = \frac{\text{Betriebsgewinn} \cdot 100}{\text{Umsatz}}$$

Der *Kapitalumschlag* gibt darüber Aufschluss, wie oft das im Vermögen investierte Betriebskapital in der Rechnungsperiode im Ertrag der Unternehmung umgesetzt wird. Für seine Berechnung wird der Umsatz durch das mittlere Betriebskapital dividiert.

$$\text{Kapitalumschlag} = \frac{\text{Umsatz}}{\text{mittleres Betriebskapital}}$$

Je höher der Kapitalumschlag, desto höher ist die Betriebsrentabilität, allerdings nur unter der Bedingung, dass die Unternehmung ihre Produkte oder Leistungen mit Gewinn verkaufen kann.

Werden die Begriffe Umsatzrentabilität und Kapitalumschlag durch die entsprechenden Formeln ersetzt, so lautet der Ausdruck für die Kennzahl des Return on Investment:

$$\text{ROI} = \frac{\text{Betriebsgewinn} \cdot 100}{\text{Umsatz}} \cdot \frac{\text{Umsatz}}{\text{mittleres Betriebskapital}} \quad [1]$$

[1] Bei einer Kürzung des Umsatzes im Nenner des ersten mit dem Umsatz im Zähler des zweiten Bruches entspricht der Ausdruck der üblichen Rentabilitätsformel.

$$\text{Rentabilität des Betriebskapitals} = \frac{\text{Betriebsgewinn} \cdot 100}{\text{mittleres Betriebskapital}}$$

V. Die Kennzahlen des Verkaufsbereiches

1. Der Umsatz

Der Umsatz, ins Verhältnis gesetzt zu einem Arbeitnehmer oder Arbeitsplatz, spiegelt die Produktivität des Betriebes wider.

$$\text{Umsatz je Arbeitnehmer} = \frac{\text{Umsatz}}{\text{Zahl der Arbeitnehmer}}$$

$$\text{Umsatz je Arbeitsplatz} = \frac{\text{Umsatz}}{\text{Zahl der Arbeitsplätze}}$$

2. Der mittlere Gewinnzuschlag und die mittlere Gewinnquote

Bei der Berechnung des *Gewinnzuschlages* wird der Gewinn zu den Kosten ins Verhältnis gesetzt, entweder der Bruttogewinn zu den Bezugs- oder der Nettogewinn zu den Selbstkosten.

$$\text{Bruttogewinnzuschlag} = \frac{\text{Bruttogewinn}}{1\% \text{ der Bezugskosten}}$$

$$\text{Nettogewinnzuschlag} = \frac{\text{Nettogewinn}}{1\% \text{ der Selbstkosten}}$$

Bei der Berechnung der *Gewinnquote* dagegen wird der Brutto- oder der Nettogewinn ins Verhältnis zum Umsatz gesetzt.

$$\text{Bruttogewinnquote} = \frac{\text{Bruttogewinn}}{1\% \text{ des Umsatzes}}$$

$$\text{Nettogewinnquote} = \frac{\text{Nettogewinn}}{1\% \text{ des Umsatzes}}$$

Beispiel 1

Teil 8: Betriebsanalyse[19]

Aufgabe

Die Unternehmungsrechnung der Einzelfirma X weist folgende Zahlen auf:

	Anschaffungswert 31.12.	Buchhaltung 31.12.	Betriebsabrechnung 1.1.	31.12.
Anlagevermögen				
Lagereinrichtung	100 000	40 000	75 000	70 000
Büroeinrichtung	300 000	200 000	280 000	270 000
Ladeneinrichtung	500 000	70 000	375 000	350 000
Fahrzeuge	100 000	40 000	70 000	60 000
	1 000 000	350 000	800 000	750 000
Umlaufvermögen				
Waren[1]			150 000	250 000
Betriebsvermögen			1 150 000	1 350 000
Betriebskapital			1 150 000	1 350 000
Kostenarten				
Warenkosten	1 000 000			
Raumkosten	50 000			
Personalkosten	450 000[2]			
Abschreibungskosten	60 000[3]			
Zinskosten	90 000			
Einkaufskosten	20 000			
Verkaufskosten	60 000			
Verwaltungskosten	40 000			
Übrige Betriebskosten	30 000[4]			
Selbstkosten	1 800 000			

[1] Der Warenvorrat besteht nur aus den Waren für den Detailverkauf. Bei den engros verkauften Waren erfolgt die Lieferung an die Kunden direkt ab Fabrik.
[2] In den Personalkosten sind Sozialkosten von **45 000** enthalten.
[3] Die Abschreibungskosten für die Ladeneinrichtung allein betragen 25 000.
[4] In den übrigen Betriebskosten sind Unterhalts- und Reparaturkosten von **3375** inbegriffen.

---

19 Vgl. Teil 2 S. 46ff. und Teil 4 S. 126ff.

Absatz

Bereich	Warenkosten	Selbstkosten	Warenertrag	Bruttogewinn	Nettogewinn
Engrosverkauf	400 000	600 000	600 000	200 000	–
Detailverkauf	600 000	1 200 000	1 400 000	800 000	200 000

Personal	Personal-kosten	Arbeit-nehmer	Arbeits-plätze	Arbeitsstunden bezahlt	Arbeitsstunden geleistet	Betriebs-stunden
Engroshandel	90 000	2	2	4 000	3 600	2 000
Detailhandel	180 000	8	5	10 000	9 000	2 000
Übriger Betrieb	180 000	2	2			
	450 000	12	9			

Lösung

1. Kennzahlen des Lagerbereiches

Mittlerer Warenbestand
Warenbestand 1.1.   150 000
Warenbestand 31.12.   250 000

Mittlerer Bestand: $\dfrac{150\,000 + 250\,000}{2} = \mathbf{200\,000}$

Warenumschlag
Warenkosten des Detailhandels   600 000
Mittlerer Lagerbestand   **200 000**

Warenumschlag: $\dfrac{600\,000}{200\,000} = \mathbf{3 \times}$

Mittlere Lagerdauer
Lagerdauer pro Jahr   **360 Tage**
Warenumschlag   3 ×

Mittlere Lagerdauer: $\dfrac{360}{3} = \mathbf{120\ Tage}$

2. Kennzahlen des Arbeitsbereiches

Arbeitsintensität

Personalkosten	450 000
Selbstkosten	1 800 000

$$\text{Arbeitsintensität:} \quad \frac{450\ 000}{18\ 000} = 25\%$$

Personalkosten

Personalkosten je Arbeitnehmer

Bereich	
Betrieb	450 000 : 12 = 37 500
Engroshandel	90 000 : 2 = 45 000
Detailhandel	180 000 : 8 = 22 500
Übriger Betrieb	180 000 : 2 = 90 000

Personalkosten je Arbeitsstunde

Bereich	je bezahlte Arbeitsstunde	je geleistete Arbeitsstunde
Engroshandel	90 000 : 4 000 = 22.50	90 000 : 3 600 = 25.-
Detailhandel	180 000 : 10 000 = 18.--	180 000 : 9 000 = 20.-

Arbeitsgrad

Bereich	
Engroshandel	3 600 : 40 = 90%
Detailhandel	9 000 : 100 = 90%

Sozialkosten

Anteil der Sozialkosten an den Personalkosten

Sozialkosten	45 000
Personalkosten	450 000

$$\text{Anteil:} \quad \frac{45\ 000}{4\ 500} = 10\%$$

$$\text{Sozialkosten je Arbeitnehmer:} \quad \frac{45\ 000}{12} = 3\ 750$$

3. Kennzahlen des Anlagebereiches

Anlageintensität

Anlagekosten:	
Abschreibungskosten	60 000
Unterhalts- und Reparaturkosten	3 375
Zinskosten:	
7½% auf dem durchschnittlichen Anlagevermögen von 775 000	58 125
	121 500
Selbstkosten	1 800 000

Anlageintensität: $\dfrac{121\,500}{18\,000} = 6{,}75\%$

Anlagevermögen

Bereich	Anlagevermögen je Arbeitnehmer	Anlagevermögen je Arbeitsplatz
Betrieb	750 000 : 12 = 62 500	750 000 : 9 = 83 333
Laden	350 000 : 8 = 43 750	350 000 : 5 = 70 000

Anlagekosten

Anlagekosten je Arbeitnehmer: 121 500 : 12 = 10 125
Anlagekosten je Arbeitsplatz: 121 500 : 9 = 13 500

Abschreibungsgrad

Buchmässiger Abschreibungsgrad: $\dfrac{\text{Buchwert}}{1\%\ \text{des Anschaffungswertes}} = \dfrac{350\,000}{10\,000} = 35\%$

Kostenmässiger Abschreibungsgrad: $\dfrac{\text{Kostenrestwert}}{1\%\ \text{des Anschaffungswertes}} = \dfrac{750\,000}{10\,000} = 75\%$

Abschreibungssätze

Bereich

Betrieb: $\dfrac{\text{Abschreibungskosten}}{1\%\ \text{auf dem Anschaffungswert des abnutzbaren Anlagevermögens}} = \dfrac{60\,000}{10\,000} = 6\%$

Laden: $\dfrac{\text{Abschreibungskosten}}{\text{Ladenstunden}} = \dfrac{25\,000}{2\,000} = \text{Fr. } 12{.}50$

4. Kennzahlen des Kapitalbereiches

Kapitalintensität

Zinskosten	90 000
Selbstkosten	1 800 000

Kapitalintensität: $\dfrac{90\,000}{18\,000} = 5\%$

Betriebskapital

Betriebskapital je Arbeitnehmer: **1 350 000 : 12 = 112 500**
Betriebskapital je Arbeitsplatz: **1 350 000 : 9 = 150 000**

Return on Investment (ROI)

ROI = Umsatzrentabilität · Kapitalumschlag

Umsatzrentabilität: $\dfrac{\text{Warengewinn}}{1\%\ \text{des Umsatzes}} = \dfrac{200\,000}{20\,000} = 10\%$

Kapitalumschlag: $\dfrac{\text{Umsatz}}{\text{Mittleres Betriebskapital}} = \dfrac{2\,000\,000}{1\,250\,000} = 1{,}6$

ROI = **10% · 1,6 = 16%**

5. Kennzahlen des Verkaufsbereiches

Umsatz

Bereich	Umsatz je Arbeitnehmer	Umsatz je Arbeitsplatz
Engroshandel	600 000 : 2 = 300 000	600 000 : 2 = 300 000
Detailhandel	1 400 000 : 8 = 175 000	1 400 000 : 5 = 280 000

Gewinn

Bruttogewinn

Bereich	Bruttogewinnzuschlag	Bruttogewinnquote
Engroshandel	200 000 : 4 000 = 50%	200 000 : 6 000 = 33%[1]
Detailhandel	800 000 : 6 000 = 133%[1]	800 000 : 14 000 = 57%[1]
Betrieb	1 000 000 : 10 000 = 100%	1 000 000 : 20 000 = 50%

[1] auf ganze Prozent auf- oder abgerundet

Nettogewinn

Bereich	Nettogewinnzuschlag	Nettogewinnquote
Engroshandel		
Detailhandel	**200 000 : 12 000 = 17%**[1]	**200 000 : 14 000 = 14%**[1]
Betrieb	**200 000 : 18 000 = 11%**[1]	**200 000 : 20 000 = 10%**

[1] auf ganze Prozent auf- oder abgerundet

Beispiel 2

Teil 13: Betriebsanalyse[20]

Aufgabe

Die Unternehmungsrechnung der Familienaktiengesellschaft Y weist folgende Zahlen auf:

	Anschaffungswert	Buchhaltung	Betriebsabrechnung	
	31.12.	31.12.	1.1.	31.12.
Vermögen				
Anlagevermögen				
Lagereinrichtung	200 000	100 000	130 000	120 000
Fabrikationseinrichtung	1 400 000	500 000	800 000	800 000
Büroeinrichtung	250 000	140 000	150 000	180 000
Fahrzeuge	150 000	60 000	120 000	100 000
	2 000 000	800 000	1 200 000	1 200 000
Umlaufvermögen				
Material			400 000	410 000
Fertigfabrikate			270 000	230 000
Betriebsvermögen			2 400 000	2 600 000
Betriebskapital			2 400 000	2 600 000
Kostenarten				
Materialkosten			405 000	
Personalkosten			1 125 000[1]	
Raumkosten			200 000	
Abschreibungskosten			120 000[2]	
Zinskosten			180 000	
Verkaufskosten			80 000	
Verwaltungskosten			50 000	
Übrige Betriebskosten			70 000[3]	
			2 230 000	
Halbfabrikatekosten			− 20 000	
Fertigfabrikatekosten			40 000	
Selbstkosten der verkauften Fabrikate			2 250 000	
Herstellungskosten der verkauften Fabrikate			2 000 000	

[1] In den Personalkosten sind Sozialkosten von **135 000** inbegriffen.
[2] Die Abschreibungskosten für die Fabrikationseinrichtung allein betragen 70 000.
[3] In den übrigen Betriebskosten sind Unterhaltskosten von **10 000** und Reparaturkosten von **5 000** für die Anlagen enthalten.

20 Vgl. Teil 2 S. 52ff. und Teil 9 S. 129ff.

Absatz

Bereich	Selbstkosten			Fabrikateertrag		Nettogewinn	
Betrieb	2 250 000			2 500 000		250 000	
Personal	Arbeit-nehmer	Arbeits-plätze	Personal-kosten	Lohnkosten	Sozialkosten	Arbeitsstunden	
						bezahlt	geleistet
Betriebsinhaber	1	1	120 000				
Angestellte	2	2	180 000	265 000	35 000		
Facharbeiter	12	12	660 000	576 000	84 000	24 000	22 500
Hilfsarbeiter	5	5	165 000	149 000	16 000		
	20	20	1 125 000	990 000	135 000		

Lösung

1. Kennzahlen des Lagerbereiches

Mittlere Lagerbestände
Materialbestand 1. 1.   400 000
Materialbestand 31. 12.   410 000

Mittlerer Materialbestand: $\dfrac{400\,000 + 410\,000}{2} = \mathbf{405\,000}$

Fabrikatebestand 1. 1.   270 000
Fabrikatebestand 31. 12.   230 000

Mittlerer Fabrikatebestand: $\dfrac{270\,000 + 230\,000}{2} = \mathbf{250\,000}$

Lagerumschlag
Materialkosten   405 000
Mittlerer Materialbestand   **405 000**

Materialumschlag: $\dfrac{405\,000}{405\,000} = \mathbf{1} \times$

Herstellungskosten der verkauften Fabrikate   2 000 000
Mittlerer Fabrikatebestand   **250 000**

Fabrikateumschlag: $\dfrac{2\,000\,000}{250\,000} = \mathbf{8} \times$

Mittlere Lagerdauer

Material $\quad\dfrac{360}{1} = 360$ Tage

Fabrikate $\quad\dfrac{360}{8} = 45$ Tage

Materialintensität
Materialkosten $\qquad\qquad$ 405 000
Selbstkosten $\qquad\qquad\;\;$ 2 250 000

Materialintensität: $\quad\dfrac{405\,000}{22\,500} = 18\%$

2. Kennzahlen des Arbeitsbereiches

Arbeitsintensität
Personalkosten $\qquad\qquad$ 1 125 000
Selbstkosten $\qquad\qquad\;\;$ 2 250 000

Arbeitsintensität: $\quad\dfrac{1\,125\,000}{22\,500} = 50\%$

Personalkosten
Personalkosten je Arbeitnehmer: **1 125 000 : 20 = 56 250**
Personalkosten je Angestellter: $\quad\;\,$ **180 000 : 2 = 90 000**
Personalkosten je Facharbeiter: $\quad\,$ **660 000 : 12 = 55 000**
Personalkosten je Hilfsarbeiter: $\quad\;$ **165 000 : 5 = 33 000**

Lohnkosten je Arbeitsstunde

	je bezahlte Arbeitsstunde	je geleistete Arbeitsstunde
Lohnkosten eines Facharbeiters	**576 000 : 24 000 = 24.–**	**576 000 : 22 500 = 25.60**

Arbeitsgrad

Arbeitsgrad: $\quad\dfrac{\text{geleistete Arbeitsstunden}}{\text{bezahlte Arbeitsstunden}} = \dfrac{22\,500}{240} = 93{,}75\%$

Sozialkosten

Anteil der Sozialkosten an den Personalkosten
Sozialkosten **135 000**
Personalkosten 1 125 000

Anteil: $\dfrac{135\ 000}{11\ 250} = 12\%$

Sozialkosten je Arbeitnehmer: $\dfrac{135\ 000}{20} = 6\ 750$

3. *Kennzahlen des Anlagebereiches*

Anlageintensität

Anlagekosten:	
Abschreibungskosten	120 000
Unterhaltskosten	**10 000**
Reparaturkosten	**5 000**
Zinskosten: 7½% auf dem durchschnittlichen Anlagevermögen von 1 200 000	90 000
	225 000
Selbstkosten	2 250 000

Anlageintensität: $\dfrac{225\ 000}{22\ 500} = 10\%$

Anlagevermögen

Anlagevermögen je Arbeitnehmer und Arbeitsplatz: $\dfrac{1\ 200\ 000}{20} = 60\ 000$

Anlagekosten

Anlagekosten je Arbeitnehmer und Arbeitsplatz: $\dfrac{225\ 000}{20} = 11\ 250$

Abschreibungsgrad

Buchmässiger Abschreibungsgrad: $\dfrac{800\ 000}{20\ 000} = 40\%$

Kostenmässiger Abschreibungsgrad: $\dfrac{1\,200\,000}{20\,000} = 60\%$

Abschreibungssätze

Abschreibungssatz für den Betrieb: $\dfrac{120\,000}{20\,000} = 6\%$

Abschreibungssatz für die Fabrikation: $\dfrac{70\,000}{14\,000} = 5\%$

4. Kennzahlen des Kapitalbereiches

Kapitalintensität
Zinskosten   180 000
Selbstkosten   2 250 000

Kapitalintensität: $\dfrac{180\,000}{22\,500} = 8\%$

Betriebskapital

Betriebskapital je Arbeitnehmer und Arbeitsplatz: $\dfrac{2\,600\,000}{20} = 130\,000$

Return on Investment (ROI)
ROI = Umsatzrentabilität · Kapitalumschlag

Umsatzrentabilität: $\dfrac{\text{Fabrikategewinn}}{1\%\text{ des Umsatzes}} = \dfrac{250\,000}{25\,000} = 10\%$

Kapitalumschlag: $\dfrac{\text{Umsatz}}{\text{Mittleres Betriebskapital}} = \dfrac{2\,500\,000}{2\,500\,000} = 1$

ROI = 10% · 1 = 10%

5. Kennzahlen des Verkaufsbereiches

Umsatz

Umsatz je Arbeitnehmer und Arbeitsplatz: $\dfrac{2\,500\,000}{20} = 125\,000$

Gewinn

	Nettogewinnzuschlag	Nettogewinnquote
Nettogewinn	**250 000 : 22 500 = 11%**[1]	**250 000 : 25 000 = 10%**

[1] auf ganze Prozent abgerundet

Übungsaufgabe 52
Kennzahlen einer Warenhandelsunternehmung

Fall 52/1

Bilanzen und Erfolgsrechnung der Einzelunternehmung A enthalten die folgenden Zahlen:

Bilanzposten	Anschaf-fungswert	Bilanzen		Stille Reserven	
		31.12. 19.0	31.12. 19.1	31.12. 19.0	31.12. 19.1
Anlagevermögen					
Lagereinrichtung	130 000	60 000	55 000	10 000	10 000
Büroeinrichtung	400 000	330 000	290 000	66 000	76 000
Ladeneinrichtung	690 000	390 000	365 000	50 000	54 000
Fahrzeuge	180 000	120 000	90 000	16 000	18 000
	1 400 000	900 000	800 000		
Umlaufvermögen					
Waren[1]		320 000	450 000	30 000	40 000
Forderungen		250 000	260 000		
Flüssige Mittel		174 000	200 000		
		744 000	910 000		
		1 644 000	1 710 000		
Eigenkapital		1 200 000	1 400 000		
Fremdkapital					
Darlehen P		300 000	150 000		
Bank		44 000	36 000		
Kreditoren		100 000	124 000		
		444 000	310 000		
		1 644 000	1 710 000		

Interne Erfolgsrechnung 19.1

Warenertrag:	Nettoverkaufserlös Detailhandel			1 800 000
	Nettoverkaufserlös Engroshandel			1 200 000
Warenkosten:	Waren Detailhandel		830 000	
	Waren Engroshandel		720 000	
Gemeinkosten²:	Raumkosten		100 000	
	Personalkosten³,⁴		651 900	
	Abschreibungskosten⁵		84 000	
	Zinskosten⁶		157 500	
	Einkaufskosten		25 000	
	Verkaufskosten		72 100	
	Verwaltungskosten		31 000	
	Übrige Betriebskosten⁷		28 500	
			2 700 000	3 000 000
Interner Gewinn 19.1:	Erhöhung des Eigenkapitals:			
	Offen	200 000		
	Stille Reserven	26 000		
	Gewinnbezug bar	74 000	300 000	
			3 000 000	3 000 000

Erläuterungen zu den Bilanzen und zur Erfolgsrechnung:

[1] Höchstbestand des Jahres 690 000, Tiefstbestand des Jahres 330 000
[2] Aufteilung der Gemeinkosten nach Kostenträgern:
    Waren Detailhandel   745 000
    Waren Engroshandel   405 000
[3] davon 84 747 Sozialkosten
[4] Aufteilung der Personalkosten nach Betriebsbereichen:
    Detailhandel   288 000
    Engroshandel   105 300
    Übriger Betrieb 258 600
[5] Abschreibungskosten des Detailhandels 43 200
[6] 9% vom durchschnittlichen verzinslichen Betriebskapital
[7] davon 6 000 Kosten für Unterhalt und Reparatur der Anlagen

Erläuterungen zum Betrieb:

Betriebsbereich	Anzahl Arbeitnehmer und Arbeitsplätze	Arbeitsstunden		Betriebszeit Ladenstunden
		bezahlt	geleistet	
Detailhandel	6	12 000	10 000	2 400
Engroshandel	2	4 000	3 480	
Übriger Betrieb	3			

Fall 52/2

Bilanzen und Erfolgsrechnung der Einzelunternehmung B enthalten die folgenden Zahlen:

Bilanzposten	Anschaffungswert	Bilanzen		Stille Reserven	
		31.12. 19.0	31.12. 19.1	31.12. 19.0	31.12. 19.1
Anlagevermögen					
Lagereinrichtung	160 000	70 000	65 000	12 000	12 000
Büroeinrichtung	500 000	410 000	360 000	82 000	95 000
Ladeneinrichtung	860 000	490 000	455 000	61 000	66 000
Fahrzeuge	240 000	150 000	110 000	20 000	22 000
	1 760 000	1 120 000	990 000		
Umlaufvermögen					
Waren[1]		400 000	560 000	40 000	50 000
Forderungen		300 000	320 000		
Flüssige Mittel		220 000	250 000		
		920 000	1 130 000		
		2 040 000	2 120 000		
Eigenkapital		1 500 000	1 750 000		
Fremdkapital					
Darlehen O		360 000	180 000		
Bank		55 000	35 000		
Kreditoren		125 000	155 000		
		540 000	370 000		
		2 040 000	2 120 000		

Interne Erfolgsrechnung 19.1

Warenertrag:	Nettoverkaufserlös Detailhandel		2 300 000
	Nettoverkaufserlös Engroshandel		1 500 000
Warenkosten:	Waren Detailhandel	1 050 000	
	Waren Engroshandel	900 000	
Gemeinkosten²:	Raumkosten	125 000	
	Personalkosten[3,4]	825 200	
	Abschreibungskosten[5]	110 000	
	Zinskosten[6]	173 600	
	Einkaufskosten	40 500	
	Verkaufskosten	90 500	
	Verwaltungskosten	40 000	
	Übrige Betriebskosten[7]	45 200	
		3 400 000	3 800 000

Interner Gewinn 19.1:	Erhöhung des Eigenkapitals:			
	Offen	250 000		
	Stille Reserven	30 000		
	Gewinnbezug bar	120 000	400 000	
			3 800 000	3 800 000

Erläuterungen zu den Bilanzen und zur Erfolgsrechnung:

[1] Höchstbestand des Jahres 620 000, Tiefstbestand des Jahres 280 000
[2] Aufteilung der Gemeinkosten nach Kostenträgern:
 Waren Detailhandel 940 000
 Waren Engroshandel 510 000
[3] davon 99 024 Sozialkosten
[4] Aufteilung der Personalkosten nach Betriebsbereichen:
 Detailhandel 375 000
 Engroshandel 137 600
 Übriger Betrieb 312 600
[5] Abschreibungskosten des Detailhandels 54 000
[6] 8% vom durchschnittlichen verzinslichen Betriebskapital
[7] davon 11 800 Kosten für Unterhalt und Reparatur der Anlagen

Erläuterungen zum Betrieb:

Betriebsbereich	Anzahl Arbeitnehmer und Arbeitsplätze	Arbeitsstunden		Betriebszeit Ladenstunden
		bezahlt	geleistet	
Detailhandel	8	16 000	13 120	2 400
Engroshandel	2	4 000	3 440	
Übriger Betrieb	4			

Aufgaben zu 52/1 und 52/2

Es sind die folgenden Kennzahlen für das Geschäftsjahr 19.1 zu berechnen:

1. Mittlerer Warenbestand (unter Mitberücksichtigung von Höchst- und Tiefstbestand des Warenlagers), Warenumschlag und mittlere Lagerdauer
2. Arbeitsintensität
3. Personalkosten je Arbeitnehmer für die drei Betriebsbereiche einzeln und für den Gesamtbetrieb
4. Personalkosten je bezahlte und je geleistete Arbeitsstunde, getrennt für Detailhandel und Engroshandel
5. Arbeitsgrad für Detailhandel und Engroshandel
6. Anteil der Sozialkosten an den Personalkosten und Sozialkosten je Arbeitnehmer
7. Anlageintensität
8. Anlagevermögen je Arbeitnehmer und Arbeitsplatz
9. Durchschnittlicher Abschreibungssatz des Betriebes und Abschreibungssatz je Ladenstunde
10. Anlagekosten je Arbeitnehmer und Arbeitsplatz
11. Kostenmässiger Abschreibungsgrad
12. Kapitalintensität
13. Betriebskapital je Arbeitnehmer und Arbeitsplatz
14. Kapitalumschlag
15. Return on Investment (ROI)
16. Umsatz je Arbeitnehmer und Arbeitsplatz für Detailhandel, Engroshandel und den gesamten Betrieb
17. Bruttogewinnzuschlag und Bruttogewinnquote für Detailhandel, Engroshandel und den gesamten Betrieb
18. Reingewinnzuschlag und Reingewinnquote für Detailhandel, Engroshandel und den gesamten Betrieb

Übungsaufgabe 53
Kennzahlen einer Fabrikationsunternehmung

Fall 53/1

Bilanzen und Erfolgsrechnung der Kollektivgesellschaft C & Co. enthalten die folgenden Zahlen:

Bilanzposten	Anschaffungswert	Bilanzen		Stille Reserven	
		31.12. 19.0	31.12. 19.1	31.12. 19.0	31.12. 19.1
Anlagevermögen					
Lagereinrichtung	400 000	190 000	170 000	10 000	10 000
Fabrikeinrichtung	3 000 000	1 600 000	1 250 000	200 000	250 000
Büroeinrichtung	350 000	230 000	200 000	20 000	20 000
Fahrzeuge	350 000	170 000	90 000	40 000	50 000
	4 100 000	2 190 000	1 710 000		
Umlaufvermögen					
Material		630 000	660 000	50 000	60 000
Fertigfabrikate		550 000	560 000	40 000	50 000
Forderungen		350 000	400 000		
Flüssige Mittel		620 000	670 000		
		2 150 000	2 290 000		
		4 340 000	4 000 000		
Eigenkapital					
Kapital C		1 750 000	1 850 000		
Kapital D		1 750 000	1 850 000		
		3 500 000	3 700 000		
Fremdkapital					
Darlehen S		700 000	200 000		
Kreditoren		140 000	100 000		
		840 000	300 000		
		4 340 000	4 000 000		

Interne Erfolgsrechnung 19.1

Fabrikateertrag		4 320 000
Materialkosten	840 000	
Personalkosten[1]	1 750 000	
Raumkosten	210 000	
Abschreibungskosten	420 000	
Zinskosten[2]	445 000	
Unterhalts- und Reparaturkosten der Anlagen	75 000	
Verkaufskosten	115 000	
Verwaltungskosten	90 000	
Übrige Betriebskosten	75 000	
Fertigfabrikatekosten	− 20 000	
Selbstkosten[3] und Nettofabrikateerlös	4 000 000	4 320 000
Interner Reingewinn 19.1[4]	320 000	
	4 320 000	4 320 000

Erläuterungen zum Abschluss 19.1:

[1] Aufgliederung der Personalkosten:

Personal- kategorie	Anzahl	Personal- kosten	Lohn- kosten	Sozial- kosten	Arbeitsstunden	
					bezahlt	geleistet
Gesellschafter und Angestellte	7	441 000	388 080	52 920		
Facharbeiter	25	1 225 000	1 078 000	147 000	61 600	53 900
Hilfsarbeiter	3	84 000	73 920	10 080		
		1 750 000	1 540 000	210 000		

[2] 10% vom durchschnittlichen verzinslichen Betriebskapital
[3] Herstellungskosten der verkauften Fertigfabrikate gemäss BAB 3 600 000
[4] Gewinnverwendung 19.1:

Erhöhung der Kapitaleinlagen der Gesellschafter um je 100 000	200 000
Erhöhung der stillen Reserven	80 000
Gewinnbezüge bar von je 20 000	40 000
	320 000

Fall 53/2

Bilanzen und Erfolgsrechnung der Kollektivgesellschaft E & Co. enthalten die folgenden Zahlen:

Bilanzposten	Anschaf-fungswert	Bilanzen		Stille Reserven	
		31.12. 19.0	31.12. 19.1	31.12. 19.0	31.12. 19.1
Anlagevermögen					
Lagereinrichtung	600 000	280 000	240 000	15 000	25 000
Fabrikeinrichtung	4 400 000	2 300 000	1 800 000	300 000	360 000
Büroeinrichtung	500 000	320 000	280 000	35 000	35 000
Fahrzeuge	500 000	250 000	130 000	50 000	70 000
	6 000 000	3 150 000	2 450 000		
Umlaufvermögen					
Material		865 000	950 000	85 000	100 000
Fertigfabrikate		800 000	850 000	65 000	85 000
Forderungen		520 000	590 000		
Flüssige Mittel		915 000	960 000		
		3 100 000	3 350 000		
		6 250 000	5 800 000		
Eigenkapital					
Kapital E		2 500 000	2 650 000		
Kapital F		2 500 000	2 650 000		
		5 000 000	5 300 000		
Fremdkapital					
Darlehen T		1 000 000	275 000		
Kreditoren		250 000	225 000		
		1 250 000	500 000		
		6 250 000	5 800 000		

Interne Erfolgsrechnung 19.1

Fabrikateertrag		6 500 000
Materialkosten	1 250 000	
Personalkosten[1]	2 570 000	
Raumkosten	354 000	
Abschreibungskosten	610 000	
Zinskosten[2]	576 000	
Unterhalts- und Reparaturkosten der Anlagen	147 950	
Verkaufskosten	200 000	
Verwaltungskosten	185 000	
Übrige Betriebskosten	177 050	
Fertigfabrikatekosten	− 70 000	
Selbstkosten[3] und Nettofabrikateerlös	6 000 000	6 500 000
Interner Reingewinn 19.1[4]	500 000	
	6 500 000	6 500 000

Erläuterungen zum Abschluss 19.1:

[1] Aufgliederung der Personalkosten:

Personal- kategorie	Anzahl	Personal- kosten	Lohn- kosten	Sozial- kosten	Arbeitsstunden	
					bezahlt	geleistet
Gesellschafter und Angestellte	10	650 000	578 500	71 500		
Facharbeiter	36	1 800 000	1 602 000	198 000	89 000	76 540
Hilfsarbeiter	4	120 000	106 800	13 200		
		2 570 000	2 287 300	282 700		

[2] 9% vom durchschnittlichen verzinslichen Betriebskapital
[3] Herstellungskosten der verkauften Fertigfabrikate gemäss BAB 5 220 000
[4] Gewinnverwendung 19.1:

Erhöhung der Kapitaleinlagen der Gesellschafter um je 150 000	300 000
Erhöhung der stillen Reserven	125 000
Gewinnbezüge bar von je 37 500	75 000
	500 000

Aufgaben zu 53/1 und 53/2

Es sind die folgenden Kennzahlen für das Geschäftsjahr 19.1 zu berechnen:

1. Mittlerer Materialbestand, Materialumschlag und mittlere Lagerdauer des Materials
2. Mittlerer Fabrikatebestand, Fabrikateumschlag und mittlere Lagerdauer der Fabrikate
3. Materialintensität
4. Arbeitsintensität
5. Personalkosten, Lohnkosten und Sozialkosten je Arbeitnehmer für den ganzen Betrieb und für die drei Arbeitnehmerkategorien im einzelnen
6. Anteil der Sozialkosten an den Personalkosten
7. Lohnkosten der Facharbeiter je bezahlte und je geleistete Arbeitsstunde
8. Arbeitsgrad der Facharbeiter
9. Anlageintensität
10. Anlagevermögen je Arbeitnehmer
11. Durchschnittlicher Abschreibungssatz des ganzen Betriebes
12. Durchschnittlicher Abschreibungssatz der Fabrikeinrichtung
13. Anlagekosten je Arbeitnehmer
14. Kostenmässiger Abschreibungsgrad
15. Kapitalintensität
16. Durchschnittliches Betriebskapital je Arbeitnehmer
17. Kapitalumschlag
18. Return on Investment (ROI)
19. Umsatz je Arbeitnehmer
20. Wertschöpfung in Prozenten der Materialkosten
21. Reingewinnzuschlag und Reingewinnquote

Übungsaufgabe 54
Kennzahlen einer Buchhandlung

Fall 54/1

Für die Buchhandlung L wurden in den Jahren 19.1 bis 19.3 die folgenden Erfolgsrechnungen aufgestellt:

Erfolgsrechnungen	19.1.	19.2.	19.3.
Ertrag			
Büchernettoertrag	840 000	880 000	870 000
Kosten			
Bücherbezugskosten	604 800	607 200	591 600
Raumkosten	27 720	29 920	36 540
Personalkosten	147 840	162 800	170 520
Einrichtungskosten[1]	9 240	9 680	11 310
Zinskosten	11 760	14 960	16 530
Werbekosten	14 280	15 840	12 180
Verwaltungskosten	20 160	24 640	27 840
Übrige Betriebskosten	3 360	4 400	5 220
Reingewinn/-verlust	840	10 560	– 1 740
	840 000	880 000	870 000

[1] Unterhalts- und Abschreibungskosten

Weitere Angaben:

	19.1	19.2	19.3
Anzahl Beschäftigte (inklusive Lehrpersonal):			
zu 100% Beschäftigte	4	5	5
zu 50% Beschäftigte	2	1	1
Laden- und Lagerinventar:			
zu Beginn des Jahres	150 000		
am Ende des Jahres	165 000	175 000	194 750

Fall 54/2

Für die Buchhandlung M wurden in den Jahren 19.1 bis 19.3 die folgenden Erfolgsrechnungen aufgestellt:

Erfolgsrechnungen	19.1.	19.2.	19.3.
Ertrag			
Büchernettoertrag	950 000	990 000	980 000
Kosten			
Bücherbezugskosten	674 500	673 200	656 600
Raumkosten	33 250	36 630	44 100
Personalkosten	166 250	182 160	195 020
Einrichtungskosten[1]	12 350	13 860	14 700
Zinskosten	14 250	17 820	18 620
Werbekosten	16 150	18 810	12 740
Verwaltungskosten	24 700	27 720	34 300
Übrige Betriebskosten	5 700	5 940	6 860
Reingewinn/-verlust	2 850	13 860	– 2 940
	950 000	990 000	980 000

[1] Unterhalts- und Abschreibungskosten

Weitere Angaben:

	19.1	19.2	19.3
Anzahl Beschäftigte (inklusive Lehrpersonal):			
zu 100% Beschäftigte	4	5	5
zu 50% Beschäftigte	3	2	2
Laden- und Lagerinventar:			
zu Beginn des Jahres	165 000		
am Ende des Jahres	180 000	194 000	198 500

Aufgaben zu 54/1 und 54/2

1. Die folgenden Kennzahlen sind für jedes Geschäftsjahr einzeln zu ermitteln:
   a) Sämtliche Frankenbeträge der Erfolgsrechnungen sind in Prozenten der Nettoumsätze auszudrücken und wiederum tabellarisch darzustellen.
   b) Bruttogewinnquote
   c) Umschlagshäufigkeit
   d) Durchschnittliche Lagerdauer

e) Personalkosten pro Beschäftigten
f) Umsatz pro Beschäftigten
g) Umsatzindex, Basisjahr 19.1 = 100
2. Die wichtigsten Aussagen der Ergebnisse sind mit einem kurzen Kommentar zu erläutern.

Übungsaufgabe 55
Kennzahlen von Verkehrsbetrieben. Betriebsvergleich

Die folgenden Angaben beziehen sich auf die beiden Sesselbahnen F-Berg und G-Berg. Es handelt sich um technisch und wirtschaftlich vergleichbare Betriebe. Mit Hilfe eines Kennzahlensystems werden die Grundlagen für einen Betriebsvergleich zwischen den beiden Unternehmungen bereitgestellt.

	Fall 55/1	Fall 55/2
	F AG	G AG
Technische Daten		
Höhe Talstation	1150 m	971 m
Höhe Bergstation	2014 m	1870 m
Förderleistung (1 Richtung)	530 Pers./Std.	520 Pers./Std.
Betriebsdaten 19.1		
Betriebstage		
Sommer	164	174
Winter	130	95
Tägliche Betriebsstunden gemäss Fahrplan		
Sommer	9¼	9½
Winter	8½	8
Beförderte Personen (= Anzahl einfache Fahrten)		
Sommer	170 000	150 000
Winter	260 000	170 000
Voller Fahrpreis einfache Fahrt	13.50	15.50
Personalbestand		
Sommer	30	24
Winter	38	28

Erfolgsrechnung 19.1	in 1000 Fr.		in 1000 Fr.	
Personalkosten				
Lohnkosten	1 480		1 000	
Dienstkleiderkosten	50		26	
Sozialkosten	270	1 800	174	1 200
Anlagenunterhaltskosten		180		120
Abschreibungskosten		600		600
Zinskosten		255		500
Energiekosten		95		81
Pistenkosten (Markierung, Unterhalt, Pachtzinsen)		217		45
Verwaltungskosten		179		185
Werbekosten		190		40
Versicherungskosten		152		147
Steuer- und Konzessionskosten		118		72
Übrige Betriebskosten		84		90
		3 870		3 080
Gewinnverwendung				
Reserven	100		20	
Dividenden	120		0	
Gewinnvortrag	10	230	0	20
		4 100		3 100
Verkehrsertrag Sommer		1 950		1 850
Verkehrsertrag Winter		2 150		1 250
		4 100		3 100

Bilanz nach Gewinnverwendung 19.1	in 1000 Fr.		in 1000 Fr.	
Betriebsanlagen	12 000		10 000	
– Abschreibungen auf Betriebsanlagen	8 000	4 000	1 800	8 200
Material		110		60
Debitoren		300		170
Flüssige Mittel		170		120
		4 580		8 550
Aktienkapital		2 000		4 000
Reserven		1 700		35
Gewinnvortrag		10		0
Hypotheken		500		4 300
Bank		10		50
Kreditoren		240		165
Dividenden		120		0
		4 580		8 550

Aufgaben zu 55/1 und 55/2

Es sind die folgenden Kennzahlen zu berechnen:

1. Kostenstruktur: Kostenarten in Prozenten der Gesamtkosten
2. Kostenrelationen:

    a) je Betriebsstunde
    b) je beförderte Person

    – die Personalkosten
    – die Anlagekosten, unter Berücksichtigung von 6% Zinskosten auf dem Kostenrestwert der Anlagen
    – die Energiekosten
    – die Pistenkosten
    – die Gesamtkosten

3. Personalbereich:

    a) Lohnkosten in Prozenten der Personalkosten
    b) Sozialkosten in Prozenten der Personalkosten
    c) Personalkosten je Arbeitnehmer (Durchschnitt des Personalbestandes von Sommer und Winter)
    d) Personalkosten je Arbeitnehmer und Betriebsstunde

4. Anlagenbereich:

    a) Abschreibungen: Durchschnittlicher Abschreibungssatz der Betriebsanlagen, Abschreibungssatz je Betriebsstunde, Abschreibungsgrad
    b) Anlageintensität
    c) Anlagekosten je Arbeitnehmer
    d) Anlagevermögen je Arbeitnehmer
    e) Betriebskapital je Arbeitnehmer

5. Frequenzen und Ertrag:
   Die Kennzahlen b) bis h) sind für Sommer und Winter getrennt zu berechnen.
   a) Betriebstage in Prozenten der Kalendertage
   b) Theoretisches Transportvermögen = Betriebstage × Betriebsstunden × Förderleistung in beiden Richtungen
   c) Ausnutzungsgrad des theoretischen Transportvermögens
   d) Beförderte Personen je Betriebstag
   e) Beförderte Personen je Angestellter
   f) Anteil des Sommer- und des Winterbetriebes am Total der beförderten Personen
   g) Anteil des Sommer- und des Winterbetriebes am Verkehrsertrag
   h) Verkehrsertrag je beförderte Person
   i) Höhendifferenz pro Franken Fahrpreis
   k) Verkehrsertrag und Reinergebnis je Betriebsstunde
   l) Reingewinnquote
   m) Kapitalumschlag
   n) Return on Investment (ROI)
   o) Dividende in Prozenten des Aktienkapitals, des Verkehrsertrags und des Reingewinns

6. Die wichtigsten Ergebnisse des Betriebsvergleichs sind in einem kurzen Kommentar festzuhalten.